SIEMBRA Y COSECHA

TOMO 3

LAS ASAMBLEAS DE DIOS DE BRASIL, VENEZUELA, COLOMBIA, ECUADOR, REPUBLICA DOMINICANA Y CUBA

por
Luisa Jeter de Walker

con
Ramón Bejarano
Judy Bartel de Graner
Raquel de Peterson
Ana María de Wilkie

ISBN 0-8297-0299-7

Categoría: Historia/Misiones

© 1996 EDITORIAL VIDA
Deerfield, Florida 33442-8134

Reservados todos los derechos

Cubierta diseñada por John Coté

CONTENIDO

Reconocimiento	4
Prólogo	5
Introducción	6
Campos sembrados	9
I. Los campos y obreros	11
II. Cooperación en el cultivo	15
III. ¡Y Dios da la cosecha!	24
Brasil	25
I. Los primeros evangélicos	27
II. Comienzos pentecostales, 1910-30	28
III. Consolidación y avance, 1930-61	38
IV. Orden y progreso, 1961-95	49
Venezuela	70
I. Trasfondo histórico	72
II. Primeros pentecostales, 1897-1946	72
III. Asambleas de Dios, 1946-95	85
Colombia	108
I. A mirar el campo	110
II. Principios pentecostales, 1932-69	110
III. Cultivo y cosecha, 1970-94	132
Cuba	147
I. Trasfondo histórico	149
II. Comienzos pentecostales, 1921-40	149
III. Desarrollo eficaz, 1940-59	153
IV. ¡Adelante a todo costo! 1959-95	177
República Dominicana	191
I. Fondo histórico	193
II. Primeros pentecostales, 1917-40	194
III. Organización y avance, 1941-75	197
IV. ¡Siempre adelante! 1976-95	215
V. Retrospección y perspectiva	222
Ecuador	225
I. Fondo histórico	227
II. Principios pentecostales, 1911-62	228
III. ¡Manos a la obra! 1962-76	231
IV. ¡Siempre adelante! 1977-95	244
En resumen	258
Bibliografía	259
Indice de personas	261

RECONOCIMIENTO

Hace muchos años los líderes de las Asambleas de Dios en los países latinoamericanos pidieron que se escribiera una historia de la denominación en esta región. El Servicio de Educación Cristiana me encargó esta tarea, y centenares de personas han colaborado en ella.

Me ha dado ayuda inestimable el redactor y supervisor del proyecto, Floyd Woodworth. Muchos líderes han indagado datos sobre la obra en sus países. Personas a quienes he conocido en la obra latinoamericana y obreros más nuevos han ayudado con cartas, informes, fotos, entrevistas y la revisión del manuscrito.

Tengo una deuda de gratitud a varios autores de libros sobre las Asambleas. Debo mucho a los informes y testimonios de otros en revistas y manuscritos. Entre éstos se hallan los manuscritos de Enrique Suárez sobre la obra en la República Dominicana y de mi hermano Hugo Jeter respecto a la obra en Cuba.

Mis colaboradores en la investigación y con manuscritos sobre la obra donde han trabajado son Judy Bartel de Graner en Colombia, Ana María de Wilkie en Ecuador, Raquel de Peterson en Cuba y la República Dominicana y Ramón Bejarano en Venezuela.

Merecen las gracias Lorenzo Triplett, Director de Misiones Foráneas para las Asambleas de Dios de los Estados Unidos; Juan Bueno, Director de Misiones para Latinoamérica y el Caribe; C.W. Van Dolsen, Coordinador de Proyectos Especiales de Latinoamérica y el Caribe. Gracias al personal en sus oficinas, especialmente a Pat Stidham por sus llamadas a varios países por información.

Agradezco a Gloria Robinett y Glen Gohr que trabajan en los archivos de la denominacion y me han facilitado la lectura de un sinnúmero de testimonios en revistas desde 1908 hasta 1995.

Gracias a Kent Wilcox por la solución a mis problemas con la computadora, a Eliezer Oyola por la revisión del manuscrito, a Melvin Snyder y otros por su ayuda con fotografías, a Maranatha Village por su cooperación en la oficina, a muchos amigos que me han ayudado y a Editorial Vida por su paciencia conmigo.

Gracias a todos los que me han respaldado económicamente y en oración por nueve años de labor gozosa en estos tres tomos. Nos regocijamos en darle al lector una vislumbre de lo que Dios ha hecho en las Asambleas de Dios de estos países.

Luisa Jeter de Walker

PROLOGO

Sesionaba CADSA (Confraternidad de Dirigentes de las Asambleas de Dios del Sur de Sud América). El lugar era Lima en las dependencias del Instituto Bíblico de las Asambleas de Dios. La fecha era enero de 1968. Se propuso en la asamblea que se levantara una historia de las Asambleas de Dios de América Latina. Se puso en pie el hermano Víctor Gonzales para expresar una petición ferviente que la hermana Luisa Jeter de Walker se encargara de llevar a cabo semejante proyecto. ¡Qué interesante pensar que la hermana Luisa había sido pastora del miembro de la asamblea hacía 30 años en la ciudad de Chimbote!

Todos nos preguntábamos que cuál sería la respuesta de la hermana. Se trataba de un momento histórico en que se soñaba con una obra histórica pero sumamente difícil de realizar. Doña Luisa dijo que se interesaba en hacerlo, pero que no podría iniciarlo en aquel momento debido a muchos otros compromisos. Ninguno de los que allí estábamos presentes sospechaba que tardara tantos años el proyecto.

Permitió el Señor que viera la luz el primer tomo en 1990, abarcando la obra de México y las de los países de América Central. Luego salió el Tomo 2 en 1992, obra que cuenta la historia de las Asambleas de Argentina, Chile, Perú, Bolivia, Uruguay y Paraguay. Ahora al fin sale el último tomo de la trilogía en que se da a conocer la historia asambleísta de Brasil, Venezuela, Colombia, Ecuador, la República Dominicana y Cuba. ¡Sólo han pasado 28 años!

No le hace, ya que se trata de una obra monumental. Se ha realizado debido a la persistencia tenaz de la autora quien dependía de la gracia y ayuda divina. Muchos han colaborado aportando los resultados de sus propias investigaciones y ayudando con la revisión del manuscrito.

La autora fue misionera residente en Perú y luego en Cuba. Ha viajado extensivamente a través de las Américas. Se ha mantenido al tanto de los acontecimientos de los países latinos y de sus iglesias. Ha servido en diferentes ministerios a través de los años. Añadida a los muchos libros que ha escrito se halla la conocidísima serie de lecciones por correspondencia "Los grandes interrogantes de la vida." La deuda nuestra con esta sierva del Señor se aumenta con el presente volumen.

Como en los primeros dos tomos de la serie *Siembra y cosecha*, doña Luisa planta la semilla de su admiración analítica a la vez que lanza un reto formidable a las generaciones venideras. Con este tomo tenemos el privilegio y deber de enterarnos de lo que pasó. El Espíritu ha de tomar de esta historia repleta de problemas, pero también de gloriosas victo-

6 PROLOGO

rias, para que hagamos mayores hazañas en el servicio del Maestro. Leamos, aprendamos y sigamos sembrando para cosechar como nunca, especialmente entre los grupos inalcanzados alrededor del mundo.

Floyd Woodworth W.

¡Listos para salir a la siembra!
Clase de 1955 del Instituto Bíblico Pentecostal en Cuba.

INTRODUCCION

"¡Qué perseverancia frente a obstáculos casi insuperables! ¡Qué maravillas de intervención divina en circunstancias desesperadas! ¡Qué triunfos de gracia frente al martirio! ¡Y qué glorioso el cumplimiento de la promesa de Cristo: 'Edificaré mi iglesia, y las puertas del infierno no prevalecerán contra ella!'"

Eso dijimos respecto a los eventos relatados en Tomos 1 y 2 de esta serie. Nos brotan del alma las mismas palabras al considerar la obra en Brasil, Venezuela, Colombia, la República Dominicana, Cuba y Ecuador.

Varias denominaciones y obreros independientes han hecho una labor encomiable en estos países, pero nos limitamos a la historia de las Asambleas de Dios. Aun así me he visto en apuros para seleccionar los testimonios en este tomo. Hay muchos otros héroes de la fe cuyas historias nos serían de igual valor.

El Servicio de Educación Cristiana, Editorial Vida, y la autora ofrecemos este libro al público como una vislumbre de lo que Dios ha hecho, rogando que El lo use para ayudar a cada lector a:

1) Conocer mejor las Asambleas de Dios en esta región.
2) Orar por individuos y varios aspectos de la obra.
3) Aplicar los principios y algunos de los métodos que han contribuido a la extensión del reino de Dios en estos países.
4) Aceptar la herencia que le dejan los pioneros y tener más fe en Dios para lanzarse a hacer lo que El le mande.
5) Responder en oración y acción al llamado de Dios y al clamor de millones de almas no alcanzadas aún con el evangelio.

Luisa Jeter de Walker

Colombia: ¡Hay que prepararse!　　　Brasil: ¡A publicar el mensaje!

R.D.: ¡Estudiantes a los campos!　　　Ecuador: Siembra en librerías

Venezuela: Se siembra en campañas

CAMPOS SEMBRADOS

¡De carpas a templos!

Las Asambleas de Dios en 1994-1995

M/OL: Ministros ordenados y laicos; I/A: Iglesias y anexos; M/A: Miembros y adherentes; ET: Escuelas teológicas; M: Matrícula; Ext: Escuelas teológicas por extensión. *M/A Brasil un cálculo en 1995

País	Habitantes	M/OL	I/A	M/A	ET		M
Brasil	154.000.000	88.100	85.000	20.000.000*	34		15.000
Venezuela	20.620.000	570	360	63.500	47		275
					16	Ext	300
Colombia	35.000.000	681	523	112.294	3		795
					15	Ext	577
Cuba	12.415.000	610	1.400	120.000	1	Ext	1.800
República Dominicana	7.620.000	1.080	1.109	56.753	13		350
Ecuador	11.000.000	611	553	32.000	4		250
					2	Ext	75
TOTAL	240.655.000	91.652	88.805	20.384.547	135		19.422

BOSQUEJO

I. **LOS CAMPOS Y OBREROS**
  A. Llamados a sembrar
    1. Brasil: ¿Dónde está Pará?
    2. Ecuador: ¡Vencido por un canto!
    3. Venezuela: ¿Qué clase de obreros?
  B. Cultivo tenaz
    1. República Dominicana: Por la enseñanza
    2. Colombia: A pesar del peligro
    3. Cuba: Con esperanza de cosecha

II. **COOPERACION EN EL CULTIVO**
  A. Obreros de varios países
  B. CELAD, CADSA Y CFAGE
  C. Ministerios internacionales
    1. Campañas cooperativas
    2. Literatura
    3. Programas de enseñanza
    4. Radio y televisión
    5. Clínicas
    6. Ayuda a corto plazo
  D. Reajustes en el trabajo

III. **¡Y DIOS DA LA COSECHA!**

¡Y Dios da la cosecha!

I. LOS CAMPOS Y OBREROS

A. LLAMADOS A SEMBRAR

1. Brasil: ¿Dónde está Pará?

Gunnar Vingren estaba perplejo. ¿Cuál sería el campo donde Dios quería que trabajara? Desde su niñez había sentido el llamamiento de Dios al ministerio. En su juventud predicaba en su país natal de Suecia y tenía un vivo interés en la obra misionera. A la edad de 24 años vino a los Estados Unidos en 1903. Se diplomó del Seminario Bautista Sueco de Chicago, y él y su novia estaban al punto de recibir el nombramiento misionero para ir a la India cuando Dios le hizo saber a Gunnar que eso no era su voluntad. Cuando rechazó el nombramiento, su novia rompió el compromiso.

Vingren pastoreaba una iglesia bautista en Michigan. Persistía la convicción que debía ser misionero, ¿pero dónde?

En ese tiempo se extendía el avivamiento pentecostal que empezó en 1901. Por inspiración del Espíritu Santo una señora le dijo al pastor Vingren que Dios lo iba a enviar al campo misionero, pero primero debía ser revestido de poder. Con hambre creciente por más de Dios, asistió en 1909 a unas conferencias en la Primera Iglesia Bautista Sueca en Chicago, y allí Dios lo bautizó en el Espíritu Santo con la experiencia de hablar en otras lenguas. Volvió a su iglesia lleno de gozo y empezó a predicar que Jesús bautiza hoy con el Espíritu Santo y fuego, tal como lo hizo en el Día de Pentecostés. La mitad de los miembros aceptaron el mensaje, pero los demás no. Obligaron a Vingren a salir del pastorado. Fue a una iglesia bautista en South Bend, Indiana, que recibió con gozo el mensaje y la plenitud del Espíritu Santo.

Allí un creyente le dio un mensaje de Dios a Gunnar. Dios lo iba a enviar a Pará. Pero ¿dónde estaba Pará? Jamás habían oído hablar de tal lugar. En una enciclopedia hallaron que Pará era un estado en el norte de Brasil, país que ocupaba la mitad de Sudamérica y tenía la tercera parte de sus habitantes.

Dios le hizo saber a Daniel Berg, otro joven sueco, que debía trabajar con Vingren e ir con él a Brasil. Les suplió el dinero para el pasaje cuando no tenían nada, y el 19 de noviembre de 1910 llegaron a Belém, Pará, Brasil.

Su ministerio allí es una saga fascinante de triunfo en medio de pruebas, de surcos abiertos y la Palabra sembrada, el inicio de la obra pentecostal en ese país.

Llegaron otros pioneros de Suecia y de los Estados Unidos, Dios

12 CAMPOS SEMBRADOS

bendijo la Palabra sembrada, y en 1995 se informó que había unos 20.000.000 de adherentes de "as Assambléias de Deus do Brasil". Bien pueden aplicarse a todos los países considerados en este tomo las palabras de Ivar Vingren respecto a su padre y la obra en Brasil en *O Diario do Pioneiro Gunnar Vingren:*

"La historia de la obra pentecostal en Brasil no es una historia cualquiera. Es la revelación de Dios mismo en instrumentos humanos débiles que fueron perfeccionados para efectuar prodigios más allá de la comprensión humana. Es la historia de la Luz eterna que disipa las tinieblas de millares de corazones. Es la nueva de la alegría que toma posesión de personas desesperadas dándoles una vida digna de vivir. Es el testimonio de un poder que levanta a seres humanos profundamente caídos a un alto nivel y da valor y felicidad a sus vidas. También es una prueba de que, si una persona se entrega enteramente en las manos de Dios y ocupa un cierto lugar en su vida, puede, aun con toda su debilidad, ser un medio para traer la felicidad a millares de hombres y mujeres, tanto para esta vida como para la eternidad."

2. Ecuador: ¡Vencido por un canto!

¡Luis Flores estaba furioso! El era ateo, marxista, profesor de filosofía en la universidad en Quito, Ecuador, y autor de libros. Promovía el ateísmo, ¡y ahora su esposa y su hija se habían metido en el evangelio! Les prohibió mencionar su fe en casa.

¡Pero Dios tiene maneras todavía de convertir a los Saulo de Tarso en apóstoles del evangelio! Un día su hija Gabriela, de 19 años de edad, le dijo: "Papá, tengo un mensaje de Dios para ti." Luego empezó a cantar primero en un idioma, luego en otro—en italiano, ruso y francés. En estas lenguas que ella desconocía por completo y su padre comprendía perfectamente bien le dio una clara invitación a aceptar a Cristo.

¡Se derrumbó la muralla de la incredulidad! Y a los pocos días Dios le dio una prueba patente de su amor para él. Gabriela le impuso las manos y oró que Dios lo sanara de un mal que había padecido por varios años. Al instante quedó completamente bien, y Luis Flores se rindió a Dios.

Después fue bautizado en el Espíritu Santo y daba su testimonio en la universidad. Dios lo llamó al ministerio. Así fue que Flores renunció su puesto como catedrático para dar todo su tiempo a pastorear una iglesia nueva en Quito y promover el evangelismo en su país.

3. Venezuela: ¿Qué clase de obreros?

Jesús nos manda orar que Dios envíe obreros a su mies. ¿Pero qué clase de obreros? Hay cualidades importantes tanto para los misioneros

I. LOS CAMPOS Y OBREROS 13

que tienen que acostumbrarse a otra cultura como para pastores y líderes dentro de su propio país. En 1980 Ramón Bejarano, Superintendente de las Asambleas de Dios de Venezuela, expresó algunas de estas cualidades en la plegaria de su corazón:

Oración de Latinoamérica por misioneros hoy

¡Oh Señor! Latinoamérica necesita hoy muchos misioneros; envía misioneros, que si tú los envías, ellos vencerán todos los obstáculos.

1. Envía misioneros de Visión cuyos ojos no se eclipsen por metal alguno (no se vendan por dinero o por mejores condiciones).
2. Envía misioneros de Amor, que estén dispuestos a amarnos hasta la muerte, como tú lo hiciste, Señor.
3. Envía misioneros de Fe, que vean que tú puedes cambiar hoy los desiertos en fuentes de agua y sacar dulzura de la amargura.
4. Envía misioneros que estén tan preparados como para ir a las más grandes metrópolis, pero dispuestos a ir al lugar más humilde.
5. Envía misioneros que a pesar de sus títulos terrenales, los tengan por estiércol, cual un Pablo, para que su Teología sea la de aquel que comió pescado con las manos y predicó su último mensaje en taparrabos. Que su mensaje sea comprensible porque se identifiquen con el pueblo.
6. Envía misioneros humanos, que sientan y lloren las necesidades de nuestros propios pueblos, juntamente con nuestros líderes. (Porque somos uno.)
7. Envía misioneros sinceros, que no hagan acepción de personas, y que nos digan la verdad, aunque nos duela.
8. Envía misioneros que sean soldados, dispuestos a sufrir penalidades y vituperios, aun de los mismos hermanos y consiervos, a cambio de una gloria incorruptible en el reino de los cielos.
9. Envía misioneros que sepan manejar grandes carros, pero que sepan andar a pie. Envía los que por la práctica sepan beber en lindos vasos de cristal, pero que estén dispuestos a beber en totumas.
10. Envíanos misioneros de ojos azules y verdes, pero también los de ojos marrones y negros. (No tenemos misioneros negros ni latinos.)
11. Envíanos misioneros que no vengan a enseñorearse sobre nosotros, ocupando indignamente el lugar que sólo a ti te corresponde; sino los que reconozcan que es un privilegio del cielo servirte en estos países subdesarrollados. (Misioneros que no vengan a dominarnos pensando que somos indios ignorantes.)
12. Envía misioneros pobres o ricos de cuna, que estén dispuestos a trabajar con material eterno y no para sus ambiciones y glorias

14 *CAMPOS SEMBRADOS*

personales, que a pesar de sus defectos y debilidades busquen tu rostro, para que Tú seas el todo en ellos.

¡Oh Señor! Enséñanos a amar a los misioneros que tú nos envíes y a recibirlos como enviados por ti, para que aquel día, como pastores, lo hagamos con alegría, porque lo contrario no nos es provechoso. Te daremos las gracias en el nombre de Jesús. AMEN.

B. CULTIVO TENAZ

1. República Dominicana: Por la enseñanza

No basta con sólo sembrar la Palabra; hace falta cultivar el sembrado. La enseñanza continua es esencial para la maturación de los creyentes y la preparación de obreros. Con este fin fueron los primeros ministros de las Asambleas de Dios a la República Dominicana. Fundaron un instituto bíblico y escuelas dominicales para enseñar a todos desde la niñez a la vejez.

Cuando Freddy Martínez aceptó en 1978 el pastorado de una congregación en un barrio de Santo Domingo, el promedio de asistencia en la Escuela Dominical era de 130. Entrenó maestros enfatizando la importancia del evangelismo y del discipulado. Cuando se llenó el templo, empezó a dar dos sesiones de la escuela dominical, y más tarde tres. Agrandaron el templo y la asistencia llegó a mil. El pastor Freddy promovía la escuela dominical dondequiera. Decía: "Hemos dado a luz nueve iglesias con este programa. Estoy contento con la Escuela Dominical."

2. Colombia: A pesar del peligro

¿Cómo se puede acabar con la iglesia? En cada país Satanás lo ha intentado. La historia de la iglesia es una de oposición por las fuerzas del mal. Pero del conflicto y del trauma salen testimonios maravillosos de triunfo en Cristo.

Por muchos años los evangélicos en Colombia sufrieron persecución atroz de parte de la Iglesia Católica. En algunas áreas durante el período de conflicto político llamado La Violencia (1948-62), se animaba a los soldados a matar a cada protestante y a todos los adherentes del Partido Liberal. Cierto cura garantizó que el que matara a un protestante iría directamente al cielo al morir, sin tener que pasar por el purgatorio. Centenares de evangélicos fueron muertos.

El misionero Pablo Epler fue envenenado cinco veces. La última vez hubo tanto daño al estómago que los Epler volvieron a los Estados Unidos, donde la intervención quirúrgica y la mano del Señor le salvaron la vida. Visitarían a Colombia al cabo de 40 años y se regocijarían en ver la cosecha abundante de la Palabra sembrada.

3. Cuba: Con esperanza de cosecha

No es fácil el cultivo, pero el agricultor sigue en sus labores fatigosas en tiempos buenos y malos por la esperanza que tiene de cosechar. Así los obreros en Cuba seguían en el cultivo por tiempos difíciles desde principios de la década de los 1960.

El gobierno limitó los cultos a sus iglesias organizadas para evitar la extensión del evangelio. Fueron cerrados unos 300 puntos de predicación e iglesias filiales de las Asambleas de Dios, y por casi 30 años los cultos se limitaban a las 89 iglesias organizadas y a sus convenciones.

Se cerraron las escuelas cristianas y se enseñaba el ateísmo en las escuelas públicas. La esperanza de tener una nación totalmente atea yacía en la nueva generación.

Pero no salió todo según los planes de los que estaban en contra del evangelio. Muchos pastores y familias evangélicas abandonaron el país por no exponer a sus niños al adoctrinamiento ateo. Dondequiera que iban, testificaban del Señor, y pronto cubanos predicaban en España, Sudamérica, Norteamérica, Centroamérica y México.

Otros pastores siguieron trabajando fielmente en el cultivo en Cuba. ¡Y vino la cosecha! Un avivamiento poderoso vino en 1988. Milagros de sanidad divina atraían a multitudes de enfermos a las iglesias, y millares quedaban salvos y sanos. Poco a poco se relajaron las restricciones y se permitió fundar otras iglesias. Para 1995 las Asambleas de Dios de Cuba contaba con 1.200 iglesias y filiales y 35.000 adherentes. Y se llenaban los templos con la nueva generación—con la cual se contaba para ser propagadores del ateísmo. Miles de jóvenes alababan al Señor y pastoreaban iglesias y puntos de predicación.

II. COOPERACION EN EL CULTIVO

A. OBREROS DE VARIOS PAISES

En 1919, cinco años después de formarse el Concilio General de las Asambleas de Dios de los Estados Unidos, se organizó su Departamento de Misiones para facilitar el envío de misioneros al exterior. Con el crecimiento de la obra se nombró en 1942 a Henry C. Ball como secretario (director) de misiones para América Latina y el Caribe. Lo siguieron Melvin L. Hodges (1953-73), Lorenzo Triplett (1973-90) y Juan Bueno (1990-). Ellos llenaban un papel importante en la coordinación internacional de la obra.

Con el crecimiento de la obra, las Asambleas de cada país asumía su responsabilidad en la evangelización mundial. Ministros de Chile, Argen-

Colaboran Ramón Herrera, secretario nacional de la obra en Venezuela, Pablo Hutsell, director regional de misiones, Ramón Bejarano, superintendente de las Asambleas de Dios de Venezuela y Guillermo Fuentes, presidente de CELAD

tina y Perú tuvieron parte en el desarrollo de la obra en el Ecuador. ¡Trece familias misioneras de las Asambleas de Dios de Costa Rica, Panamá, El Salvador, Nicaragua, y Cuba trabajaban en este país en 1989! La mayoría recibían su sustento de las Asambleas en su patria.

Brasileños llevaron el mensaje pentecostal a ciertos lugares en Venezuela, Colombia y Perú. Obreros de Venezuela y varios pastores de Cuba trabajaron en Colombia. Al llegar el decenio de 1990 las Asambleas de Dios en cada país tenía su propio programa misionero. Empezaba con misiones domésticas y se extendía a otros países, según el Señor los dirigía.

B. CELAD, CADSA Y CFAGE

CELAD en Colombia, 1971. 1ra fila, izquierda David Grams, 2da fila desde el 3ro de la izquierda: Guillermo Fuentes, Melvin Hodges, Phillip Hogan, Juan Bueno

II. COOPERACION EN EL CULTIVO 17

Con el avance de la obra y la facilidad mayor de transporte, vino más cooperación internacional entre las Asambleas de Dios de las varias naciones. En 1960 se organizó el Consejo Ejecutivo Latinoamericano de las Asambleas de Dios (CELAD) para México, Centroamérica, Cuba, la República Dominicana y los países norteños de Sudamérica. Se organizaron de manera similar CADSA (Confraternidad de las Asambleas de Dios en Sudamérica) para la parte sur del continente, y CFAGE (Caribbean Fellowship of Assemblies of God Executives—Confraternidad Caribe de Ejecutivos de las Asambleas de Dios) para la región del Caribe donde no se hablaba el español o el portugués. En sus reuniones trieniales buscaban la voluntad de Dios y planificaban esfuerzos unidos.

C. MINISTERIOS INTERNACIONALES

1. Campañas cooperativas

Varios tipos de ministerios internacionales, respaldados por las ofrendas y oraciones de millares de creyentes, han rendido ayuda de valor inestimable a la obra.

En la planificación internacional de CADSA y CELAD se escogían para cada año ciertas ciudades para un esfuerzo unido evangelístico. Estas eran el blanco de oración intercesora por millares de personas. El programa "Luz para los perdidos", de los varones de las Asambleas de Dios de los Estados Unidos, proveía folletos y cursos bíblicos. Equipos de hombres llegaban para una semana de oración intercesora y trabajo preliminar a ciertas campañas evangelísticas. Venían jóvenes Embajadores de Cristo con sus consejeros y acompañaban a jóvenes de las iglesias locales o nacionales distribuyendo de casa en casa literatura e invitaciones a la campaña. Luego participaban en la música y otro trabajo en la campaña. Predicaban evangelistas nacionales y de otros países. A veces varios equipos venían para dos semanas por turno y construían templos.

2. Literatura

La distribución de literatura cristiana siempre ha sido parte vital del evangelismo y del desarrollo de la iglesia.

En 1921 Henry C. Ball y su esposa Sunshine fundaron en San Antonio, Texas, la Casa de Publicaciones Evangélicas. Más tarde sería Editorial Vida en Miami, Florida, y surtiría literatura en español y portugués a muchas denominaciones en Latinoamérica.

En 1992-1993 cada niño en las escuelas públicas de la República Dominicana recibió *El Libro de Vida* como obsequio. Se repartieron 1.200.000 ejemplares de esta compilación de los cuatro Evangelios que

18 CAMPOS SEMBRADOS

presenta en orden cronológico la vida de Jesucristo. Bob Hoskins, director del Editorial Vida que la publicó, organizó la distribución gratuita de esta porción de la Palabra de Dios para alcanzar así a la nueva generacaión con el evangelio. Hasta 1995 semejante distribución se había logrado en muchos países. Las ofrendas de millares de personas y el trabajo de voluntarios nacionales y extranjeros había hecho posible el obsequiar un ejemplar de este libro a 16.000.000 de niños.

3. Programas de enseñaza

a. Departamentos de la iglesia

Seminarios para maestros de Escuela Dominical, primero en Cuba con Luisa Jeter de Walker y Dolores Redman en 1946, y luego en varios países del Caribe por los esposos Alva y Luisa Walker de 1947 a 1950 resultaron en el nombramiento de Adela Flower como Secretaria de Escuelas Dominicales para Latinoamérica. Despúes Jorge Davis y Juan Romero desempeñaron este cargo y la promoción de los Exploradores del Rey para los varones adolescentes.

Otros daban seminarios internacionales sobre el evangelismo infantil y para los varios departamentos de la iglesia. Entre ellos se destacaban Haroldo Calkins, Bill Brooke con su esposa Hope, y Anita de Niles quien inició el programa Generación XXI de entrenamiento para obreros en el evangelismo infantil.

b. CEIBAL, ISUM y SEC

En 1960 se tomó un paso gigantesco para el avance de todos los institutos bíblicos asambleístas en Latinoamérica y el Caribe. Por todas partes del mundo era una época de revolución educacional, con grandes esfuerzos para mejorar las escuelas públicas, preparar mejor a los maestros y extender la enseñanza por medio de escuelas nocturnas y cursos por correspondencia. Se alzaba el nivel educacional de la gente, y precisaba más preparación de los pastores para enseñar a su congregación.

Frente a esta situación las Asambleas de Dios buscó la manera de coordinar y superar la enseñanza. En 1960 se reunió por primera vez en Springfield, Missouri, E.U.A., el Comité de Estudio para los Institutos Bíblicos de la América Latina (CEIBAL). Lo componían educadores de varios países bajo la dirección de Melvin Hodges, Secretario de Misiones para América Latina y el Caribe. Verne Warner vino de la República Dominicana, Floyd Woodworth de Cuba, Rafael Williams de El Salvador y Elsa de Blattner de Venezuela. Elaboraron el Plan Básico de estudios para la preparación ministerial en un programa de tres años para los 19

II. COOPERACION EN EL CULTIVO 19

institutos existentes y otros que pronto se formarían.

Por su recomendación fue nombrada Luisa Jeter de Walker como Coordinadora de Institutos Bíblicos para ayudar a implementar el plan. Ella había trabajado en el Perú y Cuba por 27 años. Después de nueve años en el instituto bíblico en Cuba ella y su esposo, Alva Walker, entraron en este nuevo ministerio internacional.

El primer paso en la coordinación fue el boletín "El Instituto" (precursor de "Conozca") con informes, sugerencias y ayudas para maestros. Entre 1960 y 1967 los Walker participaron en más de 40 convenciones internacionales y nacionales y talleres locales para maestros y administradores de institutos bíblicos y líderes de la obra nacional. Hubo cooperación entusiasta de educadores por toda la América Latina en clases sobre la administración y métodos de enseñanza. Dieron sus recomendaciones para pasos de progreso.

CEIBAL desarrolló el plan para el Instituto de Superación Ministerial (ISUM) para graduados de los institutos bíblicos, maestros y líderes de la obra. Cada dos años un cuerpo docente ambulante daría en cada región un seminario internacional de cuatro semanas. Luego los estudiantes harían cierto trabajo individual antes del próximo curso. El ISUM celebró su primera sesión en Buenos Aires, Argentina, a principios de 1968. Verne Warner, su primer director, M. David Grams, Samuel Balius y Floyd Woodworth formaron el núcleo del profesorado para los seminarios.

El ISUM en Venezuela, 1972. Delante, del tercero de la izquierda: Floyd Woodworth, Samuel Balius, Verne Warner, Melvin Hodges

"El ISUM ha revolucionado mi vida y mi ministerio. Espero con ansias la próxima sesión intensiva," escribió un pastor de la República Dominicana. Un líder nacional de las Asambleas de Dios de Venezuela dijo: "ISUM es un evento internacional, y así es un despertamiento que elimina prejuicios."

Para 1995, 3.032 personas habían estudiado en el ISUM, 518 se habían graduado, y había una matrícula actual de 1.585.

La Facultad de Teología, bajo la dirección de Samuel Balius, dio su primer seminario regional en Costa Rica en 1988. Funcionaba de la misma manera que el ISUM con un profesorado ambulante para seminarios regionales y trabajo entre cursos. El programa llevaba al grado de Maestro de Teología.

Comisión Administrativa de la facultad de Teología, 1995: Denis Rivera, Samuel Balius, Larry McNeil, Eugenio Hunt, Everett Ward

c. El IIC

En 1967 se aprobó la fundación del International Correspondence Institute—ICI (Instituto Internacional por Correspondencia—IIC) con sede en Springfield, Missouri. Educadores misioneros de varios países se reunieron con el presidente del ICI, George Flattery, para planear el programa. Luego él viajó alrededor del mundo haciendo gestiones para establecer una oficina nacional en cada uno de unos 90 países donde había obra de las Asambleas de Dios. C.W. Van Dolsen sería el supervisor del programa en Latinoamérica y el Caribe.

Carl Malz dirigió el desarrollo de los primeros cursos en un viejo almacén en Springfield. Luisa Jeter de Walker había venido de la obra educacional en América Latina como la primera escritora de cursos. En enero de 1969 George Flattery, Carl Malz, y el dibujante Jerry McClure

II. COOPERACION EN EL CULTIVO   21

vieron con grande emoción salir de la prensa el primer curso del ICI: *The Great Questions of Life* (Los grandes interrogantes de la vida). ¡Poco soñaban que para 1993 unos 10.000.000 de personas habrían estudiado este curso en 164 países y en 97 idiomas! Y muchos millares habrían aceptado a Cristo como resultado de las lecciones estudiadas.

Al mismo tiempo se entrenaban 355.770 obreros laicos en 164 naciones por medio de otros cursos del ICI, y 9.836 personas recibían preparación ministerial por estudios en el nivel universitario. Se alcanzó en 1993 una meta que había parecido un sueño imposible. ¡La matrícula mundial de los estudiantes activos alcanzó un millón! Centros de aprendizaje en 1.980 lugares facilitaban el estudio para millares. Muchos millares de los estudiantes estaban en América Latina y el Caribe.

d. PIEDAD

El Programa Integral de Educación de las Asambleas de Dios (PIEDAD) nació en el corazón de Juan Bueno, Director de Misiones para Latinoamérica y el Caribe. Siguió el plan que él y su esposa Lois habían iniciado en El Salvador, Centroamérica. Iglesias locales dirigían escuelas primarias. Ayuda económica del exterior proveía uniformes, un buen almuerzo y cuidado médico y dental gratuitos para niños pobres. En 1995 unos 75.000 niños en 18 países de América Latina y el Caribe estudiaban en escuelas dirigidas por iglesias asambleístas y ayudadas por PIEDAD. En los países abarcados en este tomo funcionaban: 3 en Colombia, con 500 alumnos; 9 en Ecuador, con 4.800; y 23 en la República Dominicana, con 10.200.

Juan Bueno con niños de PIEDAD

4. Radio y televisión

Además de los programas de iglesias o ministros locales en cada país, ha sido de mucha bendición desde 1955 el programa diario "Mensaje a la Conciencia" del "Hermano Pablo" Finkenbinder. Como misionero en El Salvador, inició en su garage un programa por radio. Fue de tanta bendición que Dios le puso en el corazón el extenderlo a otros países. El y su esposa Linda fueron a California para difundir un programa que se oiría por toda la América Latina. En varios países estaciones locales de radio y televisión colocaban gratuitamente los casettes de este programa en español y algunos periódicos lo publicaban. Salía en español, portugués, inglés, italiano y árabe. En 1994 se difundía en 27 países por 1.899 estaciones radiales, 333 de televisión, y 230 periódicos. En los países tratados en este tomo salía por 459 estaciones de radio, 23 de televisión y 20 periódicos.

El Hermano Pablo predica.

Los programas televisivos de los matrimonios José y Margarita Register y Rolando y Evelina Blount en Paraguay los llevaron a la formación del ministerio Astro. Establecieron su base en los Estados Unidos y grababan en casettes programas bíblicos para niños con títeres y otras ayudas visuales. Tenían un programa diario en una radioemisora potente de onda corta en California que se oía en todo la América Latina y el Caribe. Distribuían los videocassettes de "El Lugar Secreto" a las Asambleas de Dios en todos los países de habla hispana para ser difundidos por emisoras locales o ser usados en las iglesias.

Varios especialistas en el evangelismo infantil venían de Colombia tres veces al año para tomar parte en la dramatización de enseñanzas bíblicas. También equipos de Brasil grababan programas en portugués.

Jerónimo Pérez dirigía un programa radial de onda corta difundida desde California para toda Latinoamérica. "La Voz del Avance 2000" informaba sobre el progreso hacia las metas en la Década de la Cosecha (la última del siglo veinte) y animaba a los oyentes a hacer su parte en la obra.

II. COOPERACION EN EL CULTIVO 23

5. Clínicas

¡Imagínese 9.376 decisiones para seguir a Cristo tomadas en un año en clínicas médicas y dentales! Esto sucedió en 1990 en 15 visitas de equipos a 13 países. Health Care Ministries (Ministerio Cuidado de la Salud) como una parte de la obra internacional de las Asambleas de Dios ha organizado brigadas de médicos, enfermeros y ministros dispuestos a brindar dos semanas o más de trabajo en una clínica gratuita de salud y evangelismo. Médicos cristianos locales y ministros en cada país colaboraban con los equipos. Mientras daban tratamiento médico, su propósito principal era llevar a Cristo a los que no lo conocían. Para 1993 habían celebrado clínicas en 35 países.

En 1990 varios equipos trataron a 16.240 personas en 11 países latinoamericanos, entre los cuales 6.929 se entregaron a Cristo. Una clínica de diez días fue en Macapa, Brasil. Los 23 miembros del equipo trataron a 1.166 personas, casi 200 se entregaron a Cristo, y siete fueron bautizadas en el Espíritu Santo.

En 1994 un equipo ministró por cinco días entre aldeas de quichuas no evangelizados en el Ecuador. Dieron tratamiento médico a 1.525 personas, y 545 aceptaron al Señor. En los cultos evangelísticos cada noche, otros 270 se entregaron a Cisto, 68 fueron bautizados en el Espíritu Santo y 127 testificaron de la sanidad divina. Toda esa zona se hizo más abierta al evangelio.

6. Ayuda a corto plazo

Pastores y laicos, contratistas, carpinteros, albañiles y otros hombres y mujeres respondían al llamado por socorro para reparar templos, escuelas y casas dañados por terremotos o aluviones. Venían en equipos de las iglesias asambleístas norteamericanas para trabajabar hombro a hombro con creyentes y misioneros. Construían templos o capillas para iglesias nuevas y edificios para institutos bíblicos. De día echaban fundamentos y asentaban ladrillos y de noche todos ayudaban en cultos especiales.

Muchos dedicaban el tiempo de sus vacaciones a tal trabajo. Puesto que no podían estar más de dos o tres semanas, un equipo echaba los fundamentos, otro levantaba las paredes y otro colocaba el techo. Roberto Combs y su esposa Beverly trabajaron por muchos años en coordinar y supervisar tales proyectos.

Con el paso de los años se aumentaba el número de los que venían a corto plazo para trabajos auxiliares. En el programa de Embajadores en Misión, grupos de jóvenes con sus consejeros ayudaban a jóvenes nacionales por unas semanas en campañas evangelísticas. Hacían trabajo

24 *CAMPOS SEMBRADOS*

de visitación por las casas, presentaban el evangelio en la calle y en escuelas con drama y títeres, y ayudaban con música en los cultos y otros trabajos.

Otros jóvenes y adultos venían por uno o dos años en el Servicio de Movilización y Colocación (Mobilization and Placement Service). Hacían una gran variedad de servicios: construcción, trabajo secretarial, cuidado de niños en orfanatos, enseñanza, evangelismo—o lo que fuera para adelantar la obra de Cristo.

D. REAJUSTES EN EL TRABAJO

Al principio los sembradores del evangelio venían sólo de los Estados Unidos o de Europa. Los misioneros pastoreaban las iglesias que fundaban y eran los responsables por la formación y el desarrollo de una organización nacional.

A la vez se esforzaban en preparar a los que Dios llamaba al ministerio. A la medida que éstos adquerían experiencia y madurez, asumían, como era debido, responsabilidad en la dirección de la obra. De modo que, con el tiempo la iglesia nacional era autónoma, con el cuerpo ejecutivo compuesto de nacionales. Los ministros nacionales pastoreaban las iglesias establecidas, y los misioneros trabajaban en cooperación con ellos en campañas, la fundación de iglesias nuevas, la enseñanza en institutos bíblicos y seminarios, proyectos de extensión, clínicas, escuelas, evangelismo infantil, y otros programas.

III. ¡Y DIOS DA LA COSECHA!

En cada país veremos que hay épocas de romper el terreno, sembrar con fe, y persistir en el cultivo hasta gozar de la cosecha que Dios da a pesar de toda oposición humana o satánica. En el año 1990 el mundo entró en la última década del siglo veinte, y las iglesias evangélicas se lanzaron a nuevos esfuerzos para la evangelización del mundo entero antes del regreso de Cristo. Las Asambleas de Dios en cada país la denominó la Década de Cosecha y fijó metas para el crecimiento geográfico, numérico y espiritual. Con nueva visión los miembros se dedicaron a abrir más surcos, sembrar la Palabra de Dios, y seguir fieles al Señor en el cultivo y la cosecha, fuera lo que fuera el costo.

¡Que los ejemplos citados nos animen a lanzarnos con mayor fe y valor a hacer la parte que nos mande el Señor de la Cosecha!

BRASIL

REPUBLICA DE BRASIL

El país
Area: 8.511.965 km^2
Habitantes: 154.000.000
Capital: Brasilia

Las Asambleas de Dios, 1994-95
Ministros y obreros laicos: 88.100
Iglesias y anexos: 85.000
Adherentes: 20.000.000 según informe en 1995
Institutos Bíblicos: 56
Matrícula: 16.000 (con los en centros de enseñanza)

BOSQUEJO

I. **LOS PRIMEROS EVANGELICOS**
   A. Refugio y martirio
   B. Iglesias establecidas
II. **COMIENZOS PENTECOSTALES**
   A. Llegan los fundadores, 1910
   B. Nace a Assembléia de Deus, 1911-20
      1. Ministerio de Vingren y Berg
      2. Refuerzos y extensión
      3. Organización y avance
   C. Se extiende la obra, 1920-30
      1. Factores en el crecimiento
      2. Extensión geográfica
      3. Entrenamiento de obreros
III. **CONSOLIDACION Y AVANCE, 1930-61**
   A. Organización y conflicto
      1. Convenciones iniciadas
      2. ¿De Norteamérica o de Suecia?
   B. Acuerdo y avance
      1. Acuerdo alcanzado
      2. ¿Qué clase de preparación?
      3. ¡Adelante en cooperación!
      4. Medios de comunicación
      5. Avivamiento pentecostal
      6. Visión misionera
IV. **ORDEN Y PROGRESO (1961-95)**
   A. Confraternidad y organización
      1. ¡Jubileo!
      2. Convenciones alentadoras
      3. Multiplicación de iglesias
      4. Progreso en organización
   B. Progreso en la enseñanza
      1. Fundación de institutos
      2. Contribuyentes al progreso
      3. Correspondencia y ayuda local
      4. Progreso en los institutos
      5. Otras escuelas
   C. Progreso en el evangelismo
      1. Cooperación en campañas
      2. Participación en evangelismo
   D. Progreso en la comunicación
      1. Por la literatura
      2. Por radio y televisión
      3. ¡Y aun por teléfono!
   E. Obra social y misiones
      1. Progreso en la obra social
      2. Progreso en misiones
   F. Retrospección y perspectiva

Bernhard Johnson y hombre sordo de nacimiento. ¡Oye después de oración!

Los pioneros Daniel Berg (izquierda) y Gunnar Vingren

I. LOS PRIMEROS EVANGELICOS

A. REFUGIO Y MARTIRIO

¡A fugarse de Francia o ser ejecutado! Eso era el caso de millares de protestantes franceses (los hugonotes) en la época de la Reforma. En 1547 fueron ejecutados 72.000. Sudamérica parecía ofrecerles asilo a los sobrevivientes. Había incursiones franceses en la costa de Brasil (territorio de los portugueses desde 1494), y vinieron a esa región unos cien hugonotes en 1555 bajo el liderazgo de Durand de Villegagnon. Construyeron la fortaleza Coligny en una isla en la bahía de Río de Janeiro. Sus pastores eran Pierre Richer y Guillaume Chartier.

En 1556 Juan Calvino, líder en la Reforma, envió a Brasil 18 misioneros franceses. Jean de Lery predicó a los indios Tamoios y tradujo el Salmo 103 a su idioma. Otros testificaban a los portugueses católicos. Se levantó una oposición acérrima, y Villegagnon viró en contra de los protestantes. Por su orden casi 300 hugonotes fueron quemados vivos. Otros murieron ahorcados o por la espada. La colonia fue destruida.

B. IGLESIAS ESTABLECIDAS

Los holandeses invadieron y se establecieron en el norte de Brasil. Su primer culto evangélico se realizó en Bahía en 1624. Se repartían las Escrituras y se predicaba a las tribus nativas, a los portugueses, y a los esclavos africanos. Se fundaban iglesias, se preparaban obreros, y se enseñaba el catecismo impreso en holandés, portugués, y tupi-guaraní.

Después de la victoria de los portugueses sobre los holandeses en 1644, poco se sabe de los evangélicos por siglo y medio. Sin embargo, la semilla sembrada y regada con la sangre y lágrimas de los pioneros habría que brotar y rendir una cosecha abundante.

Inmigrantes, diplomáticos, y comerciantes de varios países traían su propia religión. La Iglesia Anglicana empezó con cultos en casa del Ministro Lord Strangford en 1810. Los inmigrantes de Alemania desde 1823 fundaron la Iglesia Luterana.

Los primeros misioneros evangélicos de Norteamérica a Brasil fueron los metodistas Fountain E. Pitts y Justin Spaulding, quienes llegaron a Río de Janeiro en 1835 y 1836.

En 1855 un médico escosés, Roberto Kalley, inició una Escuela Dominical en Petrópolis que fue el principio de la Iglesia Congregacional. Misioneros presbiterianos vinieron de Escocia en 1855 y de los Estados Unidos en 1859. Los de la Iglesia Bautista del Sur llegaron en 1881.

Los anglicanos no se daban al evangelismo al principio, por considerar que el campo se debía dejar a la Iglesia Católica, pero su denominación

28 BRASIL

hermana en los Estados Unidos, la Iglesia Episcopal, envió misioneros a Brasil con este fin en 1889.

II. COMIENZOS PENTECOSTALES 1910-30

A. LLEGAN LOS FUNDADORES, 1910

Dos denominaciones pentecostales nacieron de la llegada de misioneros en 1910. Luis Francesconi y sus compañeros iniciaron la obra pentecostal entre los italianos en Argentina. Obligado a salir de allí, Francesconi llegó a São Paulo, Brasil, en marzo de 1910. Inició obra entre un millón de italianos en São Paulo y fundó la Congregação Cristã do Brasil que llegaría a ser (con 3.500 congregaciones y un millón de adherentes en 1980) la segunda denominación evangélica en Brasil. La sobrepasaría sólo A Assembléia de Deus do Brasil (con 10.576 congregaciones y 4.000.000 de adherentes en 1980). Sus fundadores, Gunnar Vingren y Daniel Berg llegaron en noviembre del mismo año de 1910.

B. NACE A ASSEMBLEIA DE DEUS, 1910-20

1. Ministerio de Vingren y Berg

a. ¿A dónde ahora?

Gunnar Vingren y Daniel Berg, solteros suecos de 31 y 26 años de edad, procedentes de Nueva York, se desembarcaron en Belém, Pará, el 19 de noviembre de 1910. No sabían dónde ir, pero cargando todas sus posesiones en una maleta cada uno, caminaron hasta un parque y se sentaron. No conocían a nadie en esta ciudad de 200.000 habitantes. No hablaban portugués y no tenían la dirección de ninguna iglesia evangélica. Pero Dios les había dicho que vinieran a Pará, y oraron que El los guiara ahora.

Al poco rato llegó una familia que había viajado con ellos y hablaba inglés. Los llevó al hotel donde ellos se alojaban, y al día siguiente otros los guiaron donde el pastor bautista. El les alquiló una habitación en el sótano del templo. Participaban en los cultos con cantos especiales y en oración y testimonios.

Puesto que habían venido sin respaldo económico, Daniel Berg consiguió trabajo para cubrir los gastos de ambos mientras Gunnar tomaba lecciones de portugués. Luego de noche él enseñaba a Daniel lo que había aprendido aquel día.

b. Primer viaje por el Amazonas

El río Amazonas, con 6.500 kilómetros desde su nacimiento hasta el mar Atlántico, es segundo sólo al Nilo en longitud. Con 1.100 tributarios,

II. COMIENZOS PENTECOSTALES 1910-30 29

es el río más caudaloso del mundo. Cada día deposita 3.000.000 de toneladas de sedimento en la desembocadura. Así se han formado muchas islas que dividen el Amazonas, dándole un ancho de 260 kilómetros en el delta.

En la ribera sureña del delta está el Puerto de Pará, adyacente a la ciudad de Belém. Desde allí las naves recorrían la costa, iban a los pueblos en las islas y navegaban 1.500 kilómetros río arriba a la ciudad de Manaus. Vapores de 3.000 toneladas seguían otros 2.000 kilómetros por el Amazonas hasta Iquitos, Perú. Barcos comerciales servían a los poblados y plantaciones de caucho en cien ríos tributarios. Para alcanzar otros pueblos se iba en lanchas, botes de vela, y canoas.

Cuando Vingren y Berg habían estado en Belém un mes, Adriano Nobre, presbiteriano y comandante de naves de la compañía Puerto de Pará de la Bahía Amazónica, les invitó a acompañarlo por el río al pueblo de sus padres que distaba tres días de Belém. Pasaron seis semanas en esa región selvática donde se cultivaba el caucho, y aunque limitados en el uso del idioma, testificaban, oraban y cantaban himnos en portugués.

¿Y cuál fue el fruto de ese viaje? Por una parte el comandante de naves, Adriano Nobre, se convenció de que el poder del Espíritu Santo es para su pueblo hoy. Más tarde se afilió a la nueva iglesia pentecostal, llegó a ser uno de los primeros evangelistas y tuvo parte importante en la extensión del evangelio en Brasil. Y Daniel Berg dedicaría años al evangelismo por las islas y riberas del Amazonas y sus tributarios.

c. Pentecostés y separación

En mayo de 1911, Gunnar Vingren dió un estudio bíblico en la iglesia bautista sobre el bautismo en el Espíritu Santo. Fue bien recibido, y durante el resto de la semana hubo cultos de oración en casa de Henrique Albuquerque, cuya esposa, Celina, padecía de una enfermedad incurable. Vingren explicó que Cristo sana hoy, oró por ella, y el Señor la sanó completamente.

Ella comenzó a orar por el bautismo del Espíritu Santo. Una noche después del culto siguió orando y fue la primera persona para recibirlo. Por dos horas habló en otras lenguas. María de Nazaré estaba con ella en esa ocasión. En el próximo culto de oración ella también recibió la plenitud del Espíritu.

Tal como había sucedido en muchas iglesias de otros países, algunos de los miembros aceptaron con gozo el avivamiento pentecostal, y otros no. Un evangelista habló en contra y convocó una sesión de la iglesia en la cual preguntó cuántos estaban de acuerdo con esa doctrina. Dieciocho miembros se pusieron de pie. En seguida él los

30 BRASIL

declaró fuera de la comunión de la iglesia.

Así nació el 13 de junio de 1911 la iglesia que se llamaba Missão de Fe Apostólica al principio, y después a Assembléia de Deus. Sus pastores Vingren y Berg dejaron su alojamiento en el templo de la iglesia que ya no simpatizaba con ellos y fueron acogidos por una familia. En seguida empezaron a celebrar cultos públicos y en casa de creyentes en cuatro partes de la ciudad. El Señor los bendijo, sanando a los enfermos, salvando almas y bautizando en el Espíritu.

d. A pesar de la oposición

Pronto los misioneros salían a los pueblos alrededor de Belém y levantaban otras iglesias. Hubo tanta oposición que celebraban de noche los cultos de bautismo en agua para evitar ser atacados. Más tarde anunciaron un culto de bautismo para cierto día. Cuando estaban en la ribera del río, llegaron 200 católicos para atacarlos. Un hombre habló en su defensa, el bautizo prosiguió y los perseguidores sólo los insultaban sin hacerles daño.

En 1912 Daniel Berg renunció su trabajo de fundidor y con el pago compró Biblias y Evangelios. Salió a romper terreno con el colportaje bíblico en toda esa región. Iba a pie cargando una maleta llena de literatura a los pueblos a lo largo de la vía férrea de Belém a Bragança. Llegaba a otros en canoa. De casa en casa ofrecía la Palabra de Dios, testificaba, y oraba por la gente. Inició obras en Bragança y en la isla de Marajó frente a Belém. Hubo persecución, pero se levantaron iglesias fuertes.

Los sacerdotes predicaban en contra de los evangélicos y decían que los que leían la Biblia de los protestantes irían al infierno. Sin embargo, en los primeros tres años Berg distribuyó 2.000 Biblias, 4.000 Nuevos Testamentos y 6.000 Evangelios.

Gunnar Vingren también llevó el evangelio a varios pueblos. Oraba por los enfermos, Dios los sanaba, y nacieron iglesias.

Ambos misioneros fueron insultados y agolpeados. Sufrieron hambre, sed y ataques de paludismo. Quedaban exhaustos por el calor sofocante y la falta de alimentos adecuados. Vingren casi murió con beriberi pero Dios lo levantó. Berg caminaba por la selva a veces con los pies tan lastimados que no podía calzar los zapatos, pero seguía descalzo, lacerándolos más. Estaba en peligro de serpientes venenosas, osos y otras fieras, pero Dios lo protegía. Una vez 50 hombres lo esperaban para matarlo en el camino. ¡Pero esta vez el Señor lo dirigió a ir por otro camino!

Los creyentes también estaban dispuestos a sufrir por Cristo. En Tauari

II. COMIENZOS PENTECOSTALES 1910-30   31

una turba atacó a los que salían del culto. Con cada golpe los hermanos sólo decían: "¡Gloria a Jesús!" Luego un hombre con rifle los recibió en su casa y amenazó disparar a cualquier que los atacara. Otro hombre armado los acompañó a sus casas. Al encontrar una emboscada, mandó dejarlos pasar o el que se opusiera recibiría una bala en la cabeza. Así llegaron a casa.

En un pueblo la policía encarceló a todos los creyentes. Se pusieron a orar, y Dios bautizó a uno de ellos en el Espíritu. Puestos en libertad al día siguiente, volvieron a casa alabando al Señor por el privilegio de sufrir persecución por Cristo.

e. Nuevos obreros y progreso

Poco a poco la obra crecía y varios creyentes se lanzaron a predicar. Gunnar Vingren dedicó al ministerio en 1913 a los primeros pastores, Absalão Piano, Isidoro Filho, Crispiniano de Melo, Adriano Nobre y Pedro Trajano.

Otros evangelistas eran José Plácido da Costa y José de Matos. José da Costa, hombre de nogocios de Portugal, se convirtió en 1910 bajo el ministerio de Vingren y Berg. En 1913 fue el primero en llevar el mensaje pentecostal a Portugal. José de Matos también iría a Portugal en 1921, enviado por la iglesia en Belém.

Mientras tanto, varios creyentes y obreros laicos llevaban el evangelio a sus familiares en otros pueblos y preparaban el camino para la llegada de evangelistas y pastores. En 1914 María de Nazaré inició un trabajo de evangelización en Uruburetama, Ceará. Vino el evangelista Adriano Nobre. Dios bendijo, 33 personas fueron bautizados en el Espíritu en dos días, y se fundó una iglesia, aunque Nobre fue apresado y expulsado del pueblo.

Crecía la obra cada año y para 1914 había un total de 384 bautizados en agua y 276 bautizados en el Espíritu.

En 1914 se consiguió un local en Belém para el primer templo asambleísta. En el sótano funcionaba una escuela primaria donde se enseñaba la Biblia junto con las materias académicas.

2. Refuerzos y extensión

a. ¿Seguir en Maceió?

Otto Nelson y su esposa Adina vinieron de Suecia en 1914. Fueron a Maceió, Alagoas, para pastorear siete creyentes que habían aceptado el mensaje pentecostal bajo el ministerio de Gunnar Vingren. El campo era duro, las pruebas muchas y el progreso poco. Un día Otto Nelson estaba tan desanimado que dijo, "Si Dios no hace algo especial hoy mismo, voy

32 BRASIL

a abandonar este campo." Durante el culto de oración esa noche un creyente empezó a hablar en sueco, idioma que él desconocía, exhortándole a Otto a quedarse donde estaba. Añadió, "Dios está contigo; El hará la obra." Con este mensaje directo del Espíritu Santo, los Nelson cobraron ánimo. Ellos y otros perseveraron hasta ver una iglesia fuerte en Maceió y congregaciones por toda esa región.

b. Evangelismo por el Amazonas

En 1915 Gunnar Vingren visitó la obra en los Estados Unidos y Suecia presentando el reto de misiones. Adriano Nobre quedó como pastor interino en Belém. Una iglesia norteamericana envió una ofrenda a Berg para comprar una nave velera. Berg la nombró Boas Novas (Buenas Nuevas) y, con tres jóvenes para ayudarlo, evangelizaba en las riberas del Amazonas y en las islas. Para 1917 habían fundado 11 misiones.

Llegaron de Suecia a Belém en 1916 Frida Strandberg (quien se casaría con Gunnar Vingren), Samuel Nyström y su esposa Lina. Los Nyström tendrían parte vital en la obra por casi 30 años. El hacía viajes de semanas o meses con Berg por el río y en las islas. Fueron amenazados de muerte, pero Dios los protegió. Aun cuando un hombre disparó varias veces a un grupo de creyentes ninguna bala los alcanzó. En un viaje, Nyström y José de Matos caminaron 150 kilómetros a pie cargando 20 kilos de bagaje. Atravesaron pantanos donde el agua les llegaba hasta las rodillas, difícilmente podían comprar alimentos, y los zancudos los atacaban. Había fieras y miembros de una tribu salvaje errante en la selva, pero no se encontraron con ninguno. Seguían adelante con las buenas nuevas, y en muchos lugares personas se convirtieron y se bautizaron en agua y en el Espíritu Santo.

Los Nyström fueron a Manaus y levantaron una obra en este puerto importante y capital del estado de Amazonas. Desde Manaus, Samuel Nyström respondió a la invitación de visitar a unos creyentes en Boa Vista cerca de la frontera con Venezuela. Viajó entre labradores sobre la carga en una lancha tirada de remolcador. Por 19 días navegaron río arriba. Luego después de tres días a caballo, Nyström llegó a Boa Vista. Allí Dios bautizó en su Espíritu a algunos y salvó a otros. Desde allí viajó por un mes a caballo por esa región y halló buena acogida.

Se enfermó de un paludismo maligno, y parecía que iba a morir. Por fin llegó a Manaus con aspecto de un cadáver y por diez meses sufrió los ataques de esta enfermedad que reclamaba tantas vidas. Sin embargo, en su debilidad iba a los cultos y predicaba desde una silla. Entonces Dios lo sanó y por todos los años que quedó en Brasil, nunca más sufrió del paludismo.

II. COMIENZOS PENTECOSTALES 1910-30 33

Llegó otro matrimonio de Suecia en enero de 1918, Joel y Signe Carlson. Después de estudiar el idioma pasaron en octubre a la ciudad más importante en el norte de Brasil, Recife (a veces llamado Pernambuco por el nombre del estado). Allí fundaron una iglesia que con el tiempo contaría con millares de miembros.

3. Organización y avance

a. Ministros brasileños

El 11 de enero de 1918 a Assembléia de Deus fue registrada y consiguió la personería jurídica. Gunnar Vingren la encabezó. Lo ayudarían en la administración Daniel Berg, Adriano Nobre, Plácido Aristóteles, Samuel Nyström, Bruno Skolimowski, Nels Nelson y Almeida Sobrinho (ex-ministro bautista).

Servían de evangelistas Adriano Nobre, Pedro Trajano, y Clímaco Bueno Aza, colombiano convertido en Brasil. Bueno Aza, sostenido por una iglesia en Suecia, fue al estado de Maranhão donde hizo buena obra pionera. Sus viajes a bestia y a pie duraban a veces hasta tres meses mientras su esposa Julia dirigía la nueva obra en São Luis. Levantaron muchas iglesias en varios estados.

Crispiniano F. de Melo trabajaba en el caucho y testificaba a los demás labradores. Dentro de poco se formó un grupo de unos 60 creyentes. Después recibió credenciales como evangelista y la iglesia en Pará lo sostenía.

Josino Galvão de Lima y Joaquim Batista de Macedo se sostenían a sí mismos. Joaquim caminaba a pie centenares de leguas y enfrentó muchos peligros. En una ocasión 200 hombres armados lo rodearon para matarlo, pero Dios no permitió que le hicieran daño alguno. Sin embargo, era corto su ministerio terrenal.

b. Primeras publicaciones

Desde el principio se repartían folletos en el evangelismo y colportaje bíblico. Pero hacía falta algo más para enseñar buena doctrina a los nuevos creyentes regados por un vasto territorio y para consolidar la obra con noticias de las congregaciones.

Con este fin salió en noviembre de 1917 el primer periódico pentecostal en Brasil, *A Voz da Verdade*, bajo la dirección de Almeida Sobrinho con la ayuda de João Trigueiro. Contribuirían escritos excelentes por años a la literatura pentecostal. Fue de corta vida (un año) esta revista, pero en diciembre de 1919 Gunnar Vingren, Nels Nelson y Samuel Nyström iniciaron *Boa Semente* (Buena Semilla) como el órgano oficial de la iglesia en Belém. Esta incluía lecciones bíblicas para la Escuela Dominical.

34 *BRASIL*

C. SE EXTIENDE LA OBRA, 1920-30

1. Factores en el crecimiento

a. *Oración, fe y la obra del Espíritu*

En 1995 los pentecostales comprendían la mayor parte de los evangélicos en Brasil. ¿Cuál era el secreto de su crecimiento?

Los líderes eran hombres de mucha oración, y varias iglesias tenían vigilias semanales y otros tiempos de ayuno y oración.

Se dio énfasis a la obra del Espíritu Santo. Los que formaron las primeras iglesias eran los que querían el poder de Dios en sus vidas. Lo esperaban y no fueron desilusionados. Dios los bautizó, les hablaba por sueños, visiones, profecías y mensajes en lenguas con la interpretación. Ardiendo con el fuego del Espíritu testificaban y predicaban, y Dios confirmaba su Palabra con milagros de sanidad divina en respuesta a la oración.

Del 37% al 50% de la población en Brasil practicaba varias formas del espiritismo. Mezclaban el animismo de los esclavos del Africa, las creencias de los autóctonos del país y el espiritismo traído por los europeos. En todo nivel de la sociedad, muchos que se registraban como católicos practicaban el espiritismo. Creían en el poder sobrenatural. Lo experimentaban en su adoración a varios dioses, a los espíritus y a Satanás.

Ofrendaban sacrificios para aplacar a los espíritus e implorar su ayuda, pero se hundían más y más en esclavitud a los espíritus malignos. Al ver el poder de Dios en los cultos evangélicos y en la vida gozosa de los creyentes, muchos reconocían que el poder de Cristo era mayor que el de los espíritus demoniacos. El amor de Dios era mejor que la opresión y el temor que les infundía el espiritismo. En el conflicto entre Dios y Satanás por sus almas, millares de espiritistas se entregaban a Dios y eran salvos.

b. *Participación y perseverancia*

La participación de todos los creyentes en sembrar la Palabra era factor vital en el crecimiento. Contra viento y marea perseveraban en la misión que Dios les encomendaba.

La comunicación entre creyentes en convenciones, por medio de revistas y más tarde por programas radiales, y su cooperación en varios proyectos ayudaban a consolidar la obra.

c. *Extensión y consolidación*

Se siguió un plan de fundar una iglesia en la capital de cada uno de los 21 estados, y luego extender el evangelio por todos los pueblos en el estado. Los pastores formaron circuitos y fortalecían con visitas

II. COMIENZOS PENTECOSTALES 1910-30 35

frecuentes a los creyentes en cada circuito. A veces pasaban hasta tres meses en un viaje por cierta ruta. Para 1945 ya tenían iglesias en todas las capitales y congregaciones en muchos otros pueblos de cada estado.

d. Uso de literatura

La distribución de la Palabra de Dios era parte básica del evangelismo. Algunas personas se convirtieron sólo con leer la Biblia. Los folletos repartidos y otra literatura ayudaban en el evangelismo y en el crecimiento espiritual de los creyentes.

En 1923 Samuel Nyström compró máquinas de imprimir y él y Nels Nelson editaban *Boa Semente* y otra literatura.

En 1929 Vingren inició en Río de Janeiro la revista *Som Alegre*, de carácter noticiero y evangelístico. Se usaba mucho en el evangelismo por las calles durante el año de su existencia.

e. La música

Los cantos eran medio potente de evangelismo, enseñanza y adoración. La música atraía a la gente a los cultos en la calle y en los templos. Las iglesias formaban bandas y grupos corales excelentes. João Trigueiro, trabajando en la publicación, componía himnos y coros. Se imprimió en 1921 el himnario *Cantor Pentecostal*. Samuel Nyström tradujo himnos del sueco al portugués a pie de la letra. Paulo Macalão los acomodó a la música y organizó *Harpa Cristã*, el himnario oficial que salió en 1922. En 1931 salió el *Saltério Pentecostal* con 220 himnos.

2. Extensión geográfica

a. Se responde al reto

De 1919 a 1930 vinieron más misioneros y se levantaron más ministros brasileños. Nina Englund (norteamericana de padres suecos) vino en 1919. Bruno Skolimowski, de Polonia, vino a Belém con una compañía inglesa para construir vías de ferrocarril. El y su esposa María se convirtieron en 1919 y pronto trabajaban para el Señor. Por unos 40 años tendrían un ministerio eficaz.

En 1920 un pastor presbiteriano en Pará, José Moraes, se afilió a las Assembléias. Dios lo usó a él y a Pedro Trajano, Francisco Gaspar y otros en el estado de Río Grande do Norte. De Suecia vinieron 12 misioneros en 1921. Entre ellos se destacarían Samuel Hedlund y Nels Nelson, sueco convertido en los Estados Unidos.

Para 1924 la obra pentecostal se había extendido a diez estados. Había 28 misioneros, la mayoría de ellos suecos, y en 1926 se contaba con unos 10.000 creyentes.

36 BRASIL

Mientras tanto, se presentaba a los creyentes en Brasil su reponsabilidad, y Dios llamaba a más y más obreros al ministerio.

b. Más obreros en el norte

Nina Englund fue con Otto y Adina Nelson a Maceió, Alagoas. Trabajaba con los niños, y fue de bendición con su música, cantando y tocando un órgano. Había cultos cada noche en varias partes de la ciudad y ministerio en la cárcel y en el hospital.

Cinco señoritas (Lily Johnson, Elisabet Johansson, Augusta Anderson y dos otras) tenían un pequeño orfanato en Recife, Pernambuco, donde Joel y Signe Carlson pastoreaban. Nina iba allí a veces para ayudarlas. Pero sufría mucho del paludismo. Los ataques fuertes de fiebre la dejaron tan débil que en 1922 volvió a su tierra. Allí recobró la salud y se casó con el pastor Glen Renick. En 1924 Simão Lundgren tomó el pastorado en Maceió.

Samuel Hedlund y su esposa Tora fueron a Recife para ayudar a los Carlson. En ese tiempo la iglesia contaba con 18 miembros. En 1962 tendría 13.000 en la iglesia madre y 60 congregaciones filiales en esta ciudad de 800.000. Los Hedlund también abrirían iglesias en São Paulo y otros lugares.

Poco se oye de otro misionero sueco, Viktor Jansson. Después de un viaje por las islas, padeció de una fiebre muy alta y falleció en 1923. Fue sepultado en Afuá donde la obra tenía menos de un año. ¿Fracaso? ¿O siembra? Su vida estaba en manos del Señor de la Cosecha para vida o muerte. Su testimonio llevó fruto y se levantó una iglesia floreciente allí en Afuá.

En 1928 llegaron a Recife desde Europa Nils Kastberg y su esposa. Rendirían buena labor en varios pastorados por muchos años antes de pasar a Argentina. Nils murió allí en un accidente automovilístico a cabo de 50 años de labor en Latinoamérica.

c. Por la cuenca del Amazonas

Paul Aenis y su esposa, norteamericanos, llegaron en 1921. Fundaron una buena iglesia en un tributario del río Amazonas muy al interior del país en Porto Velho, Rondonia. Dios los usó en los pueblos y plantaciones de caucho. Volvieron a los Estados Unidos en 1924 y apelaron por obreros para llevar el evangelio a 370 tribus en el interior de Brasil.

Los predicadores brasileños que habían trabajado con los Aenis siguieron fundando iglesias, y Dios siguió salvando, sanando, bautizando en el Espíritu Santo y usando a cualquiera que se entregara de lleno a El. Un nuevo convertido fue a trabajar en una plantación de caucho. No sabía leer pero llevaba una Biblia y pedía que otros se la leyeran. Así se convirtieron tres personas, y el Señor los bautizó en el Espíritu. Fueron

II. COMIENZOS PENTECOSTALES 1910-30 37

maltratados, pero su líder recordó lo que el pastor Aenis había enseñado: orar por sus enemigos. Así lo hicieron. A poco tiempo su peor enemigo y otros se convirtieron. El administrador se alegró al ver el cambio en sus vidas y sugirió que construyeran un templo. Pronto 78 personas se habían bautizado en agua.

Mientras tanto, Dios usaba a los Nyström con Nels Nelson y otros por el río Amazonas, el río Negro, y en Belém. Nelson recibió el cargo de la obra en las islas. Pasó muchas pruebas en el bote de vela Boas Novas, y por ataques del paludismo que habían de seguir por 18 años. Pero Dios bendijo la semilla sembrada, y en 1922 se bautizaron en agua 200 convertidos.

Al pasar los Nyström a São Paulo en 1930, Nels Nelson quedó de pastor en Belém. Allí se casó con Lidia Rodrigues, quien sería su fiel compañera de labor por el resto de sus 42 años en Brasil.

d. Extensión al sur

En 1920 Daniel Berg fue a Suecia y volvió a Brasil con una compañera incansable, su esposa Sara. En 1922 iniciaron obra en el estado de Espírito Santo. En 1924 pasaron al puerto de Santos, al sur de São Paulo. En 1927 se establecieron en São Paulo y trabajaron en esta región hasta salir para obra misionera en Portugal. Llegaron los Nyström a São Paulo en 1930.

Algunos creyentes se trasladaron de Pará a Río de Janeiro, capital nacional en aquel entonces. Heráclito Menezes estableció una Escuela Dominical y cultos de oración en el sótano de la casa de Eduardo de Souza Brito. Asistían a la Iglesia de Dios e iban a la casa de los Brito para orar. Varios fueron bautizados en el Espíritu. Adriano Nobre vino para ayudar a la iglesia naciente, y en 1923 Gunnar Vingren predicó allí por tres semanas.

El padre de Paulo Leivas Macalão era general en el ejército y esperaba que su hijo lo siguiera en la carrera militar. Pero Dios tenía otros planes. Paulo estudió en una escuela bautista e iba a ingresar en el Colegio Militar cuando halló un folleto con la dirección de la Iglesia de Dios. Fue a un culto allí y conoció a los pentecostales. Los acompañó a casa de los Brito para orar, se entregó de lleno al Señor y pronto anunciaba el evangelio.

En 1924 se organizó la iglesia asambleísta en Río. Heráclito Menezes fue pastor por unos meses hasta que vinieron los Vingren para encargarse de ella. Fueron elegidos Paulo Macalão de secretario y João Nascimento como diácono. Los miembros daban cultos en casas y en la calle en varias partes de Río y visitaban a los nuevos para confirmarlos en la fe. Y Dios levantaba obreros para dirigir las iglesias que nacían.

Paulo Macalão y su esposa Zelia

Paulo Macalão inició en 1929 una iglesia en el barrio Madureira de Río de Janeiro. El y su esposa Zelia la pastorearían por medio siglo y verían la conversión de millares de personas.

En 1922 llegaron Gustavo Nordlund, su esposa Elisabet y Herberto su hijo de 12 años. En 1924 fueron a Porto Alegre, capital de Río Grande do Sul. Herberto trabajaba con Gustavo y otros por las pampas en la frontera con Argentina fundando muchas iglesias. Pasó para estar con el Señor a la edad de 36 años.

Algot Svenson llegó en 1928 con su esposa Rosa. Iniciaron la obra en Belo Horizonte y Dios bendijo su ministerio pero después de dos años se fueron con la salud de Algot quebrantada. Sin embargo, regresaron y trabajaron allí hasta su muerte en 1959.

3. Entrenamiento de obreros

Cuando Dios llama a personas a predicar, les precisa prepararse para poder interpretar bien la Palabra de Dios y dirigir bien a los creyentes. En Suecia se celebraban para este fin escuelas bíblicas de una o dos semanas o un mes. Samuel Nyström inició este programa en Belém con una Escola Bíblica de un mes en 1922. Asistieron 16 pastores. La próxima escuela fue de una semana en 1923 en Maceió, para los obreros de ese estado. Vingren, Hedlund, Nyström y Otto Nelson enseñaron.

Tales escuelas contribuyeron al crecimiento de la obra. En 1925 unos 60 ministros brasileños trabajaban con 29 misioneros en 15 estados de Brasil. Ya se experimentaba mejor aceptación al evangelio. Se extendían continuamente la obra y el avivamiento pentecostal. En 1930 había más de 160 iglesias y 16.000 miembros bautizados en agua.

III. CONSOLIDACION Y AVANCE, 1930-61

A. ORGANIZACION Y CONFLICTO

1. Convenciones iniciadas

Con la expansión de la obra se veía la necesidad de alguna clase de organización para consolidarla. En noviembre de 1930 se celebró en

III. CONSOLIDACION Y AVANCE, 1930-61 39

Natal la primera convención nacional, en la iglesia pastoreada por Francisco Gonzaga. Lewi Pethrus, líder de la obra pentecostal en Suecia, vino para el evento. Participaron en las sesiones de negocios 16 pastores brasileños y los misioneros Vingren, Carlson, Nyström, Otto Nelson y Nels Nelson. Se dieron informes sobre la obra, inclusive sobre la labor de las mujeres.

Se tomaron varios acuerdos importantes en esta ocasión:

1) Unir las publicaciones *Boa Semente* y *Som Alegre* formando la revista *O Mensageiro da Paz* como órgano oficial.
2) Pasar a las iglesias brasileñas la propiedad de los templos y salones de culto que eran de la Misión.
3) Pasar más responsabilidad a los pastores brasileños, dejando por lo general las iglesias bien establecidas en el norte a cargo de ellos, y concentrar el esfuerzo de los misioneros en el evangelismo y la fundación de iglesias en el sur. Sin embargo, se enfatizó el estrechar los lazos entre todas partes de la obra.
4) Celebrar cada año una convención nacional.

No había superintendente, pero en cada convención se nombraban el presidente de la convención y otros oficiales. Servían durante la convención y también hacían los preparativos para la próxima.

2. ¿De Norteamérica o de Suecia?

a. Misioneros de varios fondos

Al pasar los años algunos de los pioneros tuvieron que dejar el trabajo a la nueva generación de obreros que Dios levantaba. Por 21 años Gunnar Vingren siguió activo en el evangelismo y la supervisión de las Assembléias a pesar de sus luchas con la salud. Volvió agotado a su tierra natal en 1932, dejando la iglesia en Río de Janeiro a cargo de Samuel Nyström. Partió para estar con el Señor en 1933, poco antes de cumplir los 54 años de edad.

Erik Aldor Petterson había iniciado su ministerio en Laponia, al norte de Suecia. El y su familia vinieron desde Suecia a Brasil en 1933. Su hijo Herberto ayudaba en la obra.

Gustavo Bergstrom emigró de Suecia a los Estados Unidos a la edad de 17 años. Era boxeador, y después de convertirse estaba dispuesto a luchar por Cristo dondequiera que El lo enviara. Vino a Brasil en 1933, auspiciado por la Iglesia Sueca Pentecostal en Chicago. Después de unos años volvió a los Estados Unidos, se casó, y regresó con su esposa Alicia y nombramiento misionero de las Asambleas de Dios. Dedicaría 55 años a la obra en Brasil.

Las señoritas Erma Miller (norteamericana) y Ester Andersson (sueca)

40 BRASIL

trabajaron con los Nyström en São Paulo, luego en Río de Janeiro en 1932. Tenían buen ministerio en las cárceles, en la educación, la música y el evangelismo al aire libre. En 1933, Erma pasó a ayudar a Otto y Adina Nelson en el estado de Bahía.

Leonardo Petterson y su esposa vinieron de Europa a Porto Alegre. Hasta 1938 habían servido en las Assembléias de Deus unos 38 misioneros de Suecia o de la obra sueca en los Estados Unidos.

b. Nombramiento de norteamericanos

Hasta 1935 el Departamento de Misiones de las Asambleas de Dios en los Estados Unidos no había enviado misioneros a Brasil. Había recomendado a los que pedían nombramiento misionero a este país que fueran bajo los auspicios de la obra pentecostal sueca. Sin embargo, Brasil, con 40.000.000 de habitantes, ocupaba casi la mitad de Sudamérica y tenía casi la mitad de la población. Dios llamaba obreros a Brasil y por fin se decidió extenderles nombramiento y el respaldo de la denominación.

De modo que en 1935 los matrimonios Stalter, Boyer y Fullerton recibieron nombramiento misionero de las Asambleas de Dios de los Estados Unidos. Orlando y Ethel Boyer y sus colegas Virgilio y Ramona Smith trabajaban con la Iglesia de Cristo al nordeste de Brasil desde 1927 fundando iglesias en esa área no evangelizada. Al oír el testimonio de unos creyentes pentecostales, buscaron y recibieron el bautismo en el Espíritu Santo. Los Boyer se afiliaron a las Asambleas de Dios en 1935; los Smith, más tarde. Dedicarían el resto de su vida a la obra en Brasil. Vernon Fullerton y su esposa Ruth (hija de los Boyer) trabajaron en Brasil hasta 1941, y Frank y Luisa Stalter hasta 1945.

Noel Perkin, secretario de misiones de las Asambleas de Dios de los Estados Unidos, envió con los Boyer en 1936 una carta para ser leída en la convención anual. Expresaba el deseo del Departamento Misionero y de los misioneros de trabajar en plena armonía y cooperación con las Assembléias de Deus.

Samuel Nyström, presidente de la convención, y Joel Carlson, secretario, respondieron agradeciendo la oferta de enviar misioneros. Describieron la extensión de la obra, el gobierno eclesiástico y la base doctrinal. Dieron recomendaciones para los misioneros. Si podían adherirse al sistema, serían bienvenidos. Los misioneros norteamericanos se comprometieron a hacerlo. Fueron a Fortaleza, Ceará, y fundaron una obra en São Francisco.

En 1936 Teodoro Stohr y su esposa Tima llegaron de los Estados Unidos. Iniciaron una iglesia en Ribeirão Preto, São Paulo, y entregaron

III. CONSOLIDACION Y AVANCE, 1930-61   41

la obra a pastores brasileños para dedicar todo su tiempo hasta 1952 en fundar otras iglesias.

Desde 1938 Lillian Flessing (norteamericana) trabajaba con Erma Miller en Ribeirão Preto. Siguieron en Brasil hasta 1945.

En febrero de 1938 Sylvio Brito, pastor en São Paulo, con oficiales de su iglesia y los misioneros John Sörheim y Julius Schalch, extendió una bienvenida para misioneros norteamericanos a ese estado donde había 8.000.000 de personas y 89 ciudades.

Cuando Gunnar Vingren predicó en Kenosha, Wisconsin, E.U., en 1922, ¡poco soñaba cómo Dios usaría a varios jóvenes de esa congregación: a Lorenzo Olson en Brasil, a su hermano Ingve en Venezuela, y a Alicia Davidson (de Bergstrom) en Brasil! Los padres de Lorenzo habían venido de Suecia a los Estados Unidos antes que él naciera. Lorenzo se preparó en un instituto bíblico, se casó con una condiscípula, Alicia Olson, y vinieron a Brasil en 1938. Dedicarían 51 años a la obra de Dios en este país.

c. El problema

Los misioneros suecos y los norteamericanos venían de diferentes sistemas de organización. A Assembléia de Deus do Brasil seguía el sistema sueco. Las iglesias madres levantaban iglesias filiales y las mantenían bajo su control como parte de su "ministerio", aun cuando alguna sobrepasara a la madre en número de miembros. Las convenciones eran medio de confraterniad, pero cada ministerio actuaba de modo independiente. No había sede nacional. El cuerpo ejecutivo nacional funcionaba sólo durante las convenciones.

En cambio, los norteamericanos estaban acostumbrados a dar la autonomía a cada iglesia cuando tuviera suficientes miembros para sostener a su pastor. Venían de una organización nacional y distrital con sedes y juntas ejecutivas que ayudaban a las iglesias a cooperar y vigilaban por mantener normas bíblicas de doctrina y conducta.

A pesar de la invitación oficial extendida a los misioneros norteamericanos, ciertos pastores apelaron a las Asambleas de Dios en Suecia. El Departamento de Misiones en Suecia sugirió que los misioneros de los Estados Unidos fueran a Argentina, Uruguay, Paraguay, u otros países.

B. ACUERDO Y AVANCE

1. Acuerdo alcanzado

Antes de presentarse el problema en Brasil, Dios preparaba a un joven que ayudaría en su solución. João Pedro Kolenda tenía raíces en Brasil. Su padre Ludwig Kolenda había venido de Alemania a Porto Alegre con

42 BRASIL

su familia en 1902 para pastorear unos colonos alemanes. João Pedro cumplió cuatro años en el viaje. En 1909 la familia fue a los Estados Unidos, todos menos su hija Marta, quien se casó en ese año con Rodrigo Lemos, administrador de la fábrica donde ella trabajaba. Sus hijos y nietos serían muy usados de Dios por muchos años.

João Pedro Kolenda reconoció que Dios lo llamaba al ministerio, y sentía que algún día volvería a Brasil. Se preparó en un instituto bíblico de las Asambleas de Dios y se casó en 1922 con Margarita Westmark, una condiscípula quien había sentido desde su niñez el llamamiento de Dios a Brasil.

Por 17 años pastorearon en los Estados Unidos y Kolenda ya era ejecutivo distrital de las Asambleas. Parecía que el llamado a Brasil se había olvidado. Pero una carta de su hermana Marta de Lemos en Porto Alegre y una visita de ella lo renovó.

Poco después, Kolenda oyó hablar a Gustavo Nordlund de Porto Alegre, Brasil—hogar de su niñez. Nordlund le invitó a venir sin demora para ayudarle, ofreciendo entregar a su supervisión la parte sur del estado de Santa Catarina. Al día siguiente Noel Perkin le habló a Kolenda acerca de la crisis en Brasil. Le preguntó si iría a Brasil en seguida en representación del Departamento de Misiones para buscar la mejor solución posible.

Los Kolenda llegaron a Río de Janeiro en 1939 a tiempo para la convención anual. Dios los usó en promover allí la unidad. Los norteamericanos se comprometieron a trabajar dentro del sistema en campos nuevos y en ministerios especializados. Y la Assembléia les extendió una bienvenida cordial.

2. ¿Qué clase de preparación?

a. Conflicto sorprendente

Los misioneros norteamericanos sentían la necesidad de proveer para los pastores más instrucción bíblica. Querían fundar un instituto de varios meses de duración. João Kolenda, Lorenzo Olson, Virgilio Smith, Samuel Nyström y otros promovían en las convenciones la fundación de un instituto bíblico permanente, pero encontraron una oposición increíble. Algunos líderes aun se oponían a las escolas bíblicas. Temían que un énfasis en la enseñanza teológica llevaría a confiar en la intelectualidad humana en vez de depender del poder del Espíritu Santo.

b. Cursos por correspondencia

Lorenzo Olson y João Kolenda sentían en lo más hondo del alma la necesidad de preparar obreros. ¿Pero qué se podía hacer frente a la oposición?

III. CONSOLIDACION Y AVANCE, 1930-61 43

Un día en 1940 cuando Kolenda visitaba a Olson en Lavras, le dijo, "¿Por qué no iniciar un curso por correspondencia para ayudar a preparar obreros?" Dicho y hecho. Se sentaron a la sombra de un árbol en el patio y trazaron un plan de estudios. Pronto lanzaron el Curso por Correspondencia y daban cursos breves donde tenían estudiantes. Por más de 20 años los estudios hicieron un papel vital en la preparación de obreros. Uno de los primeros alumnos fue Antonio Gilberto, quien por más de medio siglo sería usado de Dios en la educación cristiana.

c. Escolas Bíblicas y clases locales

Las Escolas Bíblicas de una semana o más seguían en conjunto con las convenciones por muchos años. Kolenda, Olson, Stohr y otros enseñaban en muchas que eran como campamentos distritales. Dirigían otras para los obreros en sectores aislados.

Lorenzo Olson viajó por tres días en tren para enseñar en una escuela de diez días con el pastor Ormidio Sequeira en Minas Gerais. Cien obreros se congregaron para esta "festa espiritual". Dios derramó su Espíritu mientras estudiaban su Palabra.

En 1939 los Boyer celebraron un instituto bíblico de dos meses para cinco pastores y sus esposas en su región. Al año siguiente los Bergstrom y Olson dieron cuatro horas de clases cada día y cultos evangelísticos de noche por diez días en Itajuba. Olson, Bergstrom, João Pereira y João de Oliveira enseñaban en muchos institutos breves. En 1954 asistirían 77 alumnos de varios estados al instituto anual en Lavras, para clases bíblicas, trabajo evangelístico y práctica en dirigir programas radiales.

Algunos pastores celebraban clases en sus iglesias. Nels Nelson preparaba así a obreros laicos y pastores futuros en Belém.

3. ¡Adelante en cooperación!

a. A Santa Catarina

Los Kolenda quedaron en Porto Alegre por unos meses, y João visitó las congregaciones en ese estado. Una de ellas estaba en casa de su hermana Marta de Lemos. Gustavo Nordlund renovó su invitación para supervisar la parte sur del estado, pero Kolenda sintió que Dios quería enviarle a una zona más necesitada.

En eso le llegó una carta de William Freffurt, un joven suizo respaldado por unas iglesias en Inglaterra. El y André Bernardino habían iniciado obra en el estado de Santa Catarina en 1931 y ya había unas 20 congregaciones con una membresía promedio de 100. Circunstancias obligaban su regreso a Europa, y rogaba a los Kolenda que vinieran a dirigir la obra en Santa Catarina. Fueron, pues, en 1940 a Florianópolis, capital

44 BRASIL

del estado, situada en una isla en la costa Atlántica. Compraron un buque velero con cabida para 60 personas para el evangelismo por la costa.

Trabajaban en Santa Catarina en 1942: los Smith en el norte, los Kolenda en el centro, y los Boyer en el sur. Dios usaba a Virgilio y Ramona Smith en campañas para fundar iglesias en varios estados. Los Olson los ayudaban en algunas campañas; Alicia tocaba el acordeón y Lorenzo el saxófono y ambos cantaban.

b. Problemas, peligros y progreso

1) Oposición fuerte. En cada región los obreros salían a predicar en todos los pueblos, y encontraban oposición por dondequiera. Algunos curas quitaban las Biblias que la gente compraba y las quemaban. En un pueblo el montón de Biblias para la fogata en la plaza alcanzó a la altura de un hombre. Se pensaba acabar con la obra evangélica, pero el viento se llevó unas hojas medio quemadas. Cierto hombre a distancia de más de un kilómetro halló una de éstas, la leyó, y se entregó al Señor. Viajó larga distancia para comprar una Biblia y dondequiera que iba testificaba del Señor. Ayudó a levantar una iglesia fuerte.

En algunos pueblos los creyentes fueron denunciados por los curas, apedreados, atacados por hombres armados y encarcelados. Uno fue muerto a balas. Un misionero fue alcanzado por una bala pero no murió. En otro lugar 150 balas penetraron la casa donde se celebraba un culto; los creyentes se tiraron al suelo y nadie fue herido; sólo una gallina en la cocina fue muerta. Un templo fue destruido. Pero Dios sostenía a los suyos y la obra creció.

2) La enfermedad. Todos luchaban con la enfermedad, sobre todo con el paludismo. Dios bendecía a Joel Carlson en Recife, y en 1942 bautizó a 187 convertidos, pero murió del tifo en ese año. Su viuda, Signe, siguió en la obra. El Señor sanó a Orlando Boyer de la fiebre bubónica cuando estaba al punto de morir.

3) ¡Capturado por bandidos! Los Smith y los Boyer fueron a una región nueva para el evangelio. El famoso bandido Lampeão y su gente aterrorizaban esa zona y habían torturado y muerto a muchas personas. Un día Virgilio Smith fue capturado por los bandidos.

En seguida Boyer recibió una nota de Lampeão que demandaba el equivalente de $550 dólares por su rescate dentro de 72 horas o lo mataría. Los misioneros y los nuevos creyentes reunieron todo su dinero, pero apenas llegaba a $30. Todos se dieron a la oración mientras Boyer iba para entregar el dinero. Al hacerlo Boyer suplicó que le quitara a él la vida si era necesario, pero que pusiera en libertad a su amigo. Aprovechó la oportunidad de contarle al jefe cómo Jesucristo había muerto por él.

III. CONSOLIDACION Y AVANCE, 1930-61

Lampeão soltó a ambos misioneros, devolviendo la mitad del dinero de rescate. ¡Qué de regocijo por su retorno! ¡Y ya tenían con qué comprar comida para el resto del mes!

4) *¡Adelante con valor!* En 1942 llegaron Bernhard Johnson y su esposa Antonette a Varginha, Santa Catarina. Dios los usó para fundar 15 iglesias y 72 puntos de predicación. Bernhard falleció en 1960, pero su viuda continuó en la obra por ocho años más. Su hijo Bernhard asumió la dirección de la obra en esa región. Se graduó de un instituto bíblico norteamericano, se casó con la evangelista Doris Puckett, y volvió con ella a Brasil para un ministerio dinámico en el evangelismo y la educación cristiana.

Un día Antonette iba con unos creyentes para dar un culto en una colonia de leprosos cuando cuatro hombres los detuvieron y amenazaron matarlos si predicaban a los leprosos. En vez de virar atrás, Antonette les explicó el camino de la salvación. Luego los hombres los acompañaron al culto, escucharon la predicación y, juntos con 15 de los leprosos, se entregaron al Señor.

5) *Más obreros.* Elsie Strahl, norteamericana, tuvo buen ministerio en el evangelismo, en la literatura y en la enseñanza de 1940 a 1972 en Brasil. A veces iba con otros por tren y luego andaban a pie diez kilómetros hasta una plantación grande de café donde se levantaba una iglesia para los millares de trabajadores.

Misioneros de los Estados Unidos en 1955 (izq. a der.) Los Bergstrom, Lorenzo y Alicia Olson, Melvin Hodges (Secretario de Misiones para Latinoamérica), Elsie Strahl, Berta y Julius Olson, Dorris y João Lemos, Antonette y Bernhard Johnson, Virgilio Smith, Ethel y Orlando Boyer.

46 BRASIL

En noviembre de 1941 los obreros disfrutaron del Congreso Pentecostal Sudamericano celebrado en Porto Alegre. Asistieron ministros de Argentina, Chile, Bolivia y Brasil.

En 1944, 17 misioneros norteamericanos, 27 de Suecia, Noruega e Inglaterra, y más de 400 pastores brasileños trabajaban en las Assembléias de Deus.

Entre los obreros de la nueva generación había hijos y nietos de misioneros. Tres sobrinos de João P. Kolenda, Alberto, Isaac, y João Kolenda Lemos (hijos de Marta) ministraban a varias congregaciones, cada uno en su propio circuito. Herberto Petterson (hijo de Erik) se casó con Carolina Olson (hija de Lorenzo). Ayudaban en el ministerio por radio y en las iglesias, pero Herberto falleció en un accidente.

4. Medios de comunicación

a. La CPAD y literatura

La fundación en 1940 de la Casa Publicadora das Assembléias de Deus (CPAD) en Río de Janeiro fue un gran paso adelante en la consolidación de la obra y en el evangelismo. Servían en la junta directiva representantes de la obra en varias partes del país. Francisco Coehlo fue su primer gerente, y Emilio Conde el primer director de publicaciones. Los Boyer pasaron a Río en 1945 para dedicarse a la producción de literatura.

Al principio todo se imprimía en empresas comerciales, y todo el trabajo de oficina y de distribución se realizaba en dos cuartos pequeños. ¡Cuánto fue el regocijo en 1946 cuando la Convención aprobó el establecimiento de una casa publicadora adecuada con la maquinaria para imprimir la literatura!

João Kolenda visitó muchas iglesias en los Estados Unidos levantando ofrendas para este proyecto. A fines de 1947 se envió de los Estados Unidos la maquinaria para la imprenta. Andrés Hargrave, técnico de imprenta, dejó su empleo comercial y vino con su esposa Doris para instalar la maquinaria. Trabajó en la CPAD por diez años antes de pasar al Africa para semejante obra.

Se compró terreno para la CPAD, y en marzo de 1948 unos 2.000 creyentes felices desfilaron con banda, coro y cantos a la nueva propiedad y colocaron la piedra angular para el edificio.

En 1950 la CPAD imprimió 25.000 himnarios, 5.000 libros, 1.004.000 folletos evangelísticos, 39.600 expositores cada tres meses para la Escuela Dominical, 70.000 ejemplares cada mes de O Mensageiro da Paz, 10.000 de O Mensageiro Infantil, y las lecciones para 400 estudiantes por correspondencia.

La CPAD distribuía la literatura a 2.000 congregaciones en Brasil y a

III. CONSOLIDACION Y AVANCE, 1930-61 47

la obra en Portugal y en Africa. Los creyentes vendían *O Mensageiro da Paz* de casa en casa, aprovechando la oportunidad para testificar y obsequiar folletos.

Además de la literatura de la CPAD, los Boyer, Johnson, Olson y Smith escribieron y publicaron otros libros y folletos. Boyer tradujo del inglés comentarios sobre varios libros de la Biblia.

En 1953 Virgilio Smith estableció una librería en São Paulo. Otras librerías se abrieron en Río, Belém, Curitiba y Recife.

Los colportores llevaban la Biblia a campos remotos. Aceptaban el pago en lo que la gente les podía dar. Cierto colportor vino de un viaje por el Amazonas con su lancha llena con 328 kilos de caucho, 25 kilos de pescado salado, los cueros de 20 puercos silvestres, 25 tortugas, 100 gallinas, 10 patos, 400 huevos, 25 canastas de maíz, y 30 canastas de harina de yuca.

Carlos Hultgren y su esposa Geraldina (1950-65) trabajaban en la traducción y distribución de literatura y enseñaban en el instituto bíblico hasta pasar a Editorial Vida.

b. Evangelismo por radio

Lorenzo y Alicia Olson iniciaron en Lavras el primer programa radial de las Assembléias en 1947. Tenían media hora el domingo y un programa musical diario de 15 minutos. Sus hijos Larry y Carolina ayudaban en la música. Julius Olson (hermano de Alicia) y su esposa Bertha trabajaron con ellos en la radiodifusión por un tiempo durante sus 24 años en Brasil.

En 1955, a petición de la obra nacional, Lorenzo y su familia pasaron a Río de Janeiro para poner en una estación potente el programa semanal *Voz das Assembléias de Deus*. Esto representaba toda la obra. Recibían cartas de oyentes convertidos, sanados y bautizados en el Espíritu Santo como resultado de escuchar el programa. Desde 1955 hasta 1989 los Olson tuvieron este ministerio con conjuntos musicales de las iglesias.

Las iglesias vieron el valor de la radiodifusión y dentro de pocos años más de cien tenían sus propios programas.

5. Avivamiento pentecostal

a. En muchas iglesias

Hacia fines de 1949 Dios envió un gran avivamiento. Muchos fueron bautizados en el Espíritu. Dios usó a varios evangelistas. W.F. Garvin y su esposa vinieron a Santa Catarina en 1952 para tres meses con los Smith en cultos de uno a seis días en cada iglesia. Dios bautizó a muchos en el Espíritu, algunos en el altar, otros en el coro mientras cantaban, en el

48 BRASIL

balcón, en el sótano, en camino a casa y en casa. Una señora vino de otro pueblo y recibió el bautismo. Cuando volvió, dio su testimonio con gozo en su casa y siete personas se llenaron del Espíritu.

Para 1955 centenares de presbiterianos y metodistas habían recibido el bautismo en el Espíritu, y las iglesias cooperaban en campañas evangelísticas con muchas conversiones y milagros de sanidad divina. ¡Una campaña bajo carpa en Santos continuó con cultos todas las noches por seis años!

b. Cambios de actitud

En la época de los 1950 y 1960 el avivamiento en muchas partes del mundo produjo cambios de actitud hacia los evangélicos. El Concilio del Vaticano II ordenó cesar la persecución y recomendó la lectura de la Biblia y diálogo con los "hermanos separados", como llamaba ahora a los protestantes.

En el decenio de los 1970 la Biblia, o el Nuevo Testamento, llegó a ser libro de texto en las escuelas públicas en Brasil.

En cierto pueblo el sacerdote católico retó al pastor a un debate público. El sacerdote intentaba desacreditar el evangelio, pero el pastor Augusto con calma abrió su Biblia y dió razón de cada punto en cuestión. Luego el cura dijo:

—¡Y ese asunto de hablar en lenguas es un engaño! Yo conozco varios idiomas; habla en polaco o en latín.

Augusto respondió que no podía hablar en lenguas a su gusto. Pero en eso le sobrevino el poder del Espíritu y habló con fluidez por buen rato en un idioma que el sacerdote conocía.

—¿Dónde aprendiste ese idioma?—le interrogó el cura—. Debes haberlo aprendido en alguna parte; yo comprendí cada palabra.

En eso inclinó la cabeza, convencido de la realidad del poder de Dios. Los dos grupos se fueron amigos en vez de antagonistas.

6. Visión misionera

Los primeros misioneros asambleístas de Brasil al exterior fueron José Plácido da Costa y José de Matos, enviados a Portugal en 1914 y 1921. La iglesia en Río de Janeiro envió a Belarmino Teixeira Martins a Portugal en 1939. Y varios obreros cruzaron las fronteras de Brasil para evangelismo en Venezuela, Colombia, Guyana, Paraguay, Perú, Bolivia y Argentina.

En 1921-22 unos 2.000 creyentes huyeron de Latvia (estado asociado de la Unión Soviética) a Brasil para escapar la persecución comunista. Del puerto de Santos pasaron al interior y fundaron su colonia en la selva. Al cabo de unos años, una maestra de escuela recibió un ejemplar de la revista *The Pentecostal Evangel* de las Asambleas de Dios de los Estados Unidos y otra revista pentecostal de Inglaterra. Con la fe fortalecida, buscó más de Dios y recibió el bautismo en el Espíritu Santo. Se esparció el fuego. Vino un evangelista, y en 1937 había 150 bautizados en el Espíritu.

En 1945 Daniel Berg y Samuel Nyström y sus familias se fueron de Brasil para ayudar en Portugal. Las Asambleas de Dios en Suecia tenía misioneros en muchos países y Nyström fue nombrado Director de Misiones. En 1960 Dios lo llamó a su hogar celestial. En misiones domésticas varias iglesias ayudaban a ministros en la frontera con Bolivia. Virgilio Smith y otros pastores levantaron ofrendas para enviar obreros a las colonias alemanas, italianas, y eslavas. Y mientras Bruno Skolimowski pastoreaba en Curitiba, ministraba a los polacos en esa ciudad y región.

La iglesia en Río envió un pastor a los indios en Goyaz.

Marlene Olimpio, creyente de Lavras, se casó con un gitano y compartió el evangelio con los familiares y amigos de su esposo.

IV. ORDEN Y PROGRESO, 1961-95

A. CONFRATERNIDAD Y ORGANIZACION

El lema en la bandera de Brasil, "Orden y Progreso", bien podría aplicarse a las iglesias. La nueva generación seguía el rumbo trazado por los pioneros, con énfasis en la obra del Espíritu Santo y la responsabilidad de cada creyente. Perseveraron en plantar una iglesia o más en cada pueblo, en llevar el evangelio a los grupos étnicos y en enviar obreros a otros países según el llamado y mandato del Señor.

1. ¡Jubileo!

Las iglesias celebraron en julio de 1961 el cincuentenario de la fundación de As Assembléias de Deus no Brasil. La obra había crecido de 18 miembros en 1911 a unos 600.000 adherentes en 4.200 congregaciones. El Estadio Maracanzinho en Río de Janeiro se llenó con 40.000 personas, y otros 10.000 no pudieron entrar. Cantó un coro de 1.600, y tocó una banda de 250 músicos.

Ivar Vingren, hijo de Gunnar Vingren y misionero a Uruguay, estaba presente. Seis pastores fueron honrados por 30 años o más en el ministerio, entre ellos Nels Nelson quien había cumplido 40. Daniel Berg vino de Suecia y recibió una medalla de oro en honor a 50 años de ministerio. La iglesia en Belém que él y Gunnar Vingren fundaron ya contaba con 6.500 miembros, 180 cultos semanales, 15 escuelas domi-

50 BRASIL

nicales y tres escuelas primarias.

En 1963 Daniel Berg y Nels Nelson ambos recibieron la bienvenida y un reconocimiento mayor en su hogar celestial.

2. Convenciones alentadoras

¡Cuán magnífico evento fue la octava Conferencia Mundial de Pentecostales celebrada en Río de Janeiro en julio de 1967! A.P. Vasconcelos sirvió en el comité que la planificó y presidió. Vinieron delegados y visitantes de 35 naciones y de varios grupos y denominaciones. Centenares de omnibuses fletados llegaron llenos de creyentes. Casi todos los 30.000 asientos en el estadio se llenaron la primera noche y la asistencia aumentó. Un coro de 2.000 voces y una banda de 200 alzaron alabanzas alegres al Señor. En los cultos—mañana, tarde, y noche—centenares de pecadores recibieron al Salvador, enfermos fueron sanados, y muchos fueron bautizados en el Espíritu Santo.

En 1983 la Assembléia tuvo parte importante en el Congreso de Evangelismo en Brasil, en el cual participaron casi todas las denominaciones evangélicas. Los seis días contribuyeron a mayor armonía y cooperación entre las iglesias.

3. Multiplicación de iglesias

a. Congregaciones filiales

Desde el principio en 1911 cada iglesia tenía puntos de predicación donde la congregación se convertía en una iglesia filial. Estas a su vez levantaban otras congregaciones, todas bajo la supervisión de la iglesia madre. Muchos pastores trabajaban materialmente para sostenerse mientras levantaban una iglesia filial. Enseñaban a los creyentes a diezmar, y pasaban las entradas a la iglesia madre, la cual pagaba los gastos y construía templos para las filiales. Cuando había 200 miembros en la filial, la iglesia madre pagaba un sueldo al pastor para que pudiera dedicar todo su tiempo al ministerio.

Por grandes que fueran las filiales, por lo general no se independizaban de la iglesia madre. En 1981 la iglesia que José Pimentel de Carvalho había pastoreado por 19 años en Curitiba junto con sus 134 iglesias filiales tenía 217 congregaciones, unos 25.000 miembros y 246 propiedades, en las cuales ya se habían construido 140 templos.

En 1989 había 2.400 congregaciones asambleístas en São Paulo y sus contornos. Esto parece excesivo hasta considerar que São Paulo tenía 16.000.000 de habitantes. Había una congregación para cada 7.000 personas. La Assembléia Belenzinho pastoreada por José Wellington había fundado 900 iglesias filiales. Bautizaba de 1.000 a 1.200 nuevos

IV. ORDEN Y PROGRESO, 1961-95 51

creyentes en un culto cada tres meses.

La iglesia en Madureira, Río de Janeiro, tenía 18.500 miembros entre la iglesia madre y 120 iglesias filiales. Cien pastores adjuntos, 180 evangelistas y 300 predicadores laicos trabajaban bajo la dirección del pastor Macalão. Se abrían tres iglesias filiales cada año, para las cuales Macalão, en consulta con su concejo de pastores, nombraba pastores. En el mismo sistema, la iglesia madre en Belém tenía 30.000 miembros en 1991.

Se dedicó en 1994 el Centro Evangelístico con asientos para 22.000 personas en Cuiabá, Mato Grosso. Esta iglesia, pastoreada por el presidente nacional de las Assambléias, Sebastião Rogrigues, había fundado 100 iglesias filiales. El 10% de los 600.000 habitantes de la ciudad asistía a una Assembléia de Deus.

b. ¡A campos nuevos!

Se extendía la obra a campos nuevos por el esfuerzo de evangelistas y pioneros. Se calcula que Gustavo Bergstrom tuvo parte importante en iniciar 250 iglesias antes de su jubilación.

Brasil era rico en minerales y otros recursos naturales, casi todos en el interior del país sin explotar. Mientras tanto, el 75% de la gente residía dentro de 150 kilómetros de la costa, muchos de ellos en la pobreza. En la década de los cincuenta el gobierno promovió el desarrollo del interior del país. Se edificaron nuevas ciudades y en 1960 se pasó la capital de la nación a Brasilia, ciudad construida con este fin.

Varios misioneros y pastores brasileños fueron a trabajar en las nuevas ciudades. Eduardo Malmin y su esposa Julia (1958-76 en Brasil) fueron al estado de Paraná. Mostraban películas evangelísticas en las plazas de los pueblos. Muchos se entregaron al Señor y había muchas sanidades en respuesta a la oración.

Norman Anderson y su esposa Judite (1953-72) trabajaban en campañas, radio y la preparación ministerial. En 1959-60 los Smith y los Anderson fundaron una iglesia en la nueva ciudad de Goiania, capital de Goias. Oraban mucho por Brasilia. Ramona de Smith ya estaba paralizada pero hasta su muerte en 1962 se daba a la oración intercesora. En ese año Lester Sumrall y Clifton Erickson celebraron una campaña en Brasilia para iniciar un centro evangelístico. En 1964-66 los Anderson difundían un programa por televisión en Brasilia y celebraban campañas en el estado. Repartieron 500.000 entidades de literatura en un año. Virgilio Smith pasó a Brasilia y trabajaba allí aún en 1995.

52 BRASIL

4. Progreso en organización

a. Distrital y nacional

Para 1960 la obra en los estados de Minas Gerais, Santa Catarina y Río de Janeiro se había organizado en concilios distritales, cada uno con su presidente y otros oficiales. En 1964 se formó en Porto Alegre el distrito de Río Grande do Sul.

Sin embargo, la organización predominante era de "ministerios". El pastor de la iglesia madre era presidente de su ministerio, el cual podía trascender los límites distritales, y celebraba una convención anual para sus obreros. Paulo Macalão, Cícero de Lima, Francisco Pereira do Nascimento y otros dirigían ministerios grandes.

No había sede nacional, pero la convención general (bienal desde 1949) facilitaba la cooperación entre iglesias. Puesto que muchas de las iglesias no tenían lista de miembros, los informes sobre el número total eran sólo cálculos.

Los presidentes de la convención nacional y algunos asesores de 1930 a 1995 fueron: Francisco Gonzaga, Otto Nelson, Samuel Nyström, Cícero Canuto de Lima, Paulo Leivas Macalão, José Menezes, Nels Nelson, Francisco Pereira do Nascimento, José Teixeira Rego, Orlando Boyer, Bruno Skolimowski, Gustavo Nordlund, Petronilo dos Santos, José Pimentel de Carvalho, João Alves Corréa, Alipio da Silva, Túlio Barros Ferreira, Manoel Ferreira, José Wellington Bezerra da Costa y Sebastião Rodrigues da Silva.

b. Departamentos internos

En 1968 la primera convención de Escuela Dominical se celebró en São Paulo con los líderes internacionales Juan Romero y Jorge Davis y 195 delegados. Fue de gran beneficio la enseñanza sobre métodos de organización y enseñanza.

En 1970 Julius Olson fue nombrado Representante de Escuelas Dominicales para Brasil y hubo seis convenciones distritales. José Amaro da Silva dio grande énfasis a la Escuela Dominical. José Pimentel de Carvalho dirigió el departamento por ocho años y escribió lecciones bíblicas para niños. Antonio Gilberto también sirvió de director del departamento y promovió la celebración de seminarios rgionales para maestros en todas partes de la nación.

La organización de las mujeres, la de los jóvenes, y las de los niños se limitaron mayormente a ciertas áreas. En 1964 se inició un congreso juvenil anual de cuatro días. En 1968, 2.000 jóvenes gozaron de estudios bíblicos, música, cultos evangelísticos, y un desfile por la ciudad de Nova Friburgo.

Para 1981 había cultos juveniles en la mayoría de las iglesias. Las iglesias madres celebraban convenciones anuales para los jóvenes de su ministerio, con una semana de estudios bíblicos y cultos evangelísticos. En varios estados había una organización juvenil y convención anual.

B. PROGRESO EN LA ENSEÑANZA

1. Fundación de institutos

Muchos obreros deseaban recibir más preparación ministerial que la que se daba en las Escolas Bíblicas. En varias convenciones algunos hablaron a favor de tener un instituto bíblico, pero había demasiada oposición. En 1958 se nombró una comisión para formar planes al respecto. Uno de sus miembros era João Kolenda Lemos. Se había preparado para el ministerio en los Estados Unidos y regresó con su esposa Dorris sintiendo la dirección de Dios para abrir un instituto bíblico.

En 1959 los Lemos iniciaron con siete estudiantes en su casa en Pindamonhangaba el primer curso del Instituto Bíblico das Assembléias de Deus (IBAD). Ayudaban en la enseñanza el pastor João de Oliveira y la señorita Elsie Strahl. Los Bergstrom y otros ayudaron en los cursos siguientes. Algunos pastores veían bien esta obra, pero otros decían a cualquier que pensaba matricularse: "Si vas a ese instituto bíblico serás expulsado de la iglesia." A pesar de esto la matrícula creció.

El IBAD, 1966. Los profesores (sentados, desde la izquierda): los Bergstrom, los Lemos, Elsie Strahl y João de Oliveira.

En diciembre de 1961 Lorenzo Olson abrió un instituto bíblico nocturno en Río de Janeiro con un curso breve y 64 estudiantes. En marzo de 1962 inauguró el programa de nueve meses por tres años. Los estudiantes venían directamente del trabajo tres noches a la semana para las clases de las 7:00 p.m. hasta las 10:00.

Algunos viajaban dos horas en omnibus para llegar a casa y cenar, y se levantaban a las 5:00 a.m. para ir a su trabajo. Colaboraron en la enseñanza Antonio Gilberto, miembro del ministerio de educación;

El IBP en Río, 1964. Sentados, desde el quinto de la izquierda, los profesores: João Farias, Antonio Gilberto, Gilberto Malafaia, Lorenzo y Alicia Olson, María Aparecida.

Gilberto Malafaia, teniente de la marina; María Aparecida, subdirectora de escuelas públicas; y João Farias, profesor de portugués.

T. Reginaldo Hoover y su esposa Meire llegaron en 1958. En abril de 1964 iniciaron en São Paulo la escuela nocturna Instituto Bíblico Bethel con 12 estudiantes en un rincón del templo. Trabajarían en la preparación de obreros hasta su jubilación en 1993. Desde 1978 verían a su hijo mayor, Ricardo, y su esposa Sharon dedicados al mismo propósito.

Después de trabajar en Uruguay, Pablo Pugh y su esposa Neva (1961-79) dirigieron un instituto breve nocturno en Porto Alegre en 1961 con una asistencia de 150. Al año siguiente fundaron un instituto a mayor plazo con 60.

Para 1965 los cuatro institutos tenían una matrícula de 185.

2. Contribuyentes al progreso

Dos factores en la década de los sesenta contribuyeron al progreso de la preparación ministerial en toda América Latina: una revolución educacional y la cooperación internacional. El gobierno ponía énfasis sobre la educación para todos, el entrenamiento de maestros, el alza del nivel educacional y su calidad. Había una sed insaciable de estudiar y superarse, y se multiplicaban los estudios de toda índole por correspondencia

IV. ORDEN Y PROGRESO, 1961-95   55

o en escuelas nocturnas. Las Asambleas aprovechó tal ambiente.

El alza del nivel de educación hacía necesaria una preparación más adecuada de los pastores para ser líderes. En vista de esto, se implementaba un plan básico para institutos bíblicos en toda Latinoamérica y el Caribe con seminarios regionales, nacionales y locales para maestros, administradores y líderes de la obra.

En enero de 1962 Elsie Strahl, João de Oliveira y Lorenzo Olson, de los dos institutos de Brasil, fueron al primer seminario internacional, en Santa Cruz, Bolivia. En tres semanas de estudios intensivos varias comisiones dieron recomendaciones para la superación del programa educacional. Se adaptó para institutos nocturnos el plan básico. Luego la coordinadora de institutos bíblicos y su esposo, Luisa y Alva Walker, pasaron seis semanas en Brasil ayudando en el desarrollo del programa.

Más tarde el trabajo de los que se graduaban de los institutoss bíblicos, convencía a muchos de que tal preparación era parte del plan de Dios para el avance de su obra.

En 1968 existían 15 institutos bíblicos asambleístas, pero 20.000 pastores carecían aún de preparación ministerial. Hacía falta preparar libros de texto para la autoinstrucción en programas de extensión. En octubre de 1968 se reunieron en São Paulo 43 delegados de 27 seminarios e institutos bíblicos de varias denominaciones. Formaron la Asociação Evangélica Teológica para Trenamento por Extensão (AETTE).

Norman Anderson fue elegido presidente de una junta directiva con representantes de siete denominaciones para preparar libros de texto autodidácticos. Reginaldo Hoover trabajó por 22 años en AETTE, en la junta directiva y de otras maneras. AETTE creció y como la Asociacão Evangélica Teológica para América Latina (AETAL) llegó a ser una agencia de acreditación para institutos teológicos evangélicos en toda la América Latina.

3. Correspondencia y ayuda local

a. Desarrollo de cursos

Los cursos por correspondencia habían sido de bendición por mucho tiempo en el entrenamiento de pastores. En 1966 los Hultgren y los Anderson se encargaron de este trabajo con centros de matrícula y aprendizaje en Río de Janeiro y São Paulo. En menos de dos años tenían 1.300 alumnos en seis cursos, y se preparaban los libros para nueve cursos más. En 1967 se lanzó un curso evangelístico gratuito, y en cuatro meses se matricularon 1.800 personas. David Harrison y su esposa Charine (1970-) se dedicaron a este trabajo y los Anderson pasaron al Instituto Internacional por Correspondencia (IIC) en Bélgica.

Norman Anderson   Los Hoover   Los Harrison

En 1973 João Kolenda y Julius Olson fundaron la Escuela Bereana de la Biblia. Los 24 cursos cubrían las materias del instituto bíblico. En 1980 problemas con la salud obligaron la salida de los Olson. Julius falleció en 1984, pero dejó a 1.500 personas estudiando en la Escuela Bereana.

b. ¡Adelante con el IIC!

1) *Los primeros años.* En 1972 se estableció la oficina nacional del Instituto Internacional por Correspondencia. Bernhard Johnson fue el presidente. Otros miembros de la directiva eran: David y Charine Harrison, Manoel Ferreira, Eliel de Carvalho, Elza dos Santos y Jordelino Nascimento. También trabajarían en el IIC Josué de Campos, Raimundo N. de Oliveira y los matrimonios Lutero y Gloria Jeanne Royer (1974-84), Carlos y Tereza Gibbs (1978-89), Ricardo y Sharon Hoover (1978-) y otras personas.

Se brindaban los cursos evangelísticos en las campañas, por radio, en las iglesias y de casa en casa. En una campaña en Fortaleza se matricularon 5.500 personas. En 1983 más de 23.000 estudiaban en Brasil los cursos del IIC sobre la vida cristiana, muchos de ellos en las escuelas por extensión. Se matricularon 115.721 personas nuevas en 1985.

Con las lecciones por corregir, llegaban a la oficina del IIC testimonios de muchos que se habían convertido, fueron bautizados en el Espíritu y fueron fortalecidos en fe mientras estudiaban.

2) *Por la flota amazónica.* Jonás da Costa supervisaba diez iglesias pequeñas en una zona selvática por los tributarios del Amazonas. No había caminos. Iba en bote y atravesaba la jungla a pie en peligro de caimanes, jaguares y culebras. El llevar los materiales de estudio del IIC presentaba un problema.

IV. ORDEN Y PROGRESO, 1961-95 57

En 1985 Da Costa habló de estas condiciones en un seminario del IIC. Allí nació el plan de conseguir ayuda y comprar o construir lanchas para llevar obreros, literatura y materiales para construir templos en esa región. Pronto había seis lanchas, y Da Costa supervisaba a más obreros que se esforzaban en llevar el evangelio a todo pueblo en un área casi del tamaño de Paraguay.

En 1989 había 850 iglesias asambleístas y 50.000 miembros en el estado de Amazonas. Habían comprado 31 pequeños botes a motor, pero muchos pastores todavía remaban sus canoas a las iglesias.

3) En escuelas y cárceles. En 1983 se lanzó el curso del IIC para niños *Deus te ama*; dentro de dos meses 11.000 lo estudiaban. David Harrison promovió su uso en la clase semanal de religión que era parte del programa oficial en las escuelas públicas. En 1985 tres distritos lo utilizaban en sus escuelas, y pronto otros distritos lo aceptaron. Bruce Braithwaite y su esposa Karen (1976-) y otros prepararon varios cursos adicionales para niños. Muchos niños se entregaban al Señor, y cuando llevaban los materiales a casa algunos padres se convertían. En 1993, se enseñaban cursos del IIC a 98.000 niños cada semana en 230 escuelas públicas de nueve estados.

Los programas radiales llevaban a las cárceles la oferta de un curso gratis por correspondencia. En la prisión de Paraná 400 de los 600 internados estudiaron cursos del IIC en 1980.

4) Para los espiritistas. El espiritismo crecía en Brasil. Había entre cincuenta y setenta millones de adeptos de sus varias formas. En vista de esto los Anderson escribieron para el IIC un curso evangelístico para los espiritistas y los que se sentían atraídos a esta religión. Contenía testimonios de personas quienes habían sido atrapadas por espíritus demoniacos en el espiritismo y fueron liberadas por el Señor Jesucristo.

c. Programa de la EETAD

Varios institutos bíblicos tenían escuelas por extensión con clases en centros de estudio y trabajo individual en casa. En 1976 se inició la coordinación de estas escuelas con un plan unificado de estudios. Se prepararon libros de texto y se extendió esta facilidad a pastores que no podían asistir a un instituto o escuela de extensión existente. Sería A Escola de Educação Teológica das Assembléias de Deus (EETAD).

Por un año Reginaldo Hoover, director del Instituto Bíblico Bethel en São Paulo, Bruce Braithwaite y el pastor Osmar Cabral trabajaron en el plan de estudios y la organización del programa.

La junta directiva y un consejo consultivo de líderes de las iglesias principales aprobaron el plan de estudios de 32 materias y ciertos

58 BRASIL

requisitos. Los estudiantes debían ser pentecostales con un mínimo de 16 años de edad. Habría sesiones semanales en un centro de estudio, investigación en una mini-biblioteca en cada centro y más estudio individual. Durante los cuatro años del programa el alumno tendría 100 horas de clase en el centro. La EETAD se registró como parte del Ministerio Bernhard Johnson.

Hoover dirigió a varios en escribir o adaptar libros para la autoinstrucción. Raimundo Nonato de Oliveira, Carlos Gibbs, Karen de Braithwaite, Antonio Gilberto y otros preparaban materiales de estudio. Por cuatro años se imprimió un libro de 175 a 225 páginas cada seis semanas.

En 1979 se lanzó este programa con Bernhard Johnson de presidente. Reginaldo Hoover, Antonio Gilberto y otros dirigían diferentes aspectos del programa. Jorge do Vallee, por muchos años profesor del Instituto Bíblico Bereano, viajaba por todo el país entrenando a monitores para cada centro de aprendizaje.

Bruce Braithwaite supervisaba la impresión y distribución de los materiales de estudio hasta 1982. Le siguió en este cargo Josué de Campos. Osmar Cabral estaba a cargo de relaciones públicas hasta su jubilación. Paulo Porta, de Australia, y su esposa Ruth ayudaban en la enseñanza. Randall Walker y su esposa Claudia (1973-), los Royer y muchos pastores y creyentes laicos servían en la EETAD. Esta cooperación contribuyó mucho a la preparación ministerial y a la unidad de la denominación.

Se consiguió en Campinas propiedad para la EETAD y otros programas. Un equipo de 19 personas de una iglesia norteamericana dirigido por Roberto Combs construyó allí su oficina nacional.

En 1983 se añadieron 12 asignaturas en un nivel más alto, a Faculdade de Educação Teológica das Assembléias de Deus (FAETAD). En 1989 se preparaban los materiales de 12 asignaturas más.

En 1992, mil estudiantes completaron el curso de cuatro años de la EETAD. Y en 1994, hubo una matrícula de 12.200 en 345 centros de aprendizaje. Más de 8.000 graduados habían entrado en el ministerio o servían en las iglesias locales. Algunos estudiantes eran de otras denominaciones, y ya se usaban los materiales en Angola y Mozambique, países africanos de habla portuguesa.

4. Progreso en los institutos

En 1963 el IBAD en Pindamonhangaba ya tenía un plantel y 30 estudiantes de nueve estados. Abrió escuelas de extensión en tres estados, y para 1990, 2.500 estudiantes se habían graduado del IBAD. El 70% habían entrado en el ministerio de tiempo completo.

El Instituto Bíblico Bethel iniciado en 1964 por los Hoover con 12

IV. ORDEN Y PROGRESO, 1961-95 59

alumnos en São Paulo tenía 250 y un buen plantel en 1973.

En 1970 se dedicó en Río un plantel hermoso en un sitio más accesible para los estudiantes. Tenía tres edificios para el Instituto Bíblico Pentecostal, la CPAD con una librería dirigida por Carlos Hultgren y la oficina para Cruzadas de Buenas Nuevas.

En 1971 la convención nacional nombró una comisión educacional para coordinar los esfuerzos de los institutos.

En 1974 se fundó en Belém un instituto bíblico nocturno con un departamento de correspondencia. Al año siguiente añadió clases diurnas. Siguió creciendo hasta tener mil alumnos.

En 1975 se abrieron 10 escuelas adicionales. Algunas de las escuelas por extensión llegaron a ser institutos bíblicos por su cuenta. Reginaldo Hoover tuvo parte en el desarrollo de cinco institutos. En 1994 había 56 institutos bíblicos.

Con el paso de los años los institutos añadían más cursos. En 1976 el IBP en Río añadió un cuarto año que llevaría al grado de Bachiller de Artes en Teología. En São Paulo se añadieron clases diurnas, estudios por correspondencia y clases por extensión.

Obreros de la nueva generación se unían con los pioneros en entrenar obreros y fundar iglesias. Ricardo Hoover trabajaba en varios programas, y Carolina Olson colaboraba con sus padres en Río de Janeiro. Tres hijos de João Kolenda Lemos y sus conyugues se destacaban en el ministerio. Marcos Lemos y su esposa Helba trbajaban en el IBAD. Las mellizas y sus esposos estaban en Manaus, donde Claudio Rogerio dos Santos y Rachel dirigían el instituto bíblico con más de 300 alumnos. Samuel Camara y Rebecca pastoreaban la iglesia madre. El era presbítero y presidente de la red televisiva Boas Novas (Buenas Nuevas). En 1995 Terrance Johnson, misionero de la tercera generación con su esposa Elizabeth, sucedió a su padre Bernhard en la obra educacional.

5. Otras escuelas

José María Cantelli, Ricardo Hoover, Bernhard Johnson y otros dirigían escuelas de evangelismo que incluían experiencia en los métodos del evangelismo. En 13 escuelas con Cantelli en una región remota asistieron más de 1.400 personas, visitaron 12.500 casas, y repartieron 1.776 ejemplares de un curso evangelístico.

En 1976 se reunieron en Santarém 450 pastores de la Cuenca Amazónica para una semana de clases sobre el evangelismo. Uno había pasado 17 días en barco para llegar. Durante los últimos tres días participaron en una campaña evangelística.

Las Escolas Bíblicas distritales seguían, sea como parte de la EETAD,

60 BRASIL

de las escuelas de evangelismo, como extensión de un instituto o como un instituto.

C. PROGRESO EN EL EVANGELISMO

1. Cooperación en campañas

En la década de los sesenta Dios usó a varios evangelistas en campañas. Bernhard Johnson, hijo siguió por 27 años adicionales el plan general de campaña usado en Taubaté, São Paulo, en 1967.

1) Antes de la campaña. a) Se alquiló un edificio grande para los cultos. b) Dos evangelistas asociados dirigieron a los creyentes en visitación por las casas en Taubaté y en cuatro pueblos vecinos con anuncios, folletos, invitación a la campaña y evangelismo personal. c) Todos oraban por la campaña. d) Carlos Hultgren enseñó un curso de evangelismo personal para ayudar a los que buscaran la salvación. e) Se anunció la campaña con carteles y pancartas, con altoparlantes en carros y motocicletas y en un programa radial diario.

2) En la campaña. En la semana de campaña Johnson predicó en el poder del Espíritu. Los obreros aconsejaron y oraron con los que buscaban al Señor. Se oraba por los enfermos y los endemoniados, y Dios los sanaba y los libraba del poder demoniaco. Fueron sanados paralíticos, ciegos, herniados, sordomudos y otros. Firmaron tarjetas de decisión de seguir a Cristo 1.500 personas.

3) Después de la campaña. Se hizo trabajo de conservación para los nuevos con visitación, dirección para asistir a la iglesia o a los puntos de predicación en su barrio, clases de orientación, cartas, literatura y un curso gratis por correspondencia.

Varios ministros brasileños formaban el equipo que colaboraba en el ministerio de Johnson. En 1967-68 las iglesias en Santos cooperaron en una campaña en un estadio que se les facilitó gratis por ocho noches. la visitación y los cultos preliminares en las iglesias produjeron muchas conversiones antes de la campaña. Un coro de 200 voces y una banda de 100 músicos encabezaron un gran desfile al estadio para el primer culto. Cada día se divulgaban noticias de la campaña y testimonios por radio y en los diarios. Centenares recibieron la sanidad divina. Los 1.800 que firmaron tarjetas de decisión fueron asignados a las iglesias para el trabajo de conservación, y fueron matriculados en un curso por correspondencia sobre la vida cristiana.

Dios usó a otros evangelistas brasileños y del exterior en levantar nuevas iglesias y fortalecer las existentes. Muchas campañas se celebraron en estadios deportivos con la cooperación de las iglesias asambleístas y de otras denominaciones.

En las campañas no era sólo el evangelista quien oraba por los enfermos o los endemoniados; un grupo de pastores y evangelistas recibía a los que pasaban adelante y oraba por ellos.

El secreto del crecimiento de la iglesia era el poder del Espíritu Santo. En una campaña con Sostenes da Silva en Manaus, 890 fueron bautizados en el Espíritu. En un culto en la iglesia de Madureira, 1.612 personas recibieron el bautismo del Espíritu Santo.

Bruce Braithwaite y su esposa Karen celebraban campañas para niños y entrenaban obreros para tal ministerio. Venían

Los Braithwaite

grupos de estudiantes bíblicos de los Estados Unidos para trabajar con jóvenes brasileños en estas campañas. En 12 días en 1992 alcanzaron a más de 6.000 niños, la mayoría de los cuales no conocían el evangelio; 2.000 de ellos se entregaron al Señor.

2. Participación en evangelismo

a. ¡Con banderas desplegadas!

Los creyentes participaban en la obra por la oración, la visitación, la música, su testimonio y evangelismo personal. Celebraban desfiles y cultos al aire libre. En algunos lugares un grupo iba del templo con banda y pancartas a una plaza o una esquina transitada. Tenía un culto breve con los que se reunían invitándolos a acompañarlos al templo. Seguían marchando y cantando a otra esquina para otra presentación breve del evangelio en cantos, testimonios, y distribución de folletos. Así por el estilo aproximadamente a cada seis cuadras se les adhería más gente, y llegaban con entusiasmo para el culto en el templo.

b. Cada creyente un evangelista

Se evangelizaba en cultos de barrio y por escuelas dominicales filiales, algunas de las cuales llegaban a ser iglesias. En 1989 había 98 iglesias asambleístas en Manaus. Miembros de la iglesia pastoreada por Samuel Camara daban clases bíblicas o cultos en más de 1.200 hogares cada sábado. En 1994 había 250 iglesias en esa ciudad de 1.500.000 habitantes y 1.100 en el estado.

Algunos tenían cultos durante la hora de almuerzo en las fábricas y oficinas donde trabajaban. Los nuevos convertidos testificaban a su familia y amigos. Un hombre en Conselheiro Pena oyó el evangelio por radio, se convirtió y ganó a sus 12 hijos para el Señor. Una señora en Minas Gerais sintonizó el programa, aceptó a Cristo, y llevó a 21 de sus familiares a la iglesia.

En Santarém, un hombre con 103 años de edad oyó el evangelio por primera vez y se entregó al Señor. Había sido traído del Africa como esclavo. Cuando la esclavitud fue abolida en 1888, fue liberado, pero todavía era esclavo del vicio. Dijo al evangelista: "Sólo cuando pasé adelante con otros pecadores y repetimos con usted la oración del pecador llegué a ser libre en verdad." Se puso a brincar de gozo gritando, "¡Estoy libre!" Al cabo de un año Johnson volvió a Santarém y preguntó por el anciano. El pastor respondió, "Está bien. No ha faltado a ningún culto en todo este año. Se unió al coro y no ha faltado a ningún ensayo. Ha ganado a todos los 73 miembros de su familia para el Señor—todos sus hijos, nietos, biznietos y tataranietos. Hemos iniciado cinco nuevas iglesias como resultado de su testimonio."

D. PROGRESO EN LA COMUNICACION

1. Por la literatura

a. *Obreros fieles*

Mucho del éxito de la obra se debe a las labores abnegadas de centenares de obreros quienes producían y distribuían literatura para el evangelismo y para la edificación de la iglesia.

Emilio Conde, Abraão de Almeida, Alcebíades Vasconcelos, Orlando Boyer y otros rindieron servicios inapreciables en la dirección de la CPAD y por sus escritos. Conde dedicó 30 años a la CPAD, escribió 10 libros, 25 himnos y un sinnúmero de artículos para las revistas. Escribió *Historia das Assembléias de Deus no Brasil* que salió en

Alcebíades Vasconcelos

Abraão de Almeida

IV. ORDEN Y PROGRESO, 1961-95

1960, y Almeida encabezó una comisión que la amplió.

Alcebíades Vasconcelos era redactor, por diez años escribió comentarios para la Escuela Dominical, y escribió varios libros. Abraão de Almeida, director de publicaciones, escribió libros y muchos artículos. Otros autores destacados eran Armando Chaves Cohen, João Pereira de Andrade e Silva, y Geziel Nunes Gomes.

Orlando Boyer fue ejemplo destacado de la fidelidad hasta la muerte con sus escritos. Se publicaron 16 libros escritos por él y otros 115 que tradujo al portugués, inclusive un diccionario bíblico de 840 páginas. Después de la muerte de su esposa en 1967, siguió trabajando hasta que estaba tan agotado que fue llevado a su tierra poco antes de su muerte en 1978.

Lorenzo Olson, con la salud tan decaída que él y su esposa se jubilaron después de 51 años en Brasil, siguió trabajando hasta su muerte en 1993 traduciendo artículos para *O Mensageiro da Paz*.

Don Stamps, convencido de la necesidad de una Biblia con notas de estudio con enfoque pentecostal, inició este proyecto en Brasil. Los Stamps fueron a los Estados Unidos donde tenían más fuentes de información y colaboradores. Don se enfermó de un cáncer incurable pero a pesar del dolor siguió trabajando. Su esposa Linda transcribía las notas, sus hijos comprobaban las referencias bíblicas, y la muerte se acercaba. Por fin terminó el proyecto y a las dos semanas sucumbió—¡tarea completada y meta alcanzada! Se imprimió primero en inglés y después en portugués, español y otros idiomas *La Biblia de Estudio Pentecostal*.

b. Distribución de las Escrituras

Varios pentecostales tomaron parte en la fundación y obra de la Sociedad Bíblica de Brasil. Emilio Conde trabajó en un comité para poner al día la versión portuguesa de la Biblia. Lorenzo Olson, Paulo Macalão y otros sirvieron en la junta directiva. Zelia de Macalão era vicepresidente. En 1984 esta sociedad y las iglesias evangélicas planeaban distribuir 25,000,000 de Nuevos Testamentos en las escuelas públicas. El Presidente de la República dio su aprobación y pidió que incluyeran las prisiones y las instalaciones militares en la distribución.

A principios de la década de los '90, Editorial Vida proveyó 100.000 ejemplares de *O Livro da Vida*, una compilación especial de los Evangelios, para los niños en las escuelas públicas.

2. Por radio y televisión

Se hacía buen uso de la radio para el evangelismo, la edificación en la fe, y la consolidación de la obra. En 1969 unas 200 iglesias difundían el evangelio por radio y había más programas especiales en las grandes campañas.

64 BRASIL

"A Voz das Assembléias de Deus" se difundía por más estaciones. El locutor era el pastor Kleiber Moura, locutor profesional del boletín informativo en Radio Nacional. Entre los muchos que se convirtieron por este medio fue Aníbal Pereira Reis, sacerdote católico. Llegó a ser evangelista y autor de varios libros.

Los programas ministraban en las cárceles y tenían parte en la distribución de los cursos del IIC. Más tarde se usaban los cassettes de audio y video que el IIC preparaba para radio y televisión. Varios obreros aprovecharon el medio de la televisión para penetrar los hogares con el evangelio. Se usaba mucho para anuncios y testimonios en las campañas evangelísticas.

Una noche durante una cruzada con Bernhard Johnson y su equipo en Porto Alegre, diez personas inválidas en catres y colchones esperaban la oración. Mientras oraban hubo dos destellos fuertes como relámpagos. Muchos abrieron los ojos y vieron al Señor Jesucristo caminar por arriba de la multitud hacia los inválidos. Al instante unas 200 personas que lo vieron quedaron postrados por su gloria y los diez inválidos se levantaron sanos.

Al día siguiente el director de una estación televisora pidió a Johnson que viniera para una entrevista. Allí siete médicos lo interrogaron ante unas 600 personas y posiblemente unos 2.000.000 de televidentes. Una doctora le preguntó cuál era el truco que usaba para atraer a tantos—unos 50.000—al estadio.

Otro médico pidió permiso para contestar la pregunta. Dijo que el evangelista les había dado algo en qué creer, no en una religión o en una iglesia, sino en Jesucristo. Añadió: "Reverendo Johnson, confieso que yo estaba en el estadio anoche. Vi lo que sucedió, cómo esos diez inválidos se levantaron, caminaron y testificaron. El primero, hombre de 58 años y postrado en cama por siete años, ha estado bajo el cuidado mío por 15 años. ¡Lo vi caminar! Esta mañana cuando fui a examinarlo, él andaba por la vecindad mostrando a todos lo que Dios había hecho para él. Yo quiero aceptar a Cristo como mi Salvador. ¿Orará por mí?"

Johnson preguntó al maestro de ceremonias si se le permitía orar. Este respondió: "¿Cómo no? Y ore por mí y por nuestro presidente y nuestra nación." Johnson oró. A las pocas semanas recibió carta del médico que había pedido oración. El y su esposa habían sido bautizados en el Espíritu y estudiaban un curso por correspondencia para ayudarlos a testificar a sus vecinos.

En 1980 Johnson lanzó un programa semanal de media hora que dentro de poco se difundía por 20 estaciones televisivas. En las primeras

IV. ORDEN Y PROGRESO, 1961-95 65

tres semanas se recibieron 30.000 cartas pidiendo el curso gratuito del IIC, *As grandes perguntas da vida*.

Más tarde Samuel Camara dirigía la Rede Boas Novas (Red Buenas Nuevas), que difundía el evangelio por tres estaciones de radio y 38 de televisión en los estados de Amazonas, Pará y Rondonia.

3. ¡Y aun por teléfono!

María Lourdes quería invitar a otros a la campaña en Porto Alegre. Quizás por teléfono sería lo más fácil. Pidió la ayuda del Señor, escogió un número al azar y llamó. Se asustó cuando una voz tosca de hombre le dijo: "¿Qué quieres?"

"¡Ay, Señor!" dijo María entre sí, "Creía que me darías una mujer, y ahora ¿qué digo a este hombre?" Había pensado citar Juan 3:16 pero ya no podía recordar las palabras. El hombre dijo molesto: "Si no vas a hablar, voy a colgar." En ese instante María rompió a cantar: "Tal como soy, sin más decir, que a otro yo no puedo ir, y Tú me invitas a venir, Bendito Cristo, heme aquí."

Al terminar oyó en tono muy distinto: "Cántelo otra vez para que mi esposa también lo oiga."

Al cantarlo otra vez, María oyó los sollozos del hombre y de su esposa. El le dijo: "¡Nos ha salvado la vida!" Explicó que había perdido su trabajo y habían vendido todo lo que tenían para poder comer; no podían pagar el alquiler, y al día siguiente el dueño los iba a desahuciar del apartamento. Se habían puesto de acuerdo para suicidarse. Ya tenían veneno en dos vasos, y precisamente en el momento que levantaban los vasos a sus labios el teléfono sonó. Estaba convencido de que Dios había intervenido para salvarles la vida, "Pero tiene que explicarnos más," concluyó.

Aquella noche Juan Souza y su esposa Clara se encontraron con María en la campaña y se entregaron al Señor. El les ayudó a resolver sus problemas y al mes siguiente los bautizó en el Espíritu y los llamó al ministerio. Se prepararon en un instituto bíblico y más tarde pastoreaban una iglesia de 3.000 miembros.

E. OBRA SOCIAL Y MISIONES

1. Progreso en la obra social

José Wellington, Presidente de la Convención de las Asambleas de Dios de Brasil en 1995, y Philip Hogan, quien había servido por un cuarto de siglo como Director de Misiones Foráneas de las Asambleas de Dios de los Estados Unidos, podían mirar atrás y ver el adelanto de las iglesias en cuanto a la obra social. A través de los años las iglesias en Suecia y los Estados Unidos habían cooperado con las iglesias brasileñas en compar-

José Wellington y Philip Hogan

tir el amor de Cristo con los necesitados. El orfanato en Recife dirigido por Lily Johnson, y después por Signe de Carlson tenía 38 niñas en 1945. En 1946 la Convención del Distrito Federal y Río de Janeiro creó una Caja de Socorros para pastores inválidos. En 1962 había 10 orfanatos con 300 huérfanos, 20 clínicas que trataban a unos 5.000 pacientes cada mes, varios hogares para ancianos y 60 escuelas primarias con 3.000 alumnos. Varias iglesias tenían una Caja de Asistencia Social para ministros ancianos y viudas de pastores. Había alfabetización de adultos, jardines de infantes, bibliotecas, y otra ayuda para los necesitados.

Algunas iglesias daban clases de barbería o de otro oficio para ayudar a sostenerse a los que irían a campos nuevos con el evangelio. La iglesia en Madureira ofrecía a su juventud clases en mecanografía, teneduría de libros, costura y artes domésticas. En Itaperuna la fábrica de leche en polvo Leite Gloria fundada por Andrew Nelli (hombre pentecostal de negocios en los Estados Unidos) proveía trabajo para muchos desempleados.

Se llevaba el evangelio a los barrios pobres también. Arturo Xavier, después de pastorear por siete años en Brasilia inició en 1972 una iglesia para los desamparados en un pueblo satélite.

El pastor Octavio Moraes Barreto inauguró en Igarapava, São Paulo, el establecimiento preescolar "Los Amiguitos de Jesús" que ministraba a 440 niños—el 90% de familias no-creyentes. Para aliviar el desempleo abrió en 1987 una fábrica de calzados que proveía trabajo para cien personas. Las ganancias ayudaban a la evangelización de ciudades sin obra evangélica. Creó un curso vocacional para diseñar y fabricar calzados. Así se inauguraron cuando menos 50 negocios pequeños en la ciudad. Esto abrió muchas puertas nuevas para la predicación del evangelio.

Obreros brasileños y norteamericanos cooperaban con los equipos del Ministerio Cuidado de Salud que venían de las Asambleas de Dios en los Estados Unidos. Presentaban el evangelio a los que acudían por

IV. ORDEN Y PROGRESO, 1961-95 67

cuidado médico o dental a sus clínicas gratuitas. En 1993 un equipo viajó por el río Amazonas haciendo escalas en las comunidades. Más de 200 de los pacientes aceptaron al Señor.

Un bautista pentecostal obsequió al presidente de la república el libro *La cruz y el puñal*, por David Wilkerson. El se interesó mucho en este relato de cómo Dios libraba y rehabilitaba a los drogadictos en el ministerio del Desafío Juvenil. Deseaba tal programa para combatir la drogadicción creciente en Brasil.

En 1972 David Wilkerson dio cruzadas para la juventud en cuatro ciudades de Brasil. Muchos jóvenes se entregaron al Señor y renunciaron el uso de tabaco, licor y drogas. Varias denominaciones cooperaron en las campañas. El Ministro de Educación habló con Wilkerson sobre la posibilidad de orientación en las escuelas públicas acerca del uso de drogas, y varios gobernadores consultaron con él sobre la posibilidad de un programa de rehabilitación en sus estados.

Wilkerson regresó en 1973 para 13 campañas y se estableció el Desafío Jovem do Brasil, con Bernhard Johnson de presidente hasta 1979. Galdino Moreira hijo (presidente del programa más tarde) dejó su trabajo como profesor de antropología en la universidad para fundar en Brasilia el primer centro de rehabilitación. Sin sueldo, él y su esposa vendieron su coche, sus muebles y otras posesiones para cubrir sus gastos por un año. Luego alguien donó propiedad para el centro, una iglesia facilitó oficinas para el Desafío Jovem, un caballero le obsequió un coche a Moreira y él empezó a recibir un sueldo. Para 1977 el Desafío Jovem tenía 11 centros de rehabilitación para drogadictos.

Millares en el nordeste de Brasil murieron de hambre por falta de lluvia en 1932 y en 1951. En 1979 vino otra hambruna en esa región. Muchos murieron. Otros emigraron a las ciudades en busca de trabajo. Allí millares existían en miseria rebuscando en los vertederos de basura algo para aplacar su hambre.

El gobierno y las iglesias ayudaban en lo que podían. La iglesia en Fortaleza abrió una escuela con 240 niños. Proveían una buena comida cada día, atención médica y dental y clases para las madres. Otras iglesias iniciaron semejante programa.

En 1982 unos 15.000.000 de niños vagaban por las calles sin hogar. Se inició la Associação Beneficente Evangélica para Menores (ABEM), y equipos visitaban las iglesias para promover el evangelismo infantil y entrenar obreros para esto. Con ayuda del exterior, ABEM daba a iglesias locales la mitad del costo para construir escuelas y albergues para niños desamparados. Proveía el plan de estudios, entrenaba a maestros y

68 BRASIL

ayudaba en la administración. Pronto había 13 escuelas con 1.500 niños. ABEM dirigía el programa de enseñanza religiosa de las Assembléias en las escuelas públicas de nueve estados en 1992. Varios jóvenes norteamericanos ayudaban por un año o dos en este programa.

Los creyentes desempeñaban sus deberes como ciudadanos, orando por el gobierno, votando, y sirviendo donde podían para el bien de la patria. En 1987, 26 evangélicos, 13 de ellos de las Assembléias, fueron elegidos a la Casa Federal de Representantes.

2. Progreso en misiones

a. Misiones domésticas

En 1949 había 200.000 miembros de 221 tribus en Brasil. El 60% de los grupos no había sido alcanzado con el evangelio, pero las iglesias enviaron misioneros a ciertas tribus.

José Feitosa de Alencar, su esposa Nelsonita y su hermano fueron a las tribus en el norte de Brasil. Muchos de los macuxis aceptaron el evangelio y lo compartían con las tribus vecinas. El evangelio se extendió a los jariconas, ingarikos, manaicos, apixanos, y patamonos. Los misioneros sufrían mucho del calor en los largos viajes a bestia, en canoa y a pie. Tenían que vadear ríos o cruzarlos a nado y a veces dependían del hallazgo de cualquier fruta o vegetal silvestre para alimentarse.

Desde 1964 la iglesia en Belém sostenía a un obrero en la tribu Urubu. Para 1990 había misioneros a varias tribus, y algunos traducían la Biblia a sus idiomas. Restricciones gubernamentales impedían alcanzar a algunas tribus.

En la década de los sesenta había 500.000 japoneses en varias colonias. Hatao Egami, enviado por las Asambleas de Dios de Japón, vino con su familia en 1962. Visitó las colonias japonesas en Argentina, Paraguay y Brasil. En 1967 una congregación japonesa edificó su templo en Rondonópolis, Brasil.

Algunas iglesias enviaban obreros a campos nuevos y los sostenían. La iglesia en Belém pastoreada en 1969 por Firmino da Anunciação Gouveia fue conmovida por un escrito por Alcebíades P. Vasconcelos sobre la necesidad de evangelización en el estado de Piauí. Envió diez obreros a esa región. En 1972 envió 20 obreros adicionales y sus familias a ayudar en el desarrollo de la obra.

b. Misiones al exterior

En 1960 Tulio Barros Ferreira y su familia fueron con Alcebíades Vasconcelos a Cochabamba, Bolivia. Los Ferreira trabajaron allí por cinco años. Vasconcelos regresó para pastorear en Belém. Esta iglesia en 1964

IV. ORDEN Y PROGRESO, 1961-95 69

tenía obra en Bolivia y la Guiana Francesa. Pastores sostenidos por varias iglesias o que trabajaban por su cuenta fueron a Argentina, Uruguay, Paraguay, Bolivia, Perú, Portugal, Canadá y Angola, Africa.

Luiz Fontes dejó un trabajo lucrativo y fue con su esposa Sylvia y cinco hijos a Arequipa, Perú. No fue fácil la vida. Su hijo Luiz Carlos, de 12 años, murió en un accidente. Hubo bastante oposición, pero levantaron una buena iglesia.

En 1969 misioneros brasileños estaban en Francia. Abrão de Oliveira Rodrigues levantó una iglesia fuerte en Venezuela. Después fueron misioneros a cuatro países africanos adicionales y a España. Philemón Rodrigues sirvió como misionero a Bolivia y en Palma de Mallorca, España. En 1982 otros trabajaban en Colombia, Chile, Honduras y Ecuador. En 1989 había misioneros de Brasil en Mongolia (Asia). En Argentina había 25. En 1992 Otavio Marques y su esposa Sueli, de Porto Alegre, trabajaron con Norman Anderson para fundar una iglesia en Guinea Bissau (antes Guinea Portuguesa), Africa. La iglesia Jundiai en São Paulo envió a Pedro Souza y su esposa Raquel para pastorearla. Bernhard Johnson ministró en 70 países antes de ir a su hogar celestial en 1995.

El pastor Paulo dos Santos, secretario ejecutivo de misiones, celebraba seminarios de misiones en las iglesias. La Secretaría Nacional de Missões tenía una página en *Mensageiro da Paz*. Los institutos bíblicos y EETAD tenían cursos sobre misiones, y se celebraba el Día Nacional de Misiones. En 1994 as Assembléias de Deus no Brasil sostenía a unos 400 misioneros en 30 países.

F. RETROSPECCION Y PERSPECTIVA

El crecimiento de las Assembléias de Deus no Brasil ha sido fenomenal. Es la denominación evangélica con el mayor número de adherentes en Latinoamérica. Y no se duerme en los laureles. Fijó sus metas para la Década de Cosecha, la última del siglo veinte: 1) Tener 3.000.000 de intercesores, 2) preparar 100.000 nuevos obreros, 3) fundar 50.000 nuevas iglesias, 4) ganar 50.000.000 de almas para Cristo, y 5) enviar más misioneros a otras naciones.

El rápido crecimiento hacía difícil contar el número exacto de adherentes. En 1995 el informe anual citó 20.000.000 en 85.000 congregaciones pastoreados por 88.100 ministros. Y se seguía usando todo modo posible para alcanzar a todo pueblo y comunidad, todo hogar y toda persona en su nación para Cristo.

REPUBLICA DE VENEZUELA

Con Ramón Bejarano

REPUBLICA DE VENEZUELA, 1994

El país

Area: 912.050 km.^{2}
Habitantes: 22.213.000
Capital: Caracas

Las Asambleas de Dios

Ministros: 435
Obreros locales: 135
Iglesias: 224
Anexos: 136
Miembros y adherentes: 63.500
Institutos bíblicos: 47
   Matrícula: 575

BOSQUEJO

I. TRASFONDO HISTORICO
   A. El país y el pueblo
   B. Penetración evangélica
II. PRIMEROS PENTECOSTALES
   A. Con la Alianza, 1897-1914
      1. Llegada de los precursores
      2. Preparación de un pionero
      3. Un pentecostal a Venezuela
      4. Para vida o muerte
   B. Obra independiente, 1914-24
      1. Confraternidad pentecostal
      2. La obra se extiende
      3. Progreso en Barquisimeto
   C. Separación y extensión, 1924-46
      1. Base en Barquisimeto
      2. Cambios en personal
      3. Los Bueno a Carora, Lara
      4. Los Blattner a Coro, Falcón
      5. Nuevos obreros, nuevas obras
      6. Entre países vecinos

III. ASAMBLEAS DE DIOS, 1946-95
   A. Organización para progreso
      1. Motivos para el cambio
      2. Convención organizadora
      3. Líderes nacionales
      4. Departamentos de la iglesia
      5. El Instituto Bíblico Central
   B. ¡Adelante con la siembra!
      1. Avivamiento y problemas
      2. Refuerzos y avance
      3. Preparación de obreros
      4. Medios de evangelismo
      5. Misiones domésticas
   C. Crisis y crecimiento
      1. Tiempos difíciles
      2. Entre los líderes
      3. Resumen de progreso
      4. En cuanto a misioneros
      5. Obreros fieles
      6. ¡A seguir aprendiendo!
   D. Retrospección y perspectiva

Los pioneros Godofredo Bender y su esposa Cristina

¡Se rompe terreno para nuevo plantel! Alfaro, Rivero, Niles, Stepp

72 *REPUBLICA DE VENEZUELA*

I. TRASFONDO HISTORICO

A. EL PAIS Y EL PUEBLO

"¡Venezuela!" (Pequeña Venecia), exclamó el explorador Alonso de Ojeda en 1499 cuando su barco entró en el Lago Maracaibo y vio unas casas construidas sobre pilotes. Así llegó a llamarse el país entero por la ciudad italiana.

Como colonia española, Venezuela formaba parte de la Gran Colombia que ganó su independencia de España en 1821. Diez años más tarde Venezuela se separó de la Gran Colombia y llegó a ser una nación independiente con Caracas por capital.

La gente seguía el catolicismo romano y se oponía a los evangélicos. Pero no era tan feroz la persecución como en algunos otros países. Más bien, con la prosperidad que vino a Venezuela de sus recursos naturales, el materialismo, secularismo y la indiferencia serían obstáculos mayores al avance del evangelio.

B. PENETRACION EVANGELICA

En 1819 agentes de la Sociedad Bíblica y Extranjera visitaron Caracas, y en 1832 capellanes anglicanos iniciaron cultos para los ingleses, fundando la Iglesia Anglicana de Venezuela.

Misioneros de la denominación de Los Hermanos establecieron en 1883 la primera congregación evangélica permanente en Caracas. Sería uno de los grupos evangélicos más numerosos en el país.

Presbiterianos americanos vinieron en 1897. Y en el mismo año llegaron misioneros de la Alianza Cristiana y Misionera. Las iglesias evangélicas cooperaban entre sí, y se formó en 1906 la Organización Venezolana de Iglesias Cristianas Evangélicas.

II. PRIMEROS PENTECOSTALES, 1897-1946

A. CON LA ALIANZA, 1897-1914

1. Llegada de los precursores

Gerardo A. Bailly y su esposa Carrie fueron los primeros misioneros de la Alianza Cristiana y Misionera a Venezuela. Arribaron a Caracas en febrero de 1897. El era representante de la Sociedad Bíblica Americana. En 1903 edificaron la primera capilla evangélica en Caracas, la Capilla Sión.

Los Bailly hicieron papel importante en la extensión del evangelio y el inicio de la obra pentecostal. Mientras Gerardo hacía viajes de evangelismo y colportaje, Carrie trabajaba en el desarrollo de la iglesia en

II. PRIMEROS PENTECOSTALES, 1897-1946 73

cada nivel. Se organizaron la Escuela Dominical, la Liga de Dorcas para las mujeres, la Liga de Jóvenes y el Instituto Bíblico Bethel para señoritas. Sus hijos Florentino y Horacio también ayudaron en la obra del Señor.

2. Preparación de un pionero

Mientras tanto, Dios hablaba a un joven alemán quien había venido a los Estados Unidos con sus padres en 1880 cuando tenía tres años de edad. Gottfried (Godofredo) Bender sabía aun antes de convertirse que Dios lo llamaba a predicar. En 1899 se entregó a Cristo pero no se adelantó espiritualmente. Se casó, pero su esposa murió de la tifoidea. Se casó de nuevo y tuvieron un hijo, pero esta esposa también falleció.

Su hermano William le preguntó, "¿Hasta cuándo, mi hermano, resistirás al llamado de Dios?" Le animó a visitar una iglesia de la Alianza Cristiana y Misionera para recibir ayuda espiritual.

Había grande avivamiento en la Alianza en esos años y muchos recibían el bautismo en el Espíritu Santo. En 1907 Godofredo asistió a sus cultos, y Dios lo tocó. Hizo restitución por faltas que había cometido, y fue bautizado en el Espíritu Santo.

Ya quería prepararse para el ministerio y, dejando a su hijito Federico al cuidado de su cuñada, fue en 1908 a prepararse en el Instituto Bíblico de la Alianza Cristiana y Misionera en Nyack, Nueva York. Allí su vida de oración hizo una impresión profunda en los otros estudiantes. Se levantaba por la madrugada para pasar cuatro horas en oración antes de las actividades del día, costumbre que seguiría en todo su ministerio.

3. Un pentecostal a Venezuela

Entre los condiscípulos de Godofredo Bender en el Instituto Bíblico estaba su joven amigo Federico Bullen. El recibió el bautismo en el Espíritu Santo y fue llamado para ser misionero. Gerardo Bailly lo invitó a trabajar con él en Venezuela.

Bullen llegó a Caracas en diciembre de 1909. Como colportor de la Sociedad Bíblica trabajaba en Caracas y viajaba vendiendo Biblias y porciones por el camino, en la calle y de casa en casa.

Varios misioneros de Europa cooperaban con los Bailly en ciertos proyectos. Bailly, Bullen y David Finstron fundaron en Caracas el Instituto Bíblico Hebrón, con Bullen como director.

4. Para vida o muerte

En ese tiempo Godofredo Bender pastoreaba en los Estados Unidos. Un día mientras este viudo joven oraba, Dios le dio una visión----el mapa de Sudamérica con un solo país indicado por nombre: Venezue-

74 REPUBLICA DE VENEZUELA

la. ¡Supo que Dios lo llamaba a ese país!

Federico Bullen había hablado a Gerardo Bailly acerca de su amigo Godofredo, y Bailly lo invitó a venir y trabajar con él. Bender llegó a Caracas en febrero de 1914. Su amigo Bullen le daba clases de español. Juntos oraban y se animaban. Sus vidas estaban en las manos del Señor, para vida o muerte.

Bullen estaba delicado de salud y padecía de malaria, pero siguió viajando a lomo de mula con un compañero venezolano para vender Biblias en hasta 20 pueblos y aldeas en un solo viaje.

En agosto de 1914 llegó a Barquisimeto en un largo viaje de colportaje. Agotado y con fiebre, tomó agua contaminada y murió al cabo de cinco horas. Fue enterrado en Barquisimeto—primera semilla para una cosecha abundante al correr los años.

Junto con las noticias de la muerte de Bullen, Dios le hizo saber a Bender que Barquisimeto sería su campo futuro de ministerio. Pero todavía no había llegado el tiempo para eso.

B. OBRA INDEPENDIENTE, 1914-24

1. Confraternidad pentecostal

En 1914 Gerardo Bailly fue bautizado en el Espíritu Santo. Para entonces algunos de los líderes de la Alianza Cristiana Misionera no veían bien la obra pentecostal. Bailly se retiró de la Alianza y con sus dos congregaciones en Caracas y tres en La Guaira, Los Teques y Guarenas, formó una confraternidad pentecostal. Más tarde se llamaba la Iglesia Apostólica y Misionera de Venezuela. En esa época, llegaron varios pentecostales para trabajar con los Bailly. Van V. Eddings y su esposa habían venido con Godofredo Bender de California en 1914. Van se dedicó con él al colportaje bíblico. En 1917 los Eddings pasaron a abrir obra en la isla Margarita, frente a la costa de Venezuela.

Llegó en 1916 Adah Winger, afiliada con la nueva denominación estadounidense de las Asambleas de Dios que se había organizado en 1914. Pronto tuvo la responsabilidad de dirigir una escuela primaria en el orfanatorio Hogar Hebrón cerca de Caracas.

Ellis y Carrie Griest, con nombramiento misionero de las Asambleas de Dios, vinieron a Caracas en 1917 y estuvieron hasta 1924. El campo era duro pero vieron un poco de crecimiento.

Godofredo Bender se puso tan delicado de salud que fue a los Estados Unidos por dos años. Parecía que nunca podría volver a Venezuela, pero Dios lo sanó. En 1918 se casó y vino a Caracas con su esposa Cristina. Ella sería compañera fiel de sus labores en Venezuela por 28 años.

II. PRIMEROS PENTECOSTALES, 1897-1946 75

Las señoritas Fannie Van Dyke y Elsa Feary, graduadas de Elim (un instituto bíblico pentecostal), vinieron en 1919. Ayudaban a Adah en el Hogar Hebrón. Abrieron un instituto para señoritas, con Adah como directora y Fannie como decana.

2. La obra se extiende

En septiembre de 1919 los Bender fueron (por tres días en tren) a Barquisimeto, donde establecieron la primera iglesia evangélica en el estado de Lara.

En 1921 había mucha bendición en las iglesias y varios creyentes fueron bautizados en el Espíritu Santo. También hubo visión para la extensión del evangelio por obreros venezolanos. La misión quería dar cultos en la colonia de leprosos, pero no se les daba permiso. Entonces Dios contestó sus oraciones de manera inesperada. En 1921 un obrero laico, el hermano Carvajal, renunció su empleo para ir dondequiera que el Señor lo enviara. En el tren para ir a trabajar en Hebrón fue examinado por las autoridades de salud pública. Hallaron que tenía la lepra, y en seguida lo llevaron a la colonia para leprosos. Por todo el camino les predicó y les informó que era embajador del Rey.

La iglesia y los misioneros se pusieron a ayunar y orar por la sanidad y liberación de Carvajal. Pero Dios les aseguró que El lo había enviado allí para ser misionero a los leprosos.

Carvajal recibió de Dios este mismo mensaje y estaba feliz. Le quitaron su Biblia e himnario, pero con lo que sabía de memoria cantaba y predicaba a los leprosos. Lo confinaron a su cuarto pero muchos iban para hablar con él de la vida eterna en Cristo.

A las pocas semanas un grupo de hombres de la iglesia vinieron a visitarlo. Se les negó el permiso para cantar a los enfermos, pero para su sorpresa Carvajal salió a recibirlos con 12 hombres que se habían entregado al Señor, todos cantando gozosamente. En las semanas siguientes otros hallaron nueva vida y gozo en Cristo. Y así se siguió la evangelización de los leprosos.

Desde 1917 los Eddings habían encontrado oposición a su obra en la isla Margarita. Los enemigos del evangelio incendiaron su capilla. ¡Pero el gobierno resolvió el caso a favor de la iglesia e hizo que los perpetradores reedificaran la capilla!

Fannie Van Dyke y los Bailly celebraron cultos allí en 1922 y encontraron buen interés por todas partes de la isla. Pero tanto Fannie como Carrie de Bailly cayeron enfermas y fueron a su tierra para recuperarse. En 1924 Fannie volvió, débil aún, y recobró la salud. Pero Carrie fue llevada a su hogar celestial.

76 REPUBLICA DE VENEZUELA

3. Progreso en Barquisimeto

a. La iglesia nace

Barquisimeto era muy resistente al evangelio cuando los Bender llegaron en 1919. Iniciaron cultos en el corredor de la casa para que los vecinos oyeran la música y la predicación. Los primeros convertidos fueron Federico Cardoze con su esposa Trina y el juez de distrito Rafael Alvarado Tovar y su esposa Inez. Cardoze, un sastre judío, les había ayudado a conseguir una casa de alquiler cuando parecía imposible. El juez Alvarado era profesor de inglés que los había visitado. Su sobrina Juana Andrade se convirtió y sería fiel obrera del Señor. Su madre fue sanada de cáncer.

Poco a poco el grupito de creyentes crecía y ganaba a sus familiares al Señor, y se edificó la Capilla Bethel con cabida para 300 personas. El 22 de septiembre de 1922 los Bender organizaron la iglesia con el bautismo en agua de 23 miembros, y dedicaron la primera capilla evangélica en el estado de Lara.

En esa ocasión vinieron dos procesiones católicas con sacerdotes, soldados con fusiles y bayonetas y mucha gente curiosa. Se unieron frente a la capilla en una demostración antiprotestante. Los creyentes adentro oraban por protección. ¿Sería incendiada su capilla como sucedió en la isla Margarita? ¿O serían muertos todos? Dios contestó su oración. Se presentó el jefe de policía con sus hombres y a la fuerza dispersó la turba.

En la capilla se siguió con el culto. Personas atraídas por el motín llenaron el patio y oyeron el evangelio. Felipe Vásquez, un joven telegrafista, compró un Nuevo Testamento. Después, lo estudió, se convirtió, fue bautizado en el Espíritu y llegó a ser el primer pastor pentecostal venezolano en el estado de Lara.

b. Refuerzos pentecostales

Vinieron en 1923 la hermana de Adah Winger, Viola de Feuerstein, su cuñado Jacobo Feuerstein y las señoritas Minna Hall y Gertrudis Goulburn. Minna trabajaría en Barquisimeto y Gertrudis en Caracas, ambas enseñando en las escuelas. Gertrudis y Adah visitaban a los enfermos cada día después de las clases y Gertrudis hacía el trabajo de enfermera para muchos. Después de un tiempo en Caracas, los Feuerstein fueron a Barquisimeto.

Adolfo Blattner, nacido en Suiza, era maestro de escuela antes de ir a Nueva York en 1919. Se convirtió en una misión pentecostal y fue llamado al ministerio. Mientras se preparaba, Dios lo llamó a Venezuela, donde llegó en agosto de 1924.

II. PRIMEROS PENTECOSTALES, 1897-1946   77

Con estos refuerzos se extendió el evangelismo y la educación cristiana. Poco a poco Barquisimeto llegó a ser la base de la obra pentecostal. En 1924 se organizó la segunda iglesia aquí.

c. El Instituto Evangélico

En el quinto aniversario de la obra en Barquisimeto, el 21 de septiembre de 1924, se inauguró el Instituto Evangélico. De día era escuela primaria donde Minna Hall y Adah Winger enseñaban a 50 niños. De noche era instituto bíblico con Adolfo Blattner como su primer director. El y Godofredo Bender, Jacobo Feurestein, sus esposas, y Erma Roth y Elsa Feary colaboraban en la enseñanza. En 1926 la señorita Minnie Madsen vino para ayudar en la escuela.

d. El avivamiento anhelado

Por cinco años los Bender habían orado por un derramamiento del Espíritu Santo en Barquisimeto. Habían predicado y enseñado sobre la obra del Espíritu Santo pero nadie recibía la experiencia pentecostal. Sin embargo, el avivamiento llegó.

No vino en una campaña o por predicación conmovedora, sino por obra soberana de Dios. Vino también en respuesta a la intercesión de 50 personas en una iglesia norteamericana. Su pastor los llamó a orar por los Bender y su obra en Venezuela. Por tres días se reunieron y oraron por ellos cuando menos seis horas al día. ¡Y en seguida el avivamiento empezó!

El 19 de agosto de 1924, mientras los creyentes oraban, el Espíritu Santo les trajo una profunda convicción del pecado, y clamaron a Dios en arrepentimiento. Por casi un mes en los cultos confesaban con lágrimas sus faltas. Pedían el perdón a las personas ofendidas y hacían restitución. Perdonaban a sus enemigos y se libraban del rencor. Pagaban sus deudas y arreglaban su vida ante Dios y los hombres.

Unos amigos de Felipe Vásquez venían de otro pueblo para visitarlo. El arregló para un culto en su casa el 21 de septiembre para que conocieran el evangelio. Cuando se pusieron a orar, el poder de Dios vino sobre él y cayó al suelo. ¡Pronto habló en otras lenguas! Al ver esto, niños y adultos clamaron a Dios por misericordia, y 12 personas (inclusive los visitantes) se entregaron a Cristo y se llenaron del gozo del Señor.

La noche siguiente en la capilla, Godofredo Bender dirigía el culto. Varios testificaron del culto glorioso de la noche anterior. Vino tal convicción sobre los 125 oyentes que cayeron de rodillas llorando y confesando sus pecados a Dios.

Tanto era el ruido que gran número de vecinos acudieron para ver lo que sucedía, llenando el patio y la calle frente a la capilla. Creían que "los diablos" (como llamaban a los evangélicos) se habían enloquecido.

78 REPUBLICA DE VENEZUELA

El policía estacionado en la esquina vino para guardar el orden. El aprieto de la muchedumbre lo empujó dentro de la capilla. De pie con casco en la cabeza y porra en la mano observó todo por una hora mientras la gente oraba. De vez en cuando alguno se ponía de pie alabando a Dios con gritos de gozo. No había ningún desorden. De repente el policía se quitó el casco y cayó de rodillas, entregándose al Señor. Dios lo llenó del Espíritu y le transformó la vida.

El domingo, el 24 de septiembre de 1924, se celebró el quinto aniversario de la fundación de la obra en Barquisimeto. En esta ocasión se inauguró el Instituto Evangélico y Bender inició una campaña de una semana con Juan Christiansen.

En el primer culto de oración después de la campaña, todos cantaban repetidas veces el coro del himno, "El murió en la cruz por mí". Se sentía la presencia del Señor y un joven alzó las manos y empezó a alabar a Dios. Pronto comenzó a alabar a Dios en un idioma desconocido para él. La congregación cayó de rodillas, no con llanto de convicción como en días anteriores sino en adoración y alabanza. Pronto otra persona fue bautizada en el Espíritu Santo. Y de esa noche en adelante muchos recibieron la experiencia pentecostal, entre ellos 19 niños que se alegraron de saber que el Espíritu Santo quería llenarlos a ellos también.

El primero de enero del 1925 los diáconos de la iglesia y otros fueron a un pueblo vecino para orar por una familia enferma. Mientras oraban cayó el poder de Dios y dos diáconos fueron bautizados en el Espíritu.

Aquella noche la iglesia se unió en oración por una señora que por años había sido atormentada por demonios. Dos jóvenes habían llevado a su pueblo noticias de lo que Dios hacía, y ella vino a Barquisimeto en busca de ayuda. Mientras oraban parecía haber un obstáculo. Uno de los diáconos resistía al poder del Espíritu Santo porque había recibido enseñanza en contra de tal experiencia para la iglesia de hoy. Seguían orando y por fin él se rindió al Señor y recibió la plenitud del Espíritu Santo. Bajo la unción del Espíritu fue a la señora endemoniada y en el nombre del Señor Jesucristo echó fuera el demonio, quedando ella completamente libre. Dios la usó en su pueblo y pronto se pudo establecer una obra en ese lugar.

En una semana de marzo en 1925 fueron bautizadas en el Espíritu 42 personas, varios jóvenes fueron llamados al ministerio, y un nuevo convertido empezó a predicar en el poder del Espíritu.

Los creyentes salían a predicar y se reunían para orar. En un lugar donde José Castillo Mora predicaba, Dios bautizó a 60 personas en el Espíritu Santo en un solo culto.

II. PRIMEROS PENTECOSTALES, 1897-1946 79

C. SEPARACION Y EXTENSION, 1924-1946

1. Base en Barquisimeto

Tal como sucedía en otros países, el derramamiento del Espíritu Santo en 1924-25 trajo avivamiento a algunas iglesias, y otras lo rechazaron. Algunos miembros de otras misiones fueron bautizados en el Espíritu, y fueron expulsados de sus iglesias.

Se produjo una división en la Iglesia Apostólica y Misionera de Venezuela. Los Bender, Adah Winger, Elsa Feary, Fannie Van Dyke y los Feuerstein se separaron de ella. Barquisimeto, y no Caracas, ya era base de la obra pentecostal.

Felipe Vásquez inició una iglesia en El Tocuyo, pero pudo trabajar en ese pueblo sólo un año (1925-26) antes de tener que volver a Barquisimeto por estar mal de la tuberculosis. Momentos antes de fallecer exclamó, "¡Ya viene la luz! ¡Ya viene la luz!"

Los Feuerestein se encargaron de la obra en El Tocuyo.

En los años siguientes la obra creció y se extendió. Godofredo Bender y su esposa pasaban mucho tiempo visitando las nuevas obras y enseñando a los nuevos creyentes.

2. Cambios en personal

Hubo cambios en el personal misionero. En 1927 Fannie Van Dyke pasó para trabajar con H.C. Ball y su esposa en la Casa Evangélica de Publicaciones y enseñar en el nuevo instituto bíblico asambleísta para mexicanos en Texas. En el mismo año Adolfo Blattner se casó con Elsa Feary y fueron a Siquisique, en el estado de Lara, para levantar una obra. A fines de 1928 llegaron la señorita Hilda Meyrick, quien se dedicaría a la educación cristiana, y los esposos Teodoro y Kathryn Bueno.

3. Los Bueno a Carora, Lara

"Voy a hacer todo lo que está en mi poder para impedirlo," le dijo el alcalde de Carora cuando Teodoro Bueno le comunicó su plan de establecer una iglesia evangélica. La gente de Carora había declarado que nunca permitiría a ningún evangélico predicar en su ciudad o estar allí. Pero Teodoro y su esposa Kathryn sentían el llamamiento de Dios para esa ciudad. Nadie quería alquilar casa a un evangélico. Pero por fin un hombre le alquiló una, y Teodoro regresó a Barquisimeto para traer a su esposa.

Al enterarse la gente, le quitaron al dueño la llave de la casa y se la entregaron al sacerdote. También vigilaban la casa para impedir que los Bueno entrasen cuando llegaran.

Teodoro y Kathryn Bueno

Un día el dueño consiguió la llave para sacar unas cosas de la casa, prometiendo devolverla a la mañana siguiente. Aquella noche los que vigilaban la casa estaban hasta las 9:00, luego se fueron creyendo que los misioneros no llegarían tan tarde. A las 10:00 p.m. llegaron los Bueno con todas sus cosas en un camión, consiguieron la llave del dueño, y entraron en la casa.

A la mañana siguiente Kathryn limpiaba la casa y quería comprar agua. Los vecinos le avisaron que ningún aguador se la vendería. Sin embargo, Dios sabía cómo contestar su oración. Estaba tumbada una parte de la tapia entre su patio de atrás y el de los vecinos a un lado de la casa. Esto no se veía desde la calle. Los vecinos se compadecían de los evangélicos. Esa mañana su hijo pasó por el hueco en la pared con una lata de cinco galones de agua. Les dijo a los Bueno: "Puedo traerles todo lo que necesiten."

Los Bueno iniciaron cultos el domingo por la mañana e invitaban a la gente, pero nadie en absoluto venía.

Los comerciantes y vendedores por la calle se negaban a venderles cualquier cosa. Los Bueno habían traído alimentos para un mes pero esos pronto se escaseaban. Sin embargo la familia al lado hacía compras para ellos sin que la gente lo supiera.

Entonces Dios intervino. El alcalde que había jurado impedirlos fue cambiado a otra ciudad. Cuando Teodoro se presentó ante el nuevo alcalde, éste le dijo:

—Usted no necesita carta de recomendación para mí. He visto a misioneros evangélicos en otros pueblos donde he sido alcalde y sé que ustedes hacen una obra maravillosa. ¿Cómo les va?

—Bien, gracias. Sólo que la compañía eléctrica se niega a darnos corriente. Nadie quiere vendernos nada.

El alcalde trató el asunto con el concejo municipal, pero ellos rehusaron hacer algo para los evangélicos. Luego el alcalde envió un telegrama al presidente de la república. El ordenó facilitar a los misioneros luz, agua, y cualquiera cosa que les hiciera falta. Frente a

II. PRIMEROS PENTECOSTALES, 1897-1946 81

tal autoridad, se les vendía lo que necesitaban.

Todavía la gente no se atrevía a asistir abiertamente a los cultos, pero un domingo cuatro personas entraron por el hueco en la tapia. Después otros venían por la misma vía. Pasaban por los cuartos observando cuidadosamente, como que buscaran algo. Se les había advertido que los evangélicos usaban una enorme culebra en sus ritos religiosos. Al no ver tal cosa los que venían dijeron a sus amigos: "Parecen ser buena gente. Nos hablaron acerca de Dios. No tienen ninguna culebra. Si lo que nos han dicho acerca de la culebra es mentira, quizá las otras cosas que nos han contado acerca de los evangélicos son mentiras también."

De modo que, cuando se anunció un culto público para el 25 de octubre del 1929, unos 100 hombres vinieron. Los vecinos de enfrente apuntaron sus nombres y les dijeron que si volvieran a venir que perderían su trabajo. Como consecuencia, la asistencia cayó hasta tres o cuatro personas además de los Bueno.

Los Bueno daban cultos en el portal de la casa para que los vecinos oyeran. Tocaban el órgano y cantaban, luego Teodoro predicaba a toda voz. Un joven se convirtió—el primer fruto de sus labores—y perdió su empleo, mas quedó fiel al Señor.

Los vecinos amistosos se fueron, y en su lugar llegaron unos inquilinos fanáticos—la familia Andrade. Cuando sus hijos asistieron al culto, su madre les dio una paliza. Pero la curiosidad la venció y se puso a escuchar detrás de la pared. La Palabra de Dios hizo su efecto, y allí tras la pared Rosa de Andrade se entregó al Señor. Más tarde su esposo (dueño de una tienda) se convirtió. Al enterarse de esto, nadie compraba en su tienda.

A pesar de la oposición, otros aceptaron a Cristo. Por fin los Bueno compraron una casa y terreno en las afueras de Carora. Aunque la mayoría de los nuevos convertidos eran de la clase media, de buena voluntad trabajaron con Teodoro en hacer adobes y levantar la casa de Dios. En enero de 1933 dedicaron el primer templo evangélico en Carora.

Al cabo de cuatro años en Carora, Kathryn se enfermó gravemente, y los Bueno salieron de Venezuela. Trabajarían después en Cuba y Chile. Sus hijos Elmer y Juan tendrían un ministerio bendecido en toda Latinoamérica.

Teodoro y Kathryn dejaban atrás una buena congregación y tres obras filiales. Quedaron a cargo de la obra dos de sus primeros convertidos, Evangelista Rojas y Narciso Andrade, el hombre cuya esposa se había convertido detrás de la pared.

82 REPUBLICA DE VENEZUELA

4. Los Blattner a Coro, Falcón

En 1931 Adolfo Blattner y su esposa Elsa Feary fueron al estado de Falcón, que no tenía obra evangélica, para fundar una iglesia en Coro, capital del estado. Encontraron oposición acérrima. Los sacerdotes afirmaron que nunca habría obra protestante en el estado de Falcón. Prohibieron a todos ayudar a los Blattner de cualquier forma so pena de ser excomulgados.

Por tres meses se limitaron al evangelismo personal, luego tuvieron nueve días de campaña en el corredor de su casa con un evangelista de Puerto Rico. Muchas personas de la clase media vinieron al principio, pero tenían miedo a la excomunión y al ostracismo. Al fin de la campaña quedaba sólo una persona para constituir la nueva "congregación".

En la calle la gente les gritaba insultos y les tiraban piedras. Pero poco a poco algunos aceptaban a Cristo. Juana Andrade vino para ayudarlos por un tiempo. Cuando Adolfo recorría otros pueblos en el evangelismo, Elsa y Juana seguían con los cultos, a pesar de las amenazas.

Adolfo Blattner sobresalía en el evangelismo personal. Dondequiera que iba—a las tiendas, los despachos del gobierno, por el camino—hablaba de Cristo a las personas con quienes se encontraba y les obsequiaba un folleto. Caminaba el día entero, bajo el sol tropical o bajo lluvia, para llegar donde una persona de quien había oído que tenía interés en el evangelio.

En una ocasión Adolfo y Marcos Rivas, obrero venezolano quien trabajaba con los Blattner, tomaron pasaje en un camión para llevar el evangelio a cierto pueblo a 115 kilómetros de Carora. En una casa que visitaron, una señorita les dijo: "Tengo un tío a quien le gusta leer la Biblia." Y les dijo dónde vivía.

Los camiones iban por ese camino sólo dos días por la semana, de modo que Adolfo decidió ir a pie. Por la madrugada él y Marcos salieron para la casa de Adolfo Calles en el pueblo de La Cuesta. Por 30 kilómetros hablaron del Señor y repartieron folletos y porciones bíblicas en cada casita por el camino.

Por fin llegaron a la tienda de Adolfo Calles y su esposa Adela. Aunque leían la Biblia, no eran convertidos. La noche anterior la señora Adela había soñado que un hombre alto y sonriente llegó a su casa con un libro y les habló acerca de Dios. Con gusto recibieron el evangelio y se entregaron al Señor. A poco tiempo Dios les suplió a los Blattner un automóvil en el cual iban periódicamente a La Cuesta para cultos. Fue el primer "campo blanco" de la obra en Coro. El señor Calles era persona de mucha influencia en el pueblo, había muy poca oposición y muchos

II. PRIMEROS PENTECOSTALES, 1897-1946   83

se convirtieron. Vino un pastor y se levantó una iglesia fuerte.

En otro pueblo los Blattner recibieron mucha oposición. Pero con la ayuda de obreros venezolanos iniciarían 15 iglesias en el estado de Falcón. Trabajarían en ese estado hasta la muerte de Adolfo en 1949. Elsa volvería a Barquisimeto para enseñar en el instituto bíblico hasta 1955 cuando regresó a los Estados Unidos para trabajar en Editorial Vida.

5. Nuevos obreros, nuevas obras

a. Refuerzos de afuera

Ingve Olson y su esposa Ruth llegaron a Barquisimeto en 1940. Los padres de Ingve y Lorenzo Olson habían inmigrado de Suecia a los Estados Unidos, donde la familia eran miembros de una iglesia pentecostal. Lorenzo ministraría por medio siglo en Brasil, e Ingve por 33 años (hasta su muerte) en Venezuela.

Desde 1924 los obreros asambleístas habían dejado a otras misiones la evangelización de Caracas y sus contornos. Pero la obra iniciada por los Bailly ya no se adhería a la doctrina pentecostal como antes y después de su muerte casi se había desintegrado. En vista de esto, los Olson vinieron de Barquisimeto en 1942 y, con otros obreros, levantaron una obra pentecostal en la capital.

En 1944 los esposos Lowell y Virla Dowdy iniciaron en Venezuela lo que sería 32 años de ministerio en Sudamérica. Trabajaron en la preparación de obreros hasta 1950. Después sirvieron en Chile y Ecuador.

Clarence Ollson había trabajado en Cuba antes de venir a Venezuela en 1946 con su esposa Hazel. En 1947 iniciaron la obra en Valencia, capital del estado de Carabobo, entre Caracas y Barquisimeto. En 1960 pasarían a Argentina.

Howard Coffey y su esposa Ruth trabajarían en Venezuela desde 1947 hasta pasar a Cuba en 1954.

b. Obreros venezolanos

Mientras tanto, obreros venezolanos se preparaban y entraban en ministerio. En 1944 Godofredo Bender renunció el pastorado de la Iglesia Bethel, y Alfonso Graviana llegó a ser el pastor.

De manera soberana Dios llamaba a otros. Veamos dos ejemplos.

Eduvigis Avila, campesino y padre de diez hijos en la sierra, no conocía el evangelio. Pero un día vio una Biblia en casa de su cuñado y empezó a leerla a cada oportunidad. Al pedirla prestada, su cuñado se la vendió. Eduvigis la llevó a casa, la leyó a su familia, y todos se arrodillaron y se entregaron al Señor.

A poco tiempo Eduvigis tuvo una visión de una casa en San Francisco

84 REPUBLICA DE VENEZUELA

y entendió que Dios lo llamaba a comprarla para celebrar en ella cultos evangélicos. Al hacer el viaje de un día a San Francisco encontró la casa, tal cual era en su visión. Vendió su casa y finca y compró la casa. El y su familia ocuparon una parte de la casa e iniciaron una iglesia en la sala. Varios obreros pentecostales los visitaban de vez en cuando. Eduvigis pastoreó la iglesia a base de sacrificio hasta su muerte.

Juan Bautista Alfaro era tabernero próspero en Petare, cerca de Caracas. A veces unos creyentes llegaban a Petare y predicaban. Los padres de Juan Bautista, su esposa y sus suegros se entregaron al Señor, pero él se opuso al evangelio y por cinco años le prohibía a su esposa, Rosa, asistir a los cultos. Ella siguió firme en su fe y oraba por su esposo.

Un día Juan cayó enfermo y por 40 días tuvo una fiebre de 40 grados. Por fin el médico dijo a su familia que moriría aquella noche. A las 10:00 p.m. Juan agonizaba. Por fin se dio cuenta que su única esperanza estaba en Dios. Dijo, "Si existe un Cristo que salva las almas y sana los cuerpos, quiero rendirme a él y le seré fiel hasta la muerte." Confesó sus pecados y pidió la sanidad. Prometió nunca vender más licor, y amaneció sin fiebre.

En seguida Juan mandó a buscar a Ingve Olson para que lo ungiera con aceite y orara por él. Cuando el misionero llegó, encontró que Dios ya había obrado. Leyó algo de la Biblia, le exhortó a seguir al Señor y oró por él. Juan también oró y se regocijaba con su esposa en la salvación.

Pronto se había recuperado y juntos él y su esposa asistían a los cultos en Caracas. Vendió la taberna, por la mañana visitaba a los enfermos, les daba su testimonio y oraba por ellos. En su casa todos los días tenían cultos de oración. En uno de estos Juan Bautista Alfaro recibió el bautismo en el Espíritu Santo. Varios de los vecinos, convencidos por el cambio que notaban en él, aceptaron al Señor. Así nació la iglesia en Petare.

Dios lo llamó al ministerio y al cabo de unos años era pastor asociado en Caracas. Más tarde la iglesia en Caracas enviaría a los Alfaro al nuevo Instituto Bíblico Central en Barquisimeto y Juan Bautista llegaría a ser superintendente de las Asambleas de Dios de Venezuela.

6. Entre países vecinos

Mientras se adelantaba la obra en Venezuela, la nueva obra pentecostal en Colombia carecía de obreros y pedía ayuda. Varios misioneros en Venezuela respondieron al llamado. Adah Winger había trabajado por 16 años en Venezuela. El misionero Eduardo Wegner, en Caracas, venía a Barquisimeto a veces para ayudar en el Instituto Bíblico. Se casó con Adah Winger en 1932 y fueron a Sogamoso, Colombia. Trabajarían en la

III. ASAMBLEAS DE DIOS, 1946-1995 85

evangelización, en una iglesia, un colegio y en fundar un instituto bíblico.

Con la ida de Adah a Colombia, Hilda Meyrick quedó como directora del Instituto Evangélico en Barquisimeto. Juana Andrade era subdirectora. Por unos 38 años trabajarían juntas aquí. Minnie Madsen ayudaba en la enseñanza. En 1932 se dedicó el Hogar de Paz, para niños desamparados, con la participación de altos dignatarios del estado de Lara. Más tarde se añadiría un liceo y tendrían un total de unos 200 alumnos.

Mientras tanto, hacía falta ayuda en el colegio en Colombia, y en 1938 Minnie Madsen pasó al país vecino para ayudar a los Wegner en la enseñanza. Cuando se abrió allí el Instituto Bíblico Bereano en 1943, los Blattner ayudaron en la enseñanza por seis meses. Adah de Wegner era la directora pero padecía de la salud quebrantada. En 1944 ella falleció, y Howard Coffey asumió la dirección del instituto.

Howard Coffey venía a Venezuela a veces y en 1945 se casó con Ruth Feuerstein, hija de Viola y Jacobo y sobrina de Adah Winger. El instituto en Colombia funcionó hasta la graduación en 1946, pero las restricciones y persecución en aquel tiempo hacían casi imposible su continuación. En Venezuela había libertad religiosa, mientras que en Colombia pronto estallaría el período de La Violencia en el cual tantos evangélicos serían masacrados.

Además, los Bender se jubilarían en 1947, y harían falta más maestros y quien dirigiera un plan de estudios más completo en Barquisimeto. En 1946 Howard Coffey presentó en Venezuela planes para combinar las dos escuelas en un instituto bíblico con dos o tres años de estudios ministeriales. Fue aprobado.

III. ASAMBLEAS DE DIOS, 1946-1995

A. ORGANIZACION PARA PROGRESO

1. Motivos para el cambio

Desde 1916 algunos de los misioneros eran afiliados a la nueva organización de las Asambleas de Dios. Otros venían de iglesias independientes o de otra organización. Pero con el paso de los años casi todos los misioneros en Barquisimeto se afiliaron a las Asambleas y otros vinieron con su nombramiento misionero.

En 1942 Dios mandó un nuevo avivamiento pentecostal, y aun en iglesias no-pentecostales algunos recibieron el bautismo en el Espíritu Santo. Los dirigentes de estas misiones se opusieron a tal experiencia. La oposición sólo hizo que los pentecostales se unieran más. En vez de seguir como confraternidad independiente, se veía la necesidad de organizarse como una denominación con buenas bases de doctrina, gobierno y conducta. La personería jurídica daría reconocimiento de parte del gobierno y facilitaría la cooperación nacional e internacional.

2. Convención organizadora

En 1946 se empezó con la organización de tres distritos de las Asambleas de Dios, cada uno con su presbítero. Luego en Caracas, del 14 al 17 de agosto de 1947, se organizó la Convención de las Asambleas de Dios de Venezuela. Consistía de 18 ministros venezolanos, unos 20 obreros laicos, 12 misioneros y 30 congregaciones alrededor de cinco centros principales.

Ingve Olson tuvo una parte importante en escribir y presentar la constitución para la nueva organización y fue su primer superintendente. Se eligió un cuerpo ejecutivo, y "El Evangelista Pentecostal," una revista mensual iniciada por Ingve Olson en 1941, sería el órgano oficial. (Más tarde se cambió el nombre por El Evangelista Venezolano.)

La convención aprobó la fundación del Instituto Bíblico Central, con Howard Coffey como su primer director. Tendría un plan de estudios de dos años (más tarde sería de tres años).

3. Líderes nacionales

Los superintendentes nacionales entre 1947 y 1995 han sido:
Ingve Olson
Exeario Sosa Luján
Ismael Medina
Sacramento Cobos
Juan B. Alfaro, 1959-63
Guillermo Stepp 1963-65
Rafael Williams 1965-67
Eliodoro Mora 1968-70
Lucidio Rivero 1970-74
Eliodoro Mora 1974-76
Ramón Bejarano 1976-78
Ilidio da Silva 1978
Arturo Gil 1979
Ramón Bejarano 1980-93
Eliodoro Mora 1993-

La nueva organización contaba con pastores dedicados que se esforzaban en ex-

Eliodoro Mora, Carlos Jiménez (evangelista), Ramón Bejarano

III. ASAMBLEAS DE DIOS, 1946-1995   87

tender el evangelio al establecer iglesias filiales en su región. Ismael Medina tendría un ministerio muy largo. A fines de 1948 en Barquisimeto, Exeario Sosa pastoreaba la iglesia Sión, y Rafael Alvarado la de Bethel. Juan Bautista Alfaro contaba con 250 miembros en Caracas. En Maracay, Segundo Gil tenía 100 miembros y varias iglesias filiales. La iglesia en Santa Bárbara tenía 115 miembros pastoreados por Prisciliano Rodríguez. Martín Chirinos, en Santa Cruz pastoreaba cuatro iglesias. Y en Maracaibo, Sacramento Cobos colaboraba con el misionero Jordan en el cuidado de 10 campos blancos. Otros obreros consagrados trabajaban a base de sacrificio en varios distritos y levantaban iglesias para la gloria de Dios.

En la convención de 1952 fueron elegidos; Exeario Sosa, superintendente; Clarence Ollson, vice; Sacramento Cobos, secretario tesorero. Juan Bautista Alfaro era presbítero. Todos menos Clarence Ollson servirían de superintendente.

4. Departamentos de la iglesia

Desde el tiempo de los Bailly las iglesias principales contaban con la Escuela Dominical y los departamentos de las mujeres (Liga de Dorcas, o Sociedad de Damas), de los jóvenes (Liga de Jóvenes) y el de los hombres (Sociedad de Obreros). Llegarían a llamarse el Concilio Misionero Femenil (C.M.F.), Embajadores de Cristo y Fraternidad de Hombres. Cada departamento se organizó a nivel nacional con su presidente. Ellos promovían la formación y actividad de los departamentos en las iglesias locales.

La iglesia en Caracas pastoreada por Juan Bautista Alfaro era un ejemplo para las damas del concilio. Rosa de Alfaro las dirigía en coser ropa para los necesitados y en proyectos para levantar fondos para iglesias nuevas. Tenían un culto evangelístico cada lunes por la noche. Había tiempos prolongados de oración y conversiones. Las 68 miembros salían a evangelizar. En seis meses de 1953 repartieron 5.017 folletos e hicieron casi 2.000 visitas.

La Fraternidad de Hombres también extendía el evangelio en puntos de predicación e iglesias filiales.

Los Embajadores de Cristo tenían su convención anual y eran activos en el evangelismo de parte de las iglesias locales.

Guillermo Stepp tuvo parte importante en su organización a nivel nacional como el Congreso Juvenil Pentecostal y sirvió como su primer presidente. El y su esposa Joyce (1948-84 en Venezuela) pastoreaban la segunda iglesia asambleísta en Caracas, en el suburbio de Tiro al Blanco. En 1953 Freddy Briceño sucedió a Stepp como Presidente del Congreso Juvenil.

88 REPUBLICA DE VENEZUELA

5. El Instituto Bíblico Central

El Instituto Bíblico Central (IBC), autorizado por la convención en 1947, tendría una parte vital en la extensión de la obra. Howard Coffey lo dirigió durante el primer curso de seis meses en 1948. Lo sucedió Lowell Dowdy por dos cursos.

De las primeras promociones de graduados vendrían unos obreros que contribuirían mucho al desarrollo de las Asambleas. Eliodoro Mora y Juan Bautista Alfaro serían superintendente. Rosa de Alfaro haría una obra excelente por muchos años como presidenta nacional del Concilio Misionero Femenil. Pedro Amaro pastorearía el Centro Evangelístico en Punto Fijo, Falcón, y también el Templo Bethel en Barquisimeto.

Todos los misioneros ayudaban en un tiempo u otro en la enseñanza. Hilda Meyrick y Juana Andrade enseñarían aquí por muchos años. En agosto de 1949 falleció Adolfo Blattner. Elsa, su viuda, vino de Coro, Falcón, donde habían iniciado la obra, para ayudar en la enseñanza del IBC hasta 1955. Después de 36 años en Venezuela volvió a su tierra para participar en la preparación de literatura evangélica que Editorial Vida hacía para todo el mundo hispanohablante. En 1960 sirvió en la Comisión de Estudios para los Institutos Bíblicos en América Latina que formuló el plan básico de estudios para los institutos.

Herberto Sims y su esposa Norma (1950-58 en Venezuela) vinieron para dirigir el IBC por cinco años. Jay Vernon Ruth y su esposa Paulina (1954-60) habían trabajado por diez años en la República Dominicana antes de venir para ayudar en el IBC. Lo dirigieron por dos años y pastorearon la Iglesia Bethel en Barquisimeto.

Debido a varios problemas con respecto a la propiedad, el IBC estaba cerrado del 1956 al 1958. Se abrió de nuevo con 34 estudiantes bajo la dirección de Jay Vernon Ruth. Le sucederían Guillermo Stepp, Elmer Niles, Stig Sundberg, Rafael Williams, Lyle Thomson, Agapito Morales, Eladio León y Agustín Alseco.

B. ¡ADELANTE CON LA SIEMBRA!

1. Avivamiento y problemas

a. Tiempos de bendición

Las décadas de los 1950 y 1960 vieron grande avivamiento pentecostal en muchas partes del mundo. Pero, como es de esperarse, el diablo luchaba contra la obra de Dios. Se ve en la historia de la iglesia a través de los siglos que el crecimiento rápido a veces trae problemas. Y a veces los mismos problemas hacen que los creyentes busquen más a Dios.

La Iglesia Bethel en Barquisimeto pasaba por un tiempo de grandes

III. ASAMBLEAS DE DIOS, 1946-1995   89

pruebas y de sequedad espiritual. Por muchos años nadie había recibido el bautismo en el Espíritu Santo. Luego en una campaña de un mes a principios del 1950 con la señora DeMerchant, nueve personas tuvieron esta experiencia pentecostal.

El avivamiento se extendió a la Iglesia Sión en otra parte de la ciudad, y en una semana 30 fueron bautizados en el Espíritu. Dios estaba bendiciendo en otras partes de la República también.

Satanás, queriendo destruir la iglesia, usaba la disensión y división en cuanto podía. En 1950 hubo disensión en la iglesia de Maracay (donde se iba a celebrar la convención anual) y la dejó el pastor. En este tiempo de crisis los líderes de la obra y los creyentes buscaron a Dios de todo corazón. Juan Bautista Alfaro dejó su buena iglesia en Caracas para pastorear al grupito en Maracay. Dios bendijo el ministerio del evangelista Harvey McAlister en la convención, y la iglesia creció.

Harvey McAlister pasó a Valencia con Clarence Ollson para otra campaña. La sanidad de ceguera, sordura y parálisis en respuesta a la oración atrajo a gente de todos los contornos. Dios salvó a muchos y bautizó a varios en el Espíritu.

En 1951 la quinta convención anual de las Asambleas trajo bendición al pueblo de Coro, Falcón, y nuevo ánimo a los 500 pentecostales que asistieron. En esta ocasión el coro del instituto bíblico en Caracas, dirigido por Ingve Olson, cantó en la primera radiodifusión evangélica que se diera en Coro. Buanaventura Angulo, venezolano quien había estado fuera del país por unos años, volvió para seis semanas de campañas. Dios hizo muchos milagros de sanidad en Caracas y en Maracaibo.

En 1952 evangelistas nacionales y extranjeros celebraron campañas en varios pueblos. Dios bendijo en todas sanando, salvando y bautizando en el Espíritu Santo.

En Barquisimeto, el gobernador revocó el permiso que el concejo municipal había dado para una campaña en el estadio deportivo con T.L. Osborn. De modo que él predicó mañana y noche por dos semanas en una de las iglesias. De 3.000 a 4.000 personas venían a cada culto. Se quitaron los bancos para dar lugar para más de pie. Muchos venían horas antes de cada culto para poder entrar, y aun así llenaban el patio y la calle. Centenares se entregaron al Señor y testificaron de ser sanados.

El evangelista no oraba por los enfermos individualmente, sino hacía una oración general por todos. Una señora que escuchaba desde el otro lado de la calle frente al templo de repente fue sanada de cáncer. Otra señora que por dos años había estado paralizada, ciega y sordomuda recibió instantáneamente la sanidad completa. Un niño que nunca había

90 REPUBLICA DE VENEZUELA

andado fue con su padre a la plataforma para dar testimonio de su sanidad, y en el nombre del Señor Jesús anduvo arriba y abajo ante todos.

En Punto Fijo, Falcón, colaboraron con el evangelista Osborn dos misioneros y ocho ministros venezolanos. La campaña se inició al aire libre en un terreno cercado con una tapia. Se calculó que la primera noche 5.000 personas estuvieron presentes y después la asistencia se duplicó. Pero después de la quinta noche las autoridades revocaron el permiso que habían dado. Se fueron los Osborn, y Guillermo Stepp continuó con la campaña por una semana dentro del templo. Mil personas lo llenaban de bote en bote.

Mientras tanto, la ciudad de Caracas crecía rápidamente. En 1953 tenía aproximadamente un millón de habitantes y sólo 10 iglesias evangélicas. Tres de ellas eran de las Asambleas. Dios las bendecía y habían salido de ellas 25 obreros para el ministerio. Varias campañas trajeron más crecimiento.

Luis M. Ortiz (pastor puertorriqueño en Cuba) predicó en una campaña de 15 días en Caracas. Durante la primera semana, veintenas fueron sanados en respuesta a la oración. En la segunda semana, Dios bautizó a 30 en el Espíritu Santo. Ortiz y su esposa Rebeca celebraron campañas bendecidas en varias ciudades.

Dios bendijo el ministerio de evangelistas venezolanos también.

José Castillo Mora, Pedro Ramírez y su esposa y Roberto González y señora tendrían ministerio largo y eficaz. Como equipo en 1953 celebraron buenas campañas en San Fernando, capital del Estado Apure, donde Arturo Gil era pastor, y en Ciudad Bolívar.

La Ciudad Bolívar, capital del estado Bolívar, era la sexta ciudad del país en el número de habitantes. Después de la campaña en 1953 Guillermo Stepp dio una semana de estudios bíblicos sobre el Espíritu Santo y se estableció una congregación de 50 personas. Al cabo de cinco meses 39 habían recibido el bautismo en el Espíritu Santo. Dios bendijo en gran manera una campaña en Ciudad Bolívar con Oscar Galdona, pastor en Barquisimeto.

En 1955 los Stepp se radicaron en esta ciudad como base para evangelizar la región. En cooperación con obreros venezolanos, plantaron iglesias, fundaron institutos bíblicos, predicaban en campañas y daban estudios bíblicos en las iglesias. Guillermo llenó por muchos años cargos en el cuerpo ejecutivo.

Los venezolanos a través de los años han sido muy listos para trabajar en el evangelismo. Desde su conversión participaban gozosamente en cultos por las calles, en los barrios y en pueblos vecinos. Distribuían anuncios, folletos, y literatura bíblica.

El IBC, 1955. Delante: Los Ruth, Elsa Feary de Blattner, Adela Flower, Roque Leal

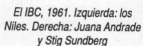

El IBC, 1961. Izquierda: los Niles. Derecha: Juana Andrade y Stig Sundberg

En 1954 Adela Flower, Secretaria de Escuelas Dominicales para América Latina, vino para varios meses de enseñanza para maestros. Los estudiantes del instituto bíblico y otros creyentes salían a los barrios a celebrar cultos al aire libre e iniciar escuelas dominicales, muchas de las cuales llegaban a ser puntos de predicación e iglesias filiales.

b. Tiempos de prueba

Mientras tanto, suscitaron disensiones y tres líderes que habían servido de superintendente se separaron de las Asambleas pero siguieron en la obra del Señor. Algunas divisiones produjeron otras organizaciones pentecostales. Sacramento Cobos, pastor en Maracaibo, se separó y fundó la Iglesia Pentecostal de la Cruz, la cual tendría 50 congregaciones en el Estado de Zulia. En 1954 Ingve y Ruth Olson y su hijo Samuel dejaron las Asambleas pero mantuvieron buenas relaciones con la denominación. Fundaron en Caracas la iglesia de Las Acacías que tendría

92 REPUBLICA DE VENEZUELA

muchas iglesias filiales. En 1995 Samuel la pastoreaba aún y su madre estaba con él. Ingve trabajó allí hasta su muerte en 1973.

Los años 1956-57 vieron otra crisis. El superintendente y varios pastores se separaron y formaron la Unión Pentecostal Venezolana. Después se unieron a los Discípulos de Cristo.

Pero otra vez Dios envió avivamiento en 1957-58 a las iglesias que quedaron en las Asambleas. En Barquisimeto se juntaban las iglesias para cultos especiales de noche, y en cada grupo había oración por la mañana y por la tarde. Hubo confesión y reparación, y centenares fueron bautizados en el Espíritu.

2. Refuerzos y avance

En 1958-61 había otros problemas de disensión y en 1960 otra división formó el grupo Emmaús de congregaciones. Pero en este tiempo vinieron cuatro matrimonios de experiencia en la obra misionera: los Williams, Morris, Mock y Niles.

Rafael Williams y su esposa Joya, con 29 años de experiencia como misioneros en Centroamérica, vinieron en 1958 para 11 años aquí (con la excepción de ciertos períodos en otros países para llenar una necesidad urgente). Joya era Coordinadora de Escuelas Dominicales y daba campañas para niños y escuelas bíblicas de vacaciones. Como vicesuperintendente, Rafael visitaba las iglesias, ayudándolas a implementar principios básicos para la organización. Se revisó la constitución y se aceptó el Reglamento Local usado en Centroamérica para membresía en la iglesia.

Se estableció que todas las iglesias serían pastoreadas por ministros venezolanos, quienes serían sostenidos por los diezmos de los miembros. Los misioneros trabajarían en la enseñanza y en el evangelismo. Los diezmos de las iglesias debían sostener al superintendente para permitirle dejar el pastorado y dar tiempo completo a la supervisión de la obra.

Después de 20 años en el Perú, los esposos Wilfredo y Ruby Morris trabajarían en Caracas desde 1959 hasta 1980. Iniciaron en 1960 un instituto bíblico nocturno con 20 estudiantes, abrieron la librería Editorial Verbo en su casa, y Ruby redactaba la revista El Evangelista Venezolano. Como ingeniero profesional además de ministro, Morris supervisó la construcción de varios templos y capillas. Sirvió como tesorero de las Asambleas.

Vino del Perú para trabajar con los Morris la señorita Teresa Pachas, quien dedicaría 30 años a la obra en Venezuela. Ella y Ruby celebraban muchas escuelas bíblicas de vacaciones.

Bryan y Cecilia Mock, antes en Bolivia y de 1960 a 1970 en Venezuela, fueron a Coro, Falcón, y él serviría de presbítero.

Elmer Niles y su esposa Berniece, antes en Nicaragua, asumieron la dirección del IBC en 1960. Con amabilidad y paciencia ayudarían a sanar las relaciones y fortalecer las iglesias.

En 1960 hubo un cambio en la actitud oficial de la Iglesia Católica hacia los protestantes. Ya no los perseguía como antes. En Venezuela una nueva constitución en 1961 garantizó libertad de religión. Con estos cambios se pudo celebrar grandes campañas evangelísticas, y Dios bendijo con una cosecha abundante.

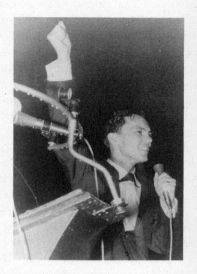

Eugeniio Jiménez predica bajo lluvia.

En 1961 un avivamiento en Caracas se extendió a otras ciudades. Las 16 iglesias pentecostales en Caracas cooperaron en una campaña de siete semanas en la Plaza de Toros con los hermanos puertorriqueños Raimundo y Eugenio Jiménez y David García. Antes de la campaña el pastor Eliodoro Mora, su esposa Flor y los miembros de su iglesia formaron una cadena de oración. Luego por varios meses 24 horas al día alguien estaba intercediendo por Caracas.

En preparación para la campaña, se repartieron 320.000 volantes y la anunciaron por radio. Dios bendijo en la salvación de almas y con grandes milagros de sanidad. Aun cuando llovía a chorros, el evangelista siguió predicando y la gente quedó escuchando. Se recibieron 2.000 tarjetas con nombre y dirección de los que aceptaron a Cristo como su Salvador.

Los evangelistas siguieron con una campaña en Valencia que resultó en la formación de cuatro congregaciones adicionales. Dios bendijo en otras campañas en Barquisimeto y Maracaibo.

En Maracaibo muchas personas de la tribu Guajira y de otras tribus cerca de la frontera colombiana oyeron por primera vez el evangelio, y se abrió la puerta para más evangelización. Un jefe invitó al evangelista a su pueblo. Millares se reunieron para escuchar el mensaje predicado

94 REPUBLICA DE VENEZUELA

desde una camioneta, y 300 se entregaron al Señor. Después, jóvenes de la Asamblea más cercana (tres horas en camioneta) venían para cultos cada semana. El matrimonio Neal y Ruby Freeman trabajaría entre estas tribus.

Mientras tanto, Dios había llamado a un joven ministro pentecostal en Suecia a Sudamérica. Después de unos años en los Estados Unidos, Stig Sundberg y su esposa Noemí llegaron a Barquisimeto en 1961. Ayudarían en el IBC y en el evangelismo por cuatro años antes de pasar a Paraguay por un tiempo.

El avivamiento continuó en 1962. En un fin de semana 21 personas en San Juan de los Morros y 40 en San Félix fueron bautizadas en el Espíritu Santo. En pocas semanas la asistencia a la Escuela Dominical en San Félix aumentó desde 15 hasta 300.

En Caracas se llenaban los templos y capillas y se abrían otros. Las Asambleas compró un almacén en el centro de la ciudad y lo refaccionó para el Centro Evangelístico con capacidad para mil personas. Los Morris lo pastorearon y dirigieron en las mismas dependencias el Instituto Bíblico Nocturno y la librería. Buen número de los miembros en el Centro Evangelístico eran de la clase profesional. Con visión misionera contribuían al IBC y a la fundación de iglesias en varias partes del país.

Rosa de Alfaro hacía buena obra como presidenta del Concilio Misionero Femenil. Había 23 grupos organizados. Cada uno tenía su comisión de visitación para animar a los creyentes y evangelizar a los no creyentes. Algunos abrían escuelas dominicales filiales. Las damas ayudaban con ofrendas a iglesias necesitadas y a los estudiantes en el IBC. Se reunían cada mes en la iglesia local para coser y hacer cosas para vender. Con el dinero llevaban a cabo varios proyectos. En 1960 se había regalado a las Asambleas un terreno para campamentos. Un proyecto del C.M.F. era ayudar a preparar las instalaciones para retiros. En 1962 el C.M.F. celebró su sexta convención anual. Juanita de González (esposa del evangelista Roberto González) fue presidenta por muchos años. En la convención de las Asambleas el superintendente Alfaro sufrió un ataque al corazón. Le sustituyó el vice superintendente Rafael Williams. Alfaro recuperó en respuesta a la oración pero no para seguir con el cargo de superintendente. Guillermo Stepp ocupó este puesto hasta 1965, cuando le sucedió Rafael Williams, y después Eliodoro Mora, pastor en Catia, Caracas. (Juan Bautista Alfaro fallecería con otro ataque cardiaco en 1975.)

Entre los que serían superintendente en los años futuros, Ilidio Da Silva era pastor en Carora, y Lucidio Rivero pastoreaba Sión en Barquisimeto y las obras en Agua Negra y Sarare.

III. ASAMBLEAS DE DIOS, 1946-1995 95

A principios de la década de los sesenta, los misioneros que trabajaban en Cuba fueron a varios otros países. Entre ellos, Roy Nylin y su esposa Doris vinieron a Venezuela en 1963 y estuvieron hasta pasar a las Islas Canarias en 1974. Por un año durante la ausencia de los Morris pastorearon el Centro Evangelístico en Caracas, administraron la librería y dirigieron el Instituto Bíblico Nocturno. Luego fueron a Puerto Ordaz, cerca de Ciudad Bolívar. Por varios años redactaron El Evangelista Venezolano.

En 1965 Arturo Lindvall, con buen ministerio internacional, dio clases en varios pueblos sobre el evangelismo por el colportaje y escuelas dominicales filiales. Como resultado el pastor Pedro Padilla dirigió a su iglesia en Punto Fijo en un programa de extensión. Pronto tenían 11 escuelas filiales.

Obreros de la Sociedad Bíblica visitaban las iglesias y daban clases sobre el colportaje bíblico. Los misioneros y pastores enseñaban cursillos bíblicos y sobre el evangelismo personal. Joya de Williams y otras promovían el evangelismo infantil. Ruby de Morris enseñaba cursillos en las iglesias. Rosa de Alfaro enseñaba a los grupos del C.M.F. tocante a su ministerio.

Sin embargo, no habían terminado los problemas. En 1967 un ex superintendente de la obra se separó de las Asambleas, llevando consigo a ocho iglesias, sus pastores y algunos obreros laicos.

A pesar de los problemas, la obra sobrevivió y creció. El nuevo cuerpo ejecutivo consistía de: Eliodoro Mora, superintendente; José Rosario Rodríguez, vice; Lucidio Rivero, secretario; Elmer Niles, tesorero; José Castillo Mora, vocal. Presbíteros: Bryan Mock, Roy Nylin, Luis Sáez, Ilidio Da Silva, Robinson Rosillón.

En 1968 había 80 ministros venezolanos en 75 iglesias organizadas y 50 puntos de predicación, con 5.000 miembros. Elmer Niles dirigía el instituto bíblico en Barquisimeto. Hilda Meyrick seguía como miembro del cuerpo docente. Juana Andrade dirigía a 30 estudiantes en cursos por correspondencia. Rafael Williams y su esposa Joya habían abierto institutos bíblicos nocturnos; seis funcionaban en 1968 con una matrícula total de 140. Los Freeman estaban en Maracaibo y enseñaban en los institutos nocturnos. Los Morris dirigían el Centro Evangelístico en Caracas. Y los Mock se alegraban al ver avivamiento en el Distrito de Falcón.

Los Embajadores de Cristo, el Concilio Misionero Femenil y la Sociedad de Obreros Laicos todos tenían su organización nacional. Celebraban confraternidades, convenciones anuales, y actividades en los puntos

96 REPUBLICA DE VENEZUELA

de predicación. El pastor Jorge Woodberry fundó para los muchachos el programa de los Exploradores del Rey y sirvió de Comandante Nacional por más de 20 años. Un terreno fue donado para un campamento juvenil.

En 1969 Eliodoro Mora era presidente de una Comisión de Evangelismo interdenominacional. Se dividió el área metropolitana en cuatro zonas y se celebraron vigilias de oración en las iglesias. Hubo cultos al aire libre y dos semanas de saturación con literatura en cada zona, luego campañas de cuatro días en cada una. En este esfuerzo unido se registraron: 113 cultos al aire libre, 5.600 hogares visitados, 40.000 porciones bíblicas y 110.000 folletos repartidos, 3.530 Biblias y Nuevos Testamento vendidos, y 1.020 decisiones para Cristo.

A fines de 1958, las Asambleas tenía 45 ministros venezolanos, 45 iglesias, 115 puntos de predicación y 2.347 miembros. En 1962 había 76 ministros, 52 iglesias organizadas, 26 puntos de predicación, 3.141 miembros adultos y 2.192 otros adherentes; 1.697 habían sido bautizados en el Espíritu Santo.

En 1969 había 88 obreros nacionales, 76 iglesias organizadas, 134 puntos de predicación, 3.080 miembros, 1.300 otros adherentes y 6.500 en la Escuela Dominical. El IBC tenía 27 alumnos y había 75 en 5 institutos nocturnos.

En la década de los '70 casi se triplicó. En 1970 había 103 ministros, 91 iglesias, 139 puntos de predicación, 4.440 miembros adultos y 6.000 en las escuelas dominicales. Una parte del éxito fue el esfuerzo redoblado en la preparación de obreros.

3. Preparación de obreros

a. En institutos bíblicos

Desde la fundación del Instituto Bíblico Central en 1948, casi todos los misioneros y muchos ministros venezolanos por los próximos 20 años trabajaron en él en un tiempo u otro. Y los Olson daban clases nocturnas en Caracas.

La década de los '60 era tiempo de revolución educacional en muchos países, con la multiplicación de escuelas nocturnas y estudios por correspondencia en el mundo secular. La iglesia no debía quedarse atrás en la preparación de obreros.

En 1960 el Comité de Estudios sobre Institutos Bíblicos en Latinoamérica (CEIBAL) elaboró un plan básico de estudios a nivel universitario para la preparación ministerial. Consistía de seis cursos de cuatro meses cada uno, con una adaptación para escuelas nocturnas. El plan se implementaba en seminarios regionales.

En 1962 el IBN en Caracas tenía 27 alumnos en un programa de tres

III. ASAMBLEAS DE DIOS, 1946-1995

años. Enseñaban los Morris, Valentín Vale, Teresa Pachas y Abraham Hance y señora. Tenían tres horas de clases dos noches a la semana por 16 semanas del año. Mientras tanto, el instituto diurno en Barquisimeto tenía 18 estudiantes en un programa de tres años con clases cinco días a la semana.

En 1963 se celebró en Barquisimeto un seminario para personal de institutos bíblicos y líderes de la obra de Colombia y Venezuela. La Coordinadora de Institutos Bíblicos para América Latina, Luisa Jeter de Walker, presentó el plan básico de estudios para los institutos bíblicos asambleístas y su adaptación para institutos nocturnos. Antes algunos habían visto los institutos nocturnos como competencia con el IBC. Ya los veían como valioso medio complementario de preparación para obreros laicos y pastores, algunos de los cuales vendrían para completar su preparación ministerial en el IBC.

Seminario sobre institutos bíblicos, Caracas, 1963 (*Personas que servirían de superintendente) Delante, izq. a der.: Hilda Meyrick, Martha de Bartel, Luisa de Walker, Ruby de Morris, Joyce de Stepp, Rosa de Alfaro, Berniece de Niles, Teresa Pachas, Paulina de Stewart. Segunda fila: Stig Sundberg, Alva Walker, David Womack, Verlin Stewart, *Juan B. Alfaro, *Lucidio Rivero, *Ilidio Da Silva, Wilfredo Morris, Elmer Niles, *Arturo Gil. Tercera fila: *Guillermo Stepp, Lorenzo Triplett, *Ramón Bejarano, Angel Sardis, Caleb Rivero, Pedro Amaro, Rubén Aguirre.

Los Nylin *Templo y librería en Puerto Ordaz*

En el interior, Guillermo Stepp y su esposa Joyce abrieron un instituto bíblico nocturno en Ciudad Bolívar, y los Nylin (con la cooperación del pastor Juan Véliz en San Félix) abrieron otros en Puerto Ordaz y San Félix. Los Williams fueron a la costa noroeste y en 1966 abrieron institutos nocturnos en Maracaibo y Cabimas. Enseñaban dos noches a la semana en cada uno. Dirigían otros institutos nocturnos los Mock y Arturo Gil en Coro y Punto Fijo, y Juan Alfaro uno en Maracay.

El IBC sufrió un golpe fuerte con la muerte trágica de su director Elmer Niles una noche en 1968. Su coche se desplomó al río por un puente caído. Rafael Williams lo sucedió como director en 1968-69, Ilidio Da Silva era el subdirector. La señorita Myrna Wilkins enseñaba en el IBC desde 1968. Otros maestros eran Hilda Meyrick, Juana Andrade, Bernice de Niles, Antonio Mejías y Marta Zárraga, secretaria de la Sociedad de Ex-alumnos.

Lyle Thomson y su esposa Dorene (1967-73 en Venezuela) siguieron a los Williams en la dirección del IBC de 1969 a 1973, cuando irían a Colombia. En 1969-70 hubo un avivamiento en el IBC y los alumnos salían con ánimo para predicar. Una iglesia pequeña había perdido todos menos dos de sus miembros, pero pronto tenía 60 en la Escuela Dominical.

Stig Sundberg, con su esposa Noemí, dirigió el IBC otra vez de 1973 a 1975. Luego Agapito Morales, el primer venezolano en desempeñar este cargo, rindió buena labor aquí de 1975 a 1984. Le sucedió Eladio

III. ASAMBLEAS DE DIOS, 1946-1995 99

León hasta 1992, cuando fue electo Agustín Alseco, quien tenía este ministerio aún en 1995.

Para 1982 se contaría con un instituto bíblico diurno (el IBC) y 10 nocturnos, con un total de 400 estudiantes. No seguían necesariamente el Plan Básico. Cada uno podía ajustar su plan de estudios a lo que se consideraba más necesario.

c. Estudios por correspondencia

Algunos obreros se preparaban por medio de estudios bíblicos por correspondencia. Juana Andrade dirigía este programa. Se utilizaban los cursos de la Escuela Bereana publicados por Editorial Vida. Después se añadieron los cursos del Instituto Internacional por Correspondencia. En 1970 Wilfredo Morris fue nombrado director nacional del IIC, con su oficina en el Centro Evangelístico en Caracas hasta 1980. Después de unos años sin director, este trabajo fue encomendado a Judy de Santiago.

d. El Instituto de Superación Ministerial

El profesorado ambulante del Instituto de Superación Ministerial (ISUM) dio un curso regional en Venezuela en 1970 y otro en 1976. Entre cursos los ministros y líderes matriculados en este programa posgraduado realizaban estudios y proyectos especificados en el plan de estudios.

4. Medios de evangelismo

a. La literatura

Ya hemos visto que el colportaje era medio de evangelismo aun en el siglo 19. Y en el siglo 20 las iglesias usaban la literatura en el evangelismo. En Coro y otros pueblos, los Mock usaban el método de visitación sistemática por parejas de creyentes para la distribución de literatura y el evangelismo personal. En un año obsequiaron o vendieron 192.000 entidades de literatura: anuncios, folletos, porciones bíblicas, Nuevos Testamentos y Biblias.

En 1963, las Asambleas tenía la Librería Peniel en San Felipe. En 1970, había dos librerías en Caracas y una en Puerto Ordaz. En 1971 vino Vaud Giese y administraba una en Ciudad Bolívar.

En 1971, un grupo de jóvenes norteamericanos ayudó a jóvenes locales en el evangelismo. Visitaron 1.223 hogares en Ciudad Guayana y distribuyeron 4.709 piezas de literatura; 400 personas acceptaron al Señor. Los jóvenes locales hicieron el trabajo de seguimiento para integrar a los nuevos convertidos en la iglesia.

b. Campañas y nuevas obras

La obra en El Tigre, Anzoátegui, empezó en un campo petrolero. John Askew donó terreno a las Asambleas de Dios. Daniel Maser y su esposa

100 REPUBLICA DE VENEZUELA

Betty vinieron en abril de 1972 para iniciar la iglesia. Habían servido en Cuba, y luego por 10 años en Honduras.

Vinieron de los Estados Unidos 13 jóvenes y su supervisor en el programa Embajadores en Misión. Por tres semanas trabajaron en la visitación y en cultos cada noche. Dios bendijo y pronto hubo una buena congregación. Después Juan Bueno vino de Centroamérica, y Raimundo Olmeda de México para campañas breves pero bendecidas.

Dentro de un año la iglesia en El Tigre inició cultos en El Tigrito, un pueblo cercano. Betty de Maser tenía cultos de damas de la compañía petrolera y Daniel ayudaba a iniciar la obra en Mérida. En una campaña con las evangelistas Cordelia Donnell y Mildred Holler, 16 fueron bautizados en el Espíritu Santo. La capilla quedaba chica y buscaban sitio para templo en El Tigre.

Betty ministraba en inglés a un grupo de personas de Guyana que recién aprendían el español. Daniel visitaba las iglesias y bautizaba en agua a los que habían completado sus estudios para ser miembros. Pudo bautizar a algunos en una penitenciaría.

En 1972 el Congreso Intercontinental de las Asambleas de Dios en Caracas sirvió de bendición y ánimo. Empezó con el Congreso de Evangelismo. Por tres días nueve líderes destacados dieron clases sobre el evangelismo. Entre ellos estaba Lucas Muñoz, presidente del Comité de Evangelismo de la Zona Sur de América Latina.

En seguida se celebró el Primer Congreso Juvenil de las Asambleas de Dios en América Latina y el Caribe con el evangelista internacional Juan Romero. Para este tiempo los Embajadores de Cristo en Venezuela contaban con 1.500 miembros y tenían buena representación. Además de asistir a las clases, los jóvenes salían a evangelizar por el día, luego de noche participaban en una campaña con Juan Romero, Lucas Muñoz, Nicky Cruz y otros. Después se dieron campañas por todo el país.

Campañas en Upata y en Puerto la Cruz resultaron en la fundación de nuevas iglesias en 1975-76.

Mientras tanto, muchas iglesias nacían de escuelas dominicales filiales y puntos de predicación. En Caracas, de las dos iglesias en 1959, las Asambleas tenía 33 en 1977. Algunas habían resultado de campañas, pero la mayoría eran iglesias filiales.

c. La radio

En varias ocasiones se habían dado por radio anuncios de campañas. Para 1973 Eliodoro Mora dirigía un programa en Caracas, los Maser tenían uno en El Tigre, y el del "Hermano Pablo" Finkenbinder se difundía en Puerto Ordaz. Para 1994 su programa, Mensaje a la Conciencia, se difundía en 20

III. ASAMBLEAS DE DIOS, 1946-1995 101

emisoras de radio, una de televisión y salía en seis periódicos. Iglesias en varias ciudades tenían sus propios programas locales.

5. Misiones domésticas

La obra asambleísta entre la tribu Guajira empezó en 1962 cuando unos miembros fueron convertidos y sanados en una campaña evangelística en Maracaibo. Volvieron a su pueblo y esparcieron las buenas nuevas. Para 1968 había entre ellos dos iglesias principales y 400 creyentes. Robinson Rosillón fundó la iglesia Siloé en Maracaibo y sirvió de presbítero del Distrito Occidente.

En 1966 había nuevos campos misioneros. Un pastor anciano en la Isla de Margarita (donde había 76 pueblos) pidió ayuda. Estaba muy decaída la obra. Se celebraron varias campañas y Raúl Pino y su esposa fueron a pastorear la nueva obra.

Tito Rodríguez fue enviado como misionero del Distrito Oriente para levantar obra en Tucacas y Boca Aroa.

En 1972 ya existía una buena obra en Guajira Venezolana, y un joven guajiro se graduó del instituto bíblico.

Desde 1977 un graduado del instituto bíblico trabajaba desde Puerto Ayacucho en una tribu autóctona en el suroeste del país. El área era alcanzable sólo por aire, canoa o a pie. Un jefe bilingüe convertido cooperaba en la evangelización de su pueblo.

C. CRISIS Y CRECIMIENTO, 1977-1995

1. Tiempos difíciles

Los problemas socio-económicos de un país afectan las actitudes de los ciudadanos. Venezuela había sido (con Uruguay) una de las dos naciones más prósperas en Latinoamérica. Pero declinó la demanda por petróleo y hierro en el mercado nacional y el estado económico de la nación sufrió mucho. Había problemas políticos y resentimiento contra los extranjeros.

Pero la iglesia oraba, y Dios contestaba la oración. Angel Hernández dirigía el Movimiento de Intercesión por Venezuela. En tiempos difíciles la gente suele ser más receptiva a la Palabra de Dios. Muchos aceptaban al Señor en campañas evangelísticas.

2. Entre los líderes

En 1976 Ramón Bejarano, pastor de la iglesia Hermón en Caracas, llegó a ser superintendente y fueron reelectos Ilidio Da Silva, vice; Lucidio Rivero, secretario; Wilfredo Morris, tesorero. Los vocales eran Arturo Gil y Agapito Morales.

102 *REPUBLICA DE VENEZUELA*

En 1978, Ilidio Da Silva fue superintendente. Era tiempo de mucha tensión. Al cabo de un año Ilidio presentó su renuncia, y Arturo Gil lo sucedió. Después de un tiempo la iglesia nacional envió a los Da Silva a Paraguay como misioneros por un año.

Valentín Vale Navarro, cuñado de Ilidio, había trabajado por años en el Centro Evangelístico en Caracas, primero como pastor adjunto, después como el pastor principal. En 1979 Vale, con el Centro, otros pastores y sus iglesias dejaron las Asambleas y formaron una confraternidad. Ilidio Da Silva salió y siguió pastoreando en Barquisimeto. Pero él y su iglesia tenían buenas relaciones con las Asambleas.

De nuevo Dios bendijo a pesar de los problemas. Hacia fines de 1979 se dieron múltiples campañas evangelísticas simultáneas para iniciar nuevas iglesias. Resultaron casi 50 grupos nuevos.

En 1980 Ramón Bejarano fue electo superintendente y ocupó este cargo hasta 1993, cuando lo sucedió Eliodoro Mora.

3. Resumen de progreso

Ramón Bejarano anotó los siguientes logros nacionales que se alcanzaron durante los 15 años que fue superintendente nacional.

1. Se compra la oficina de las Asambleas de Dios en Caracas.
2. Se forman cinco distritos nuevos: Metropolitano, Llanos Occidentales, Andino, Sur Oriente y Nor-Oriente.
3. Se reanudan las relaciones con la Misión de Estados Unidos, para el envío de nuevos misioneros.
4. Se establecen 12 institutos bíblicos regionales.
5. Se funda la Asociación de Profesionales y Técnicos.
6. Se funda la Agrupación de Evangelistas.
7. Se definen las normas de conducta cristiana.
8. Se inician los Encuentros de Esposas de Ministros a nivel nacional.
9. Se lleva a cabo el programa Extendiendo el Reino de Dios.
10. Se inician los pasos para la Década de la Cosecha.
11. Se forman las bases para el Departamento de Misiones Foráneas.
12. Nace el Movimiento de Intercesión por Venezuela.
13. Se lleva a cabo una fuerte motivación a la preparación intelectual de los ministros. Más de 300 se graduaron en menos de tres años con títulos de Bachiller. Después, unos 60 obtuvieron en la Universidad su Licenciatura en Sociología, y muchos sacaban su Maestría en esta rama.
14. En 1976 había 170 ministros acreditados a nivel nacional. En 1992 había 864 ministros con credenciales nacionales y más de 500 con credenciales de obreros locales.

III. ASAMBLEAS DE DIOS, 1946-1995 103

4. En cuanto a misioneros

a. Misioneros norteamericanos

En 1980 salieron de Venezuela siete misioneros. Los Morris se jubilaron. Guillermo y Evealie Reeves fueron a Chile. Seguirían en la obra misionera aún en 1995 los Maser en las Islas Canarias y Myrna Wilkins en Colombia.

Hilda Meyrick se quedó en Venezuela hasta su muerte a la edad de 81 años en 1982. Los Stepp siguieron aquí hasta jubilarse en 1984. Los Sundberg volvieron en 1980, pero Stig se enfermó y fueron a los Estados Unidos, donde él falleció en 1982. Vaud Giese quedó en Ciudad Bolívar hasta su muerte en 1984.

En 1980 la iglesia nacional solicitó la venida de otros misioneros. En una convención nacional se oró por el tipo de misioneros que serían sus colaboradores en la viña del Señor. Fue tiempo provechoso, y se estipularon ciertos principios generales como guía para el trabajo de los que vinieran.

1. Trabajarían al lado de los venezolanos como colaboradores, bajo la supervisión del superintendente y el presbiterio general.
2. Fundarían iglesias en los estados de Mérida, Táchira y Trujillo (región andina).
3. Pondrían todo lo que compraran a nombre de la obra nacional, y no a nombre de la misión.
4. Una vez establecidas las nuevas iglesias, las entregarían a pastores venezolanos.
5. Si alguno deseaba ir a otro lugar que no fuese la región andina, lo podría hacer, previo acuerdo con el superintendente y el presbiterio general.
6. Se podrían establecer en la región andina institutos bíblicos, según la necesidad y el progreso de la obra, previo acuerdo con el superintendente y el presbiterio.

Pasarían casi tres años antes de venir más misioneros, pero no se detuvo por eso la obra del Señor. Entre 1980 y 1983 amaneció un nuevo día para la obra en Venezuela, con un espíritu de comprensión y cooperación entre obreros.

b. Misioneros venezolanos

En la convención de 1981 nueve misioneros venezolanos informaron sobre su obra en varias partes del país. Arturo Gil fue electo para tiempo completo como director de misiones. La iglesia nacional asumió la responsabilidad financiera para el Hogar Renacer (del Reto Juvenil). El pastor Jesús Pérez y la iglesia Arca de Noé en Caracas habían fundado este centro de rehabilitación para drogadictos. Desde la región de Mérida tres representantes del Distrito Occidente solicitaron misioneros. Se les prometió que los nuevos misioneros Marcus Grisbee y su esposa Nancy irían allí. Se adelantó la causa de misiones con la formación del Departamento de Misiones Foráneas.

En 1982 un directivo de misiones funcionaba en cada distrito. David García fue nombrado Director de la Agrupación Nacional de Evangelistas. Cursillos sobre misiones ampliaban la visión.

Para 1983 las Asambleas de Dios de Venezuela había enviado a 17 misioneros a varias áreas no evangelizadas y a una misionera a la isla de Aruba frente a la costa de Venezuela. Más tarde apoyaría a la joven Maribel de Uche, de la iglesia de Olivar de Caracas, para un ministerio con su esposo Uvaldo en una nación africana.

c. Nueva generación de misioneros

Desde 1983 a 1994 vino una nueva generación de misioneros norteamericanos. Los primeros fueron los matrimonios Marcus Gayle Grisbee y su esposa Nancy, Jaime y Jill Susa (antes en el Ecuador), Jaime y Susana Bolding y José Miguel y Judy Santiago.

¡Respaldo para nuevos misioneros! Atrás: Lorenzo Triplett, Director de Misiones Foráneas de las Asambleas de Dios de los E.U.A.; Pablo Hutsell, Director Regional de Misiones; y miembros del Presbiterio General. Delante, los nuevos misioneros: Daniel Bombay, Jaime Susa, Gayle Grisbee, Jaime Bolding

Los Grisbee, Bolding y Susa fueron a Mérida, donde fundaron una iglesia y trabajaban en la evangelización de esa región.

Para entonces la población en el área metropolitana de Caracas había aumentado a más de 5.000.000. Las iglesias en la capital pedían ayuda. Miguel Santiago y su esposa Judy vinieron a fines del año 1985 después

III. ASAMBLEAS DE DIOS, 1946-1995   105

de 19 años de ministerio en Panamá y Ecuador. Con una campaña de meses fundaron una iglesia en el centro de Caracas. La congregación crecía, pero no se les permitió renovar el contrato por el local. Alquilaron un teatro desocupado, pero más tarde este se vendió. La congregación estaba "en la calle". Cada noche tenían unas cinco horas de culto en una plazuela. Muchas personas se convertían. Después alquilaron otro teatro para un culto a la semana hasta hallar propiedad en el área opulenta donde ministraban. Judy dirigió el programa nacional del IIC hasta 1994 cuando saldrían para ir al Africa.

Los Grisbee trabajaron con los creyentes y pastores en Mérida en preparación para campañas en esa región. Había cultos al aire libre cada noche en varias aldeas, y 125 creyentes fueron de casa en casa testificando del Señor. Tuvo buenos resultados en 1987 la campaña en Mérida con Jaime Susa de evangelista. Se dio en un teatro abandonado. Por nueve días 31 jóvenes norteamericanos ayudaron en los cultos, la visitación y en matricular a los interesados en cursos del IIC.

En cinco meses de esfuerzos evangelísticos en Mérida en 1990, se distribuyeron más de 35.000 folletos y porciones bíblicas.

De 1987 a 1994 vinieron seis matrimonios adicionales. Raúl y Noemí Ortiz fundaron otra iglesia en Mérida. Daniel y Esther Bombay, antes en Nicaragua, fueron a Chapellín, Caracas.

Marco y Ana Santos pasaron al estado Táchira con los Bolding y fundaron la obra en Valera y San Cristóbal respectivamente. Melvin y Betty Todd enseñaron en el IBC hasta pasar a trabajar en la oficina internacional del IIC. Gary y Patricia Heiny fueron a Caracas y trabajaban en todo el país en la predicación y la construcción de templos con equipos que venían de los Estados Unidos. Tenían por colaborador e intérprete a Abraham Bejarano.

Después de siete años en Argentina, Daniel Campbell (hijo de Norman y Ana María) y su esposa Janell vinieron a Caracas. En 1994 iniciaron una iglesia entre profesionales en la capital.

Hombres, mujeres y jóvenes vinieron del extranjero para ayudar a construir templos. Bob Wolverton y su esposa Mary en cinco años después de jubilarse de su empleo secular, habían supervisado la construcción de 47 templos en Sudamérica. En San Cristóbal, Venezuela, coordinaron el trabajo de una sucesión de 30 equipos en la construcción del Centro Cristiano. El edificio serviría para templo, instituto bíblico, una escuela primaria y estudio para los programas diarios de radio. Unos misioneros costarricenses trabajaban aquí en 1989.

106 REPUBLICA DE VENEZUELA

3. Obreros fieles

El crecimiento de las Asambleas de Dios se debe a la obra del Espíritu Santo a través de obreros fieles. Es larga la lista de los que hemos mencionado, y más larga la lista de los ejecutivos, pastores, evangelistas, fundadores de iglesias, presbíteros, maestros y directores de programas que merecen nuestra mención. Citamos unos pocos representantes de estos aspectos de la obra. En la variedad de programas notamos el valor de la organización para involucrar a todo creyente en la obra de Dios. Además de los trabajos citados, muchos de estos líderes eran miembros del directivo en su distrito o servían en el ejecutivo nacional.

El presbítero Juan Tovar dirigió por varios años el programa Extendiendo el Reino de Dios en Venezuela. El pastor Manolo Fuentes también sirvió de coordinador nacional de este programa.

Luis Pérez fue pastor de la misma iglesia Salem, de Caracas, por más de 20 años. El doctor Rafael Pérez asesoraba el colegio con 100 alumnos en Caracas, del Templo Pentecostal de Catia.

David Uribe fue presbítero, misionero y fundador de iglesias.

El presbítero Pedro García fue presidente nacional de los Obreros Locales y director del Departamento de Escuela Dominical. Más tarde Heberto Camacho fue director de este departamento.

Fredy Pérez sirvió de Director de Misiones en su distrito y director nacional de Escuela Dominical. Fredy Dávila fue director del Instituto Bíblico Metropolitano y presbítero del distrito.

El presbítero Raúl Pino fue presidente nacional de los Embajadores de Cristo y dirigió el Comité de Evangelismo.

Germán Bejarano, profesor del IBC, fue Presidente de Misiones.

Odelicia Sánchez fue pastora y presidenta nacional del C.M.F. Beda Rodríguez, evangelista y profesora de instituto bíblico, trabajó con la Escuela Dominical y el Departamento de Educación. Mireya de León, profesora de instituto bíblico, fue presidenta del C.M.F. Beatriz de Bejarano fue presidenta de los Encuentros Nacionales de Esposas de Ministros que se celebraban cada año.

El Dr. Henry Chirinos, juez y director de liceo, fue presidente de la Asociación de Profesionales y Técnicos del Concilio.

Miguel Terán, pastor y profesor de instituto bíblico, fue Presidente de Misiones en su distrito. Asunción Valero trabajó como colportor bíblico y pastoreó por muchos años hasta su jubilación. El maestro Isidoro Vázquez fue promotor nacional de evangelismo en Venezuela por más de 30 años. Alexis Rodríguez fue presidente de la Agrupación de Evangelistas de Venezuela.

III. ASAMBLEAS DE DIOS, 1946-1995 107

Víctor Tovar y Roberto González sirvieron de presidente de los Obreros Locales. González también redactó el órgano oficial.

Roque Leal, profesor del IBC, fue misionero en la Guajira. Luis Rodríguez fundó el centro de rehabilitación para drogadictos Reto a la Juventud en Caracas.

4. ¡A seguir aprendiendo!

El crecimiento de la iglesia abarca el crecimiento espiritual, numérico y geográfico. También es importante el crecimiento intelectual de sus líderes para afrontar los retos cambiantes del mundo que los rodea. ¡Siempre hay que seguir aprendiendo!

En 1985, tres venezolanos recibieron del ISUM su Licenciatura en Teología: Ezequiel Mora, José Cabrera, y Agapito Morales. Más tarde se celebraba un seminario del ISUM en Venezuela cada año.

Además, profesores del Servicio de Educación Cristiana para la América Latina y el Caribe celebraron seminarios para escritores y para líderes de los varios departamentos de la iglesia.

El deseo de un ministerio más eficaz en cualquier nivel de la sociedad llevó a muchos pastores a seguir estudiando. Y no se descuidaba el crecimiento espiritual.

En 1991 se celebró en Barquisimeto el Congreso Pentecostés Actualizado con una asistencia de 5.000 personas. La dirigió Norman Campbell, Coordinador de la Década de la Cosecha en América Latina y el Caribe. Los conferencistas venían de varios países. ¡Algunos ancianos que recordaban los sacrificios de Teodoro y Kathryn Bueno en Carora se emocionaron al oír los mensajes de dos de sus hijos! Elmer Bueno era evangelista internacional; Juan era Director de Misiones de las Asambleas de Dios de los Estados Unidos para Latinoamérica y el Caribe.

D. RETROSPECCION Y PERSPECTIVA

Las Asambleas de Dios de Venezuela ha sufrido mucho por las disensiones y divisiones. Por lo general no eran por diferencias doctrinales sino por asuntos del gobierno de la iglesia y de las normas en cuanto al vestir, el pelo y cosas por el estilo.

Parecía una tragedia cada vez que se dividía la obra, pero las nuevas organizaciones trabajaban en la extensión del evangelio y se adelantaba el reino de Dios. En 1980 empezó una nueva era de armonía y cooperación productiva, y la obra seguía creciendo.

En los años siguientes el avance era halagador y se podía observar cómo todos se esforzaban para alcanzar nuevas metas en la Década de la Cosecha.

COLOMBIA

Con Judy Bartel de Graner

REPUBLICA DE COLOMBIA, 1994

El país

Area: 1.138.914 km^2
Población: 34.296.000
Capital: Santafé de Bogotá

Las Asambleas de Dios

Ministros y obreros laicos: 681
Iglesias: 228
Anexos: 295
Adherentes: 112.294
Institutos bíblicos: 3
  Matrícula: 795
Escuelas por extensión: 15
  Matrícula: 577

BOSQUEJO

I. **A MIRAR EL CAMPO**
II. **PRINCIPIOS PENTECOS-TALES**
   A. Sogamoso el semillero, 1932-54
      1. Dios prepara el terreno
      2. Los primeros pentecostales
      3. Refuerzos y progreso
      4. Se pasa la antorcha
      5. A sobrevivir La Violencia
   B. Siembra extendida, 1955-69
      1. ¡A la capital!
      2. Preparación de obreros
      3. Nueva base en Cali
      4. Un nuevo día amanece
      5. Organización nacional
      6. Refuerzos y crecimiento
      7. Institutos bíblicos
      8. Campañas para la extensión
      9. ¿Acercamiento u oposición?
      10. Métodos de extensión
      11. Ayuda para la siembra
      12. Progreso en el cultivo
III. **CULTIVO Y COSECHA: 1970-95**
   A. Administración nacional
      1. Liderazgo nacional
      2. Distritos organizados
      3. Departamentos organizados
   B. Crecimiento en la obra
      1. Papel de la enseñanza
      2. Extensión geográfica
      3. Medios de crecimiento
   C. A pesar de las pruebas
      1. Conflictos internos
      2. Río de muerte en Armero
      3. Guerrilla y terrorismo
   D. Retrospección y perspectiva

Se siembra la Palabra de casa en casa.

Los pioneros Eduardo y Adah Wegner

110 *COLOMBIA*

I. A MIRAR EL CAMPO

Colombia es una tierra de impresionantes contrastes. Tres cordilleras de majestuosas montañas forman su columna vertebral; sus nevados y volcanes separan las selvas del Pacífico de las llanuras orientales. Grandes ríos la atraviesan, y cada región se destaca por su cultivo especial.

Los colombianos también guardan sus distintivos. Aunque después de la conquista española las tribus más grandes se mezclaban con los españoles y los africanos, más de 70 tribus preservan aún su cultura e idioma. Colonias de alemanes, judíos, orientales, árabes y otros prestan su colorido al contraste colombiano. Cada región mantiene su característica. Se dice que la gente costeña es alegre, la antioqueña negociadora, la santafereña seria y estudiosa.

Colombia siempre ha luchado por defender sus ideales, pero a veces el celo por defender su ideal resultaba en pelea entre hermanos. Un triste conflicto entre los partidos políticos en el siglo diecinueve le costó a Colombia más de 100.000 víctimas. La infame Violencia cobró el doble de 1948 a 1962. Más tarde la guerrilla y el narcoterrorismo costarían millares de vidas.

La religión oficial era la católicorromana, sellada con el Concordato de 1887 entre Roma y Colombia. Así que, a un ambiente poco receptivo llegaron los primeros evangélicos. La Sociedad Bíblica Británica y Extranjera envió al renombrado agente escosés Diego Thompson a Colombia en 1825.

Por muchos años la Iglesia Presbiteriana era la única denominación evangélica en Colombia. Entraron en 1856, y en 1893 su misionero Henry B. Pratt tradujo la Biblia a un español moderno. Hicieron buena obra en sus escuelas y centros médicos, y en 1900 contaban con 2.000 adherentes.

Esos primeros esfuerzos abrieron surcos para la siembra de la Palabra por otras misiones. Llegaron la Misión de la Alianza Evangélica en 1906, la Unión Evangélica Misionera en 1908 y la Alianza Cristiana y Misionera en 1923. Pero sólo desde 1930, con el Partido Liberal en poder, podían obtener reconocimiento del gobierno las iglesias protestantes.

II. PRINCIPIOS PENTECOSTALES, 1932-69

A. SOGAMOSO EL SEMILLERO: 1932-54

1. Dios prepara el terreno

Los campos fructíferos de Boyacá, hermoso departamento al nordeste

II. PRINCIPIOS PENTECOSTALES, 1932-69 111

de Santafé de Bogotá, eran famosos por las papas y cebollas que iban a los mercados de la capital; pero faltaba aún en 1920 siembra más importante, la de la Palabra de Dios entre sus pobladores. El cristianismo sólo se conocía distorsionado, entremezclado con viejas tradiciones de la tribu Chibcha.

A casi 3000 metros sobre el nivel del mar, Sogamoso, la capital del departamento, yacía en tinieblas espirituales, aunque su nombre significa en chibcha Ciudad del Sol. Pero entre sus 20.000 habitantes algunos anhelaban la luz. Y Dios se la envió.

Un hombre de Sogamoso consiguió un libro escrito por el predicador inglés Charles Spurgeon. Por medio de su lectura, entregó su vida al Señor. Después tuvo una visión de Cristo que derramaba su sangre para salvarlo. ¡Dios mismo le enseñó y lo llamó a predicar! Sin haber visto una Biblia jamás, ni haber hablado con un evangélico, predicó a centenares. Dos años después de su conversión se encontró con misioneros de la Iglesia Presbiteriana y obtuvo su primera Biblia.

En la década de 1920 un misionero presbiteriano, Alejandro Allan, visitó Sogamoso y encontró un núcleo de personas abiertas al evangelio. Luego desde Bogotá donde enseñaba, Allan viajaba en ómnibus los 250 kilómetros a Sogamoso para tener cultos, y varias familias se convirtieron. Un grupo de creyentes salía a esperar su llegada y la anunciaba por la explosión de cohetes. Al oírlo, la gente sabía que debía reunirse para un culto.

2. Los primeros pentecostales

Mientras tanto, unos misioneros pentecostales en Venezuela sentían el llamado de Dios a Colombia. Adah Winger había trabajado 16 años en Venezuela. Se casó con Eduardo Wegner, misionero y constructor, y pasaron a Colombia en 1932. Los misioneros presbiterianos en Santafé de Bogotá los recibieron bien y les entregaron la responsabilidad de la obra en Sogamoso y el departamento de Boyacá con 500.000 habitantes sin misionero evangélico residente. El evangelista venezolano Buenaventura Angulo y su familia vinieron para ayudarlos por seis meses. El domingo de Ramos, 3 de abril de 1933, los Wegner reunieron a los creyentes, y con el ferviente mensaje de Buenaventura Angulo, celebraron el primer culto pentecostal en Sogamoso. Compraron una propiedad, y Wegner edificó la primera capilla evangélica en el departamento de Boyacá. La inauguraron el 3 de mayo de 1934.

Siguieron años de oposición por folletos difamadores, artículos en el periódico que ridiculizaban el evangelio y amenazas de excomunión a los que simpatizaban con el evangelio.

112 COLOMBIA

Pero en medio de la oposición la iglesia creció. Los creyentes pasaban horas en oración. Muchos fueron bautizados en el Espíritu Santo, y se manifestaban los dones del Espíritu. En 1935 el hombre que sin Biblia había predicado el evangelio en Sogamoso recibió la experiencia pentecostal en esta ciudad.

Entre los primeros creyentes se hallaban José M. Moreno (cuyo sobrino Octavio Moreno llegaría a ser un destacado pastor), y el acaudalado anciano, Benito Vega, quien siempre abría su casa que daba a la plaza central para las reuniones. Cuando se les negó a los evangélicos el enterrar a sus difuntos en el cementerio, él obsequió un terreno para el Cementerio Evangélico.

3. Refuerzos y progreso

a. El Colegio Americano de Sogamoso

En aquella época todas las escuelas públicas eran de la Iglesia Católica, que enseñaba su doctrina y obligaba a los alumnos a asistir a la Iglesia Católica. Era importante que los evangélicos tuvieran colegios para sus hijos. Cuando los esposos Wegner llegaron a Sogamoso, un pequeño colegio ya funcionaba en casa de un creyente. Hacía falta un colegio más adecuado.

En 1937 llegaron tres misioneros nuevos. Oscar P. Smith se dedicaría al evangelismo, mientras las señoritas Beulah Matteson y Dolores Redman reorganizarían el colegio y enseñarían en él. La habilidad de Dolores en la música y en obras manuales fueron de mucho provecho, y los estudiantes la querían mucho.

En 1938 llegó la señorita Minnie Madsen para ayudar en el colegio. Había trabajado en Venezuela por 10 años, una parte del tiempo con Adah Winger. Dios la trajo a buena hora porque poco después de su llegada Beulah Matteson tuvo un problema físico y volvió a su tierra. En 1939 llegó Howard Coffey, quien se casaría con Ruth Feuerstein, sobrina de Adah. Trabajaría en el evangelismo y la enseñanza. En 1940 Dolores Redman pasó a Cuba.

El colegio ya era medio de evangelismo para padres inconversos que matriculaban a sus hijos en él. Entre ellos estaban dos hijas de un hombre que había dirigido el partido comunista en Sogamoso. Ellas aceptaron a Cristo y toda la familia se convirtió.

Leroy Cossey fue usado de Dios en el avivamiento que vino al colegio y a la iglesia en 1941. Varios fueron bautizados en el Espíritu Santo y pasaban horas en intercesión por las almas perdidas. Una jovencita quien había estudiado latín quedó convencida del poder de Dios cuando oyó a una prima suya orar en este idioma que desconocía por completo.

II. PRINCIPIOS PENTECOSTALES, 1932-69 113

b. ¡A los campos!

Oscar Smith se esforzaba en llevar el evangelio a donde no se conocía en los pueblos de los Llanos de Casanare. Estos eran una parte del territorio asignado a los Wegner y sus colaboradores por acuerdo de las otras misiones evangélicas en Colombia.

Se compraron dos caballos y una mula, y el 30 de enero de 1938 Oscar Smith y un creyente iniciaron su primer viaje por montañas y selvas. Al cabo de casi una semana llegaron a un pequeño pueblo donde pasaron 15 días en predicación y testimonio. La gente parecía receptiva al evangelio.

Mientras estaban ausentes de Sogamoso, llegó de otro lugar un hombre que se había convertido por la lectura de una Biblia. Al oír que había iglesia evangélica en Sogamoso, caminó dos días a pie para pedir que alguien fuera a su pueblo para enseñar a sus familiares. Unos diez de ellos ya habían aceptado a Cristo.

En marzo Smith y su compañero fueron a ese pueblo. Pero al llegar fueron atacados por gente furiosa que quería impedir que los "diablos protestantes" llegasen donde los creyentes. Sin embargo, éstos los escoltaron a la casa donde celebraron un culto. Otra vez se presentó un gentío y les amenazó con quitarles la vida. Al día siguiente salieron, prometiendo volver.

En mayo Oscar Smith y Ricardo Moreno volvieron al pueblo y hallaron que los creyentes habían sufrido grande persecución. Se había amenazado matar a cualquier obrero evangélico que viniera a ese lugar. En el camino unos fanáticos les tiraron piedras. Uno les disparó, hiriendo a Ricardo en la pierna. El alcalde del pueblo más cercano, Zetaquirá, en vez de defenderlos le quitó la Biblia a Smith y encarceló a algunos creyentes.

La oposición fue tanta que por un tiempo no se podía entrar en cierto pueblo, pero los creyentes de allí venían a pie cada domingo los 25 kilómetros hasta la iglesia en Sogamoso.

En sus viajes Smith encontró un lugar apropiado para una misión, donde pronto habría acceso por la carretera ya bajo construcción, y se radicó allí con su familia.

La persecución continuó. El hombre que había llegado a Sogamoso pidiendo ayuda sufrió un machetazo a la cabeza, pero no fue muerto. Dos de sus hermanos ayudaban a Smith en el evangelismo.

c. A las Asambleas de Dios

Mientras Adah de Wegner se ocupaba en Sogamoso con la dirección de la iglesia y del colegio, Eduardo salía en el evangelismo y construía

114 *COLOMBIA*

los edificios necesarios para la obra. En 1942-43 se afiliaron a las Asambleas de Dios y recibieron nombramiento misionero de esta denominación. Pasaron el templo de Sogamoso, el colegio, sus campos blancos y todas las propiedades a nombre del Concilio General de las Asambleas de Dios de Colombia. Pero Oscar Smith y los Washburn (colegas misioneros) no se afiliaron.

d. ¡A preparar obreros!

Le fallaba a Adah de Wegner la salud pero no menguaban su visión y dedicación. Con Ira Washburn como director del proyecto, los Wegner se lanzaron a entrenar obreros para el ministerio. El 7 de marzo de 1943 se dedicaron al Señor los nuevos edificios del Instituto Bíblico Bereano. Predicó H.C. Ball, representante estadounidense de las Asambleas de Dios en Latinoamérica. Ese día se inscribieron 17 alumnos, pero al poco tiempo estudiaban 23.

El primer año colaboró Esther Maurd como tesorera, y enseñaron los Wegner, los esposos Washburn y por seis meses (con licencia de su trabajo en Venezuela) Adolfo Blattner y su esposa Elsa.

4. Se pasa la antorcha

En mayo de 1944 Adah escribió al Departamento de Misiones Foráneas: "Mi querido Eduardo forja nuevos campos y está tan gozoso. . . . La dormida y comida son difíciles de obtener pero él está dando el evangelio a muchos y hay gran interés. Se nos ha ofrecido un lote en un pueblo que queda a un día de Pajarito (a lomo de mula) si construimos pronto. Eduardo . . . desea empezar a trabajar en el lote en diciembre. Este pueblo está a la entrada a los Llanos pero hace muchísimo calor y está lleno de malaria. No obstante, hay que alcanzarlos de algún modo. Creemos que estamos preparando el camino para futuros obreros. ¡Esta obra pionera se tiene que hacer!"

Un mes más tarde, el 27 de junio de 1944, el Señor llevó a Adah de Wegner a su recompensa eterna. Su esposo quedó en Colombia por tres años más, pero se retiró de las Asambleas de Dios.

En agosto de 1944 llegó Trella Hall para dirigir el colegio.

Muchas fueron sus luchas para mantenerlo abierto. Vez tras vez tuvo que viajar a Bogotá, seis horas en autobús o en tren, para pasar horas en las oficinas gubernamentales luchando por órdenes para impedir que el clero romano cerrara el colegio. Su fama se regó por la región—mano de hierro y corazón de amor—y menguó la oposición al colegio. Bajo su administración, el número de estudiantes se duplicó. Muchos entregaron su vida a Cristo y fueron bautizados en el Espíritu Santo.

Después del primer año del instituto bíblico, los Washburn se fueron a los Llanos Orientales. En 1944 Howard Coffey asumió el pastorado en Sogamoso y la dirección del instituto. Octavio Moreno estudiaba en el instituto y ayudaba en la enseñanza.

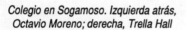
Colegio en Sogamoso. Izquierda atrás, Octavio Moreno; derecha, Trella Hall

Howard Coffey

Por dos años más el instituto funcionó en Sogamoso. En 1945 se graduaron dos, y en 1946 tres del curso de dos años. Empero, por ciertas dificultades y persecución se decidió que funcionaría con más libertad en Venezuela. En 1946 los Coffey lo trasladaron a Barquisimeto, pero pocos colombianos podían ir allí a estudiar. Octavio Moreno fue a los Estados Unidos para seguir sus estudios.

El vacío que dejó Howard Coffey al irse a Venezuela fue llenado por los esposos Pablo y Fe Epler (1947-52). Desde el principio se enfrentaron con dificultades, y pronto vino La Violencia. Sin embargo, Dios los protegió y la obra se adelantó.

Los enemigos del evangelio trataron de incendiar la casa de Minnie Madsen, pero Dios la protegió. Ella enseñó en Sogamoso hasta 1948, luego pasó a trabajar en Bolivia.

Warren Odell Nowowiejski, con experiencia como maestro, llegó en 1949. Trabajaba en el colegio y en la iglesia e inició el programa de los Exploradores para los muchachos. Se casaría en 1952, y su esposa Lanier, quien era maestra, ayudaría en la obra.

5. A sobrevivir La Violencia

a. Sombra de muerte a todo lado

A partir de 1948 Colombia atravesó una época terrible llamada La Violencia. En una guerra civil 200.000 personas perdieron la vida entre 1948 y 1962. La Iglesia Católica controlaba el partido político Conserva-

116 COLOMBIA

dor, y acusaba al partido Liberal de ser compuesto de masones, protestantes, ateos y comunistas. Los sacerdotes incitaron a muchos a perseguir a todo aquel que no fuera católico romano. En ese tiempo se les negaban permisos a las iglesias para cultos al aire libre y visas a los misioneros que querían venir.

Después de predicar en cierto pueblo, los Nowowiejski fueron insultados y amenazados por 15 hombres con garrotes, piedras, cuchillos y un rifle. Al salir, su carro fue abaleado cuatro veces pero nadie fue herido. Luego los hombres maltrataron a algunos creyentes y saquearon varias casas.

Entre todas las misiones evangélicas desde 1948 hasta 1963, 114 creyentes serían martirizados, 67 templos o capillas destruidos por dinamita o incendio y 200 colegios confiscados y cerrados. Muchas iglesias serían clausuradas, pero la Asamblea de Dios en Sogamoso sobreviviría y seguiría sembrando el evangelio con sufrimiento, sacrificio y lágrimas.

b. A pesar de la oposición

Muchos de los líderes cívicos de Sogamoso eran liberales y no querían acabar con los evangélicos. El dueño de la emisora radial de Sogamoso le vendió tiempo a Pablo Epler para un programa de 15 minutos tres veces a la semana. Los sacerdotes católicos hicieron todo lo posible por sacarlo del aire, pero no lo lograron.

En 1949 las autoridades eclesiásticas se enojaron tanto contra Sogamoso que la declararon entredicha, sin poder recibir los sacramentos para salvar a los habitantes. El obispo mandó a los sacerdotes sellar las puertas de los templos y abandonar la parroquia por tres meses, para dejarlos ir al infierno.

Durante ese tiempo, sin oposición alguna, los evangélicos distribuyeron literatura a cada hogar en la ciudad. En esos días llegó el evangelista guatemalteco Alfredo Colón. En una carpa facilitada por los jóvenes asambleístas norteamericanos, celebraron una campaña muy bendecida, con el apoyo firme de las autoridades y del pueblo en general. Muchos aceptaron al Señor.

Pero la oposición se reanudó. Una noche llegaron varios hombres para quemar la carpa. El celador contó que cuando ya estaban al punto de incendiarla, de repente salieron corriendo despavoridos. Después corría el rumor que no la habían quemado porque salió de ella una gran figura vestida de blanco con una espada ardiente en la mano. ¡Nunca regresaron para dañar la carpa!

Cuando rompieron las ventanas del templo y del colegio, Epler

II. PRINCIPIOS PENTECOSTALES, 1932-69 117

escribió: "No pensamos colocar otros vidrios. ¡Con ventanas abiertas el evangelio se oye más fácilmente en la calle!"

Oscar Smith fue atacado, golpeado y tirado a un tanque de agua, pero recuperó. En 1951 tres hombres lo sacaron de su casa cerca de Barranca de Upia, lo mataron a balas e incendiaron la casa. Dios ayudó a su esposa Alicia y su hijito a escapar.

Vinieron nuevas restricciones. Se prohibió repartir folletos o celebrar cultos fuera del templo. En 1953 Colombia hizo con el Vaticano el Acuerdo Sobre las Misiones, que dio a la Iglesia Católica Romana por 25 años el derecho exclusivo de trabajar en aproximadamente la mitad del territorio nacional donde residían unas 60 tribus autóctonas. Esta se denominó Territorio de Misiones. Fueron clausuradas 30 iglesias evangélicas en esta región, una de las cuales tenía una asistencia de 1.600. Se prohibió la predicación evangélica y aun la residencia de protestantes en esta área. Muchos creyentes tuvieron que huir de sus pueblos para no ser masacrados, pero llevaban el evangelio consigo dondequiera que iban.

A pesar de la oposición, el semillero en el departamento de Boyacá daba fruto para extender la siembra. En estos tiempos turbulentos la iglesia de Sogamoso abrió 16 puntos de predicación en los Llanos de Casanare. Los esfuerzos para acabar con los protestantes fracasaron. En 1948 se contaba con 30.000 evangélicos en Colombia. ¡En 1955 había 120.000!

B. SIEMBRA EXTENDIDA, 1955-69

1. ¡A la capital!

La infame época de La Violencia causó una gran inmigración a la capital de la república, Santafé de Bogotá, que en esa época tenía un millón de habitantes. Así llegaron Isabel de Castro y su familia, fieles miembros de la iglesia en Sogamoso.

Isabel deseaba asistir a una iglesia de las Asambleas de Dios, pero la capital no contaba con iglesia de esta denominación. Empezó a orar: "Señor, mándanos unos misioneros con quienes iniciar una iglesia de las Asambleas en la capital." Corría el año de 1954. Oró durante un mes, dos meses, tres...un año...

Mientras tanto, en los Estados Unidos los esposos Enrique y Marta Bartel, quienes habían servido como misioneros con otra denominación, añoraban regresar a Colombia, esta vez para trabajar en las Asambleas de Dios. No sabían que en Bogotá Isabel de Castro suplicaba: "¡Mándanos unos misioneros, Señor!"

118 *COLOMBIA*

En 1955 los Bartel, con sus hijos Judy, Linda y Esteban, regresaron a Colombia para iniciar la obra asambleísta en Santafé de Bogotá. A los pocos días, Marta de Bartel oyó que alguien tocaba a la puerta. Al abrirla, una señora le preguntó:

—¿Son ustedes creyentes evangélicos?

—Sí.

—¿Son misioneros de las Asambleas de Dios? ¿Son pentecostales?

—Sí. ¿Pero a qué vienen estas preguntas?

—¡Gloria a Dios! Me llamo Isabel de Castro. Llevo un año orando para que ustedes llegaran. ¿Puedo venir el domingo y traer a mi familia para tener nuestro primer culto juntos?

—¡Amén! ¡Con mucho gusto!

Así se reunieron 13 personas, cinco de la familia Bartel y ocho de los Castro, para la primera escuela dominical. El primer culto fue de gran regocijo. Además, se recolectó una ofrenda y se abrieron los libros del naciente Templo Bethel en Bogotá.

Los Castro invitaron a sus amigos. También, las niñas Bartel salieron para contarles a los vecinos que habría una reunión el domingo siguiente. Para ese culto llegaron varias personas por primera vez, entre ellos Jorge Cadena, magistrado de la corte suprema de Colombia, y su esposa Estela, maestra. Hambrientos de Dios, entregaron su vida al Señor. Una noche mientras visitaban la casa de los misioneros, Estela empezó a orar en lenguas extrañas. ¡Pentecostés se hacía realidad en los nuevos convertidos de Templo Bethel!

En poco tiempo la sala, el comedor y hasta las escaleras al segundo piso se llenaban con los que asistían. Los Bartel se trasladaron a una casa más amplia y destinaron un salón para los cultos. Para el primer aniversario llegaron 100 personas.

¡Qué año de regocijo, de milagros y de conversiones! El pastor Bartel delegó trabajos de evangelismo, consejería, y visitación. Hasta los niños participaron en el evangelismo. Dos de ellos, Isaac y Noemí Garzón, invitaron a la iglesia a una vecina, Emilia de Caicedo, quien había sido ciega por 16 años, y a su hijita Flor Alba, quien la guiaba. Ese domingo Emilia se entregó al Señor. Luego levantó sus ojos nublados y preguntó:

—Pastor, este Jesucristo a quien usted predica, ¿tiene el poder para sanar mis ojos?

—Claro que sí, hermana—respondió con convicción el pastor—. El es Dios y tiene todo poder.

Oraron por Emilia, pero sin ver cambio alguno. Al próximo domingo, en el autobús camino a la iglesia, de repente Emilia alcanzó a leer un aviso al lado de la calle. Sus gritos de alegría sorprendieron a los otros pasajeros; ella sabía que se producía la sanidad. Progresivamente mejoró su vista.

Los testimonios de la sanidad divina, instantánea o progresiva, atraían a muchos al Señor. Antes del segundo aniversario de la iglesia, se compró un hermoso lote al sur de Bogotá con un edificio antiguo que se remodeló para el templo y un colegio.

Tan pronto como el Templo Bethel en Santafé de Bogotá podía sostenerse, los Bartel iniciaron en 1958 la Iglesia del Norte de las Asambleas de Dios. Algunos miembros de Templo Bethel los ayudaban, entre ellos Raúl Perea y familia y la señorita Leticia Tolosa. Los Bartel trabajarían allí hasta 1967, luego pasarían a México, pero su hija Judy volvería en 1971 como misionera.

2. Preparación de obreros

Para seguir con la extensión de la obra era imprescindible preparar obreros. Octavio Moreno volvió a Colombia después de graduarse del Central Bible Institute en los Estados Unidos. En 1950 la iglesia en Sogamoso lo eligieron como su primer pastor colombiano. En 1955 él y los Nowowiejski iniciaron un instituto bíblico nocturno, y los estudiantes se esforzaban en la obra.

A pesar de la persecución en esos años los obreros seguían predicando en los pueblos de la región. En Lago de Tota se levantó una congregación con Vicente Amaya como pastor.

3. Nueva base en Cali

En 1956 las iglesias de Sogamoso y de Bogotá acordaron abrir una obra en Cali, una hermosa ciudad de 600.000 habitantes en el departamento de Valle. Templo Bethel pagaría el arriendo del local y Sogamoso proveería para el pastor. ¿Pero quién sería?

Allá en las montañas, hacía años, el señor Albarracín había comprado una Biblia y la leía a escondidas por miedo a la persecución. Sus hijitas Hilda y Guma también la leían. Se entregaron al Señor y con el tiempo llegaron a ser maestras en el Colegio Americano de Sogamoso.

Hilda Albarracín fue la pri-

Guma Albarracín, Trella Hall e Hilda Albarracín

120 COLOMBIA

mera mujer colombiana para recibir credenciales ministeriales con las Asambleas de Dios. La iglesia en Sogamoso la envió para fundar la iglesia en Cali. Al salir Trella Hall en 1958 para servir en España, Guma sería directora del colegio. Verlin Stewart y su esposa Paulina (1959-79 en Colombia después de trabajar en Cuba) vinieron para ayudar en Cali. (Más tarde su hijo Carlos y su esposa Linda trabajarían en Colombia.)

4. Un nuevo día amanece

En 1958 llegaron a un acuerdo los dos partidos del gobierno, se eligió un presidente aceptable a ambos partidos, se levantaron muchas restricciones y mejoró la situación para todo el país.

5. Organización nacional

Se consiguió en 1945 la personería jurídica para la Corporación de las Asambleas de Dios en Colombia.

Con el crecimiento de la obra y el surgimiento de ministros colombianos, se organizó en 1958 el Concilio de las Asambleas de Dios de Colombia. Su convención organizadora se celebró en Templo Bethel, con la ayuda de Melvin Hodges, secretario de misiones para las Asambleas de Dios en Latinoamérica. Los misioneros, ministros colombianos y delegados (20 en total) aprobaron una constitución y eligieron como superintendente a Enrique Bartel. Servirían con él en el comité ejecutivo Octavio Moreno, Roberto Arrubla y Trella Hall. Arrubla había sido pastor bautista antes de recibir el bautismo en el Espíritu Santo. Era el primer pastor colombiano de Templo Bethel, pero más tarde dejó las Asambleas.

6. Refuerzos y crecimiento

Durante la década de los '50 era difícil conseguir permiso del gobierno para el ingreso de misioneros. Después vinieron varios matrimonios. Floyd Woodworth y su esposa Mildred (1964-73 en Colombia) habían dirigido el instituto bíblico en Cuba. Se dedicaron mayormente al entrenamiento de obreros antes de continuar en tal ministerio para toda la América Latina.

También vinieron varios pastores cubanos, entre ellos Eulogio Rivero, Rolando Lowe y Luciano Rodríguez. Pedro Placeres y su esposa Bertha ministrarían en varias regiones de 1972 a 1984.

Un matrimonio egresado del Instituto Bíblico de las Asambleas de Dios del Perú, Juan Tapia y su esposa Carlota Ayllón, vinieron a Cali en 1960 para pastorear la obra en esta ciudad.

Varios matrimonios estuvieron para algunos años de trabajo árduo antes de pasar a otros países. Norman y Ana María Campbell, Pablo y Helena Cunningham, y David y Bárbara Womack irían después a Argentina, Ecuador, México y a la promoción de misiones.

Cuerpo misionero en 1963: Los Cunningham, los Stewart, Melvin Hodges (de visita) los Bartel y los Womack

En la convención de 1962 celebrada en Cali, fueron elegidos: Verlin Stewart, superintendente; Pablo Cunningham, vice; Octavio Moreno, secretario; Norman Campbell, tesorero; Juan Tapia, vocal.

Para 1965 las Asambleas contaba con cinco parejas misioneras, 22 ministros colombianos, obras en ocho departamentos y una asistencia de 1.800 en 14 iglesias organizadas y 93 puntos de predicación. Entre 1960 y 1970 se fundaron 50 nuevas iglesias.

7. Institutos bíblicos

Cuando los Campbell y los Stewart llegaron a Colombia a comienzos de 1959, existía el instituto bíblico nocturno en Sogamoso, pero no abastecía para preparar los obreros necesarios. En 1960 comenzaron en la Iglesia del Norte clases diurnas que fueron el principio del Instituto Bíblico Central (IBC) en Santafé de Bogotá, con Norman Campbell como director. Se daban clases nocturnas también para los que no podían asistir de día.

Había mucho entusiasmo entre los alumnos. Estudiaban con esmero y salían para ministrar en los campos blancos. Algunos fueron llevados presos por proclamar el evangelio. Los primeros maestros fueron los Campbell, Womack y Stewart, y la colombiana Leticia Tolosa. Leonor de Forero fue la ecónoma y consejera de alumnos.

El IBC en 1962. Sentados: Los Stewart, Leonor de Forero, los Campbell

En 1963 David Womack (nuevo director del IBC) y los otros ministros planeaban cuatro institutos regionales que serían sucursales del IBC. En Bogotá, además de las clases en el IBC se enseñaron tres materias en Bethel y en la Iglesia del Norte.

En Maní, donde Norman Campbell y Octavio Moreno habían iniciado una obra, el alcalde dio a las Asambleas propiedad para levantar un templo y un instituto. El pastor Luis Samaniego construyó un local para el Instituto Bíblico de Maní.

En 1966 Pablo Brannan inició un instituto nocturno en Cali.

En Bogotá los Woodworth sucedieron a los Womack en la dirección del IBC. Colaboraron en la enseñanza Leonora de Durán y Saúl Rincón. El consejero de los varones fue Gustavo Quiroga.

8. Campañas para la extensión

Las décadas de los '50 y los '60 se destacaron en la escena mundial por avivamiento, milagros de sanidad divina en campañas en muchos países y la renovación carismática en iglesias protestantes y católicas. En Colombia, Dios bendijo las campañas con Harold Herman y con Watson Argue en 1957 y 1963.

En Bogotá cuatro iglesias asambleístas, la Iglesia de Dios y varios grupos pentecostales independientes celebraron juntos en 1959 una gran campaña en la Feria Exposición Internacional con el joven evangelista puertorriqueño Eugenio Jiménez. Los líderes católicos, tomados por sorpresa, intentaron impedir las reuniones con artículos difama-

II. PRINCIPIOS PENTECOSTALES, 1932-69 123

dores en la prensa. Se necesitó protección policiaca. Una noche se tuvo que sacar al evangelista escondido bajo un tapete, sobre el piso de una furgoneta.

Finalmente se le prohibió a Eugenio Jiménez el predicar, pero su hermano Raimundo tomó su lugar en el púlpito, y al final de los cultos Eugenio oraba por los enfermos. Durante la última semana llovió todos los días, pero aun así la asistencia llegó a casi 10.000. Hubo muchas sanidades, y más de 3.600 nombres y direcciones se recibieron de los que aceptaron a Cristo. Estas tarjetas se repartieron entre los pastores para enseñar a las personas e integrarlas en las iglesias.

Entre los convertidos se hallaba Gustavo Quiroga, un chofer de taxi que un día sería el primer colombiano de servir como superintendente nacional de las Asambleas. Testificaba a otros conductores de taxi, y se daban cultos al aire libre para ellos junto al aeropuerto. Dentro de un año, más de 50 de ellos aceptaron al Señor.

Dios obró poderosamente en las campañas de Ricardo Jeffery, de dos semanas en Sogamoso y de dos meses en Santafé de Bogotá en 1960-61.

En Cali, la campaña con Eduardo Ríos, secretario de las Asambleas de Dios del Perú, sirvió para el seguimiento de la gran campaña que Billy Graham tuvo en esa capital departamental.

En 1962 Octavio Moreno predicaba en un programa radial que ayudaba en la consolidación de la obra, en la promoción de las campañas y en el fortalecimiento de los creyentes. En 1963 hubo buenas campañas en Bogotá, Sogamoso y Cali con los evangelistas Gladys Pearson, el ex-sacerdote José María Rico, y Watson Argue.

9. ¿Acercamiento u oposición?

a. Acercamiento

Durante el grande avivamiento y renovación espiritual en la década de los '50, hubo un acercamiento entre católicos y protestantes en muchos países. En 1960 hubo una gran reunión en Cali donde tres ministros protestantes se unieron a dos sacerdotes católicos como conferencistas. Enrique Bartel representó a las Asambleas de Dios con un tema. Varios sacerdotes y monjas repartieron evangelios por sugerencia del papa Juan XXIII, quien animó a los colombianos a leer la Biblia.

Luego El Concilio del Vaticano II en 1962 trajo muchos cambios. Recomendó la lectura de la Biblia y diálogo con los "hermanos separados" (los protestantes). Se prohibió la persecución. Con esta actitud venía algo más de libertad para los evangélicos.

124 *COLOMBIA*

b. Persecución y perseverancia

Se mejoró la situación en varios países después del Concilio Vaticano II, pero los pronunciamientos oficiales de la Iglesia Católica Romana tuvieron poco efecto en algunos de sus sacerdotes y feligreses en Colombia.

En 1961 el sacerdote en el barrio Boyacá de Bogotá proclamó que se debía "exterminar a los evangélicos". En diciembre de ese año el creyente Bonifacio Daza fue apuñalado. Le perforaron el pulmón. Aun así él testificó: "Esta es la más grande bendición que he tenido en mi vida. Le doy gracias al Señor (por el privilegio de sufrir por El)."

En 1962 Verlin y Paulina Stewart fueron atacados allí y su carro apedreado. Un poco más tarde se rompieron todas las ventanas de la capilla. El pastor Avelino Avendaño sufrió un golpe fuerte en un brazo. Una mujer recibió un golpe en la cadera con un ladrillo. Y Bonifacio Daza fue herido de nuevo, por un ladrillazo a la cara que le partió varios dientes. El dijo: "Gloria a Dios que he podido sufrir dos veces a causa del evangelio!" Leyeron juntos Mateo 5:10,12: "Bienaventurados los que padecen persecución por causa de la justicia, porque de ellos es el reino de los cielos. Gozaos y alegraos, porque vuestro galardón es grande en los cielos; porque así persiguieron a los profetas que fueron antes de vosotros."

En 1962 Norman Campbell y Luis Samaniego iniciaron cultos en Miraflores en casa de un carcelero recién convertido. En el primer culto se convirtió Luis Alfonzo R., con 12 años de edad. Llegaría a ser pastor y secretario nacional de las Asambleas.

Más tarde David Womack fue con Campbell a Miraflores. En medio del culto llegaron 150 niños encabezados por el párroco del pueblo. Rezaron el rosario a voz alta durante la predicación. Luego Norman Campbell acompañó con saxofón el himno de despedida.

El cura despidió a los niños, entonces empujó a David contra la pared, le arrancó el saxofón a Norman, y gritó: "¡Como sacerdote principal de Miraflores ordeno que todo católico romano salga de aquí de inmediato!" Repitió su orden. Los que estaban presentes sólo tenían dos semanas de convertidos pero nadie se movió. Los amenazó con perder sus empleos, que serían ridiculizados, y quizá morirían. Pero no se movieron. Al fin, David se dirigió hacia él: "Parece que usted es el único católico romano aquí y es el que debe salir." El sacerdote salió enojado.

Esa noche en una aldea cercana, los misioneros participaron en un culto glorioso a luz de vela con los nuevos convertidos.

Al día siguiente Womack y Campbell regresaron a Miraflores. Allí

II. PRINCIPIOS PENTECOSTALES, 1932-69 125

fueron arrestados y llevados ante las autoridades. Aprovecharon la interrogación y su detención para testificar del Señor, con el resultado de que algunos de los guardias y carceleros aceptaron a Cristo. Los misioneros presentaron las garantías otorgadas por la constitución y fueron puestos en libertad. No sabían que las autoridades los demoraban mientras el cura organizaba un grupo en las afueras de la ciudad para apedrearlos. Pero en vez de salir por la carretera a Bogotá salieron por otro caminito para tener otro culto. Tarde en la noche volvieron a Miraflores. El carcelero creyente les contó del plan que se había frustrado. Durmieron unas pocas horas y salieron antes de las 4:00 a.m. sin que sus enemigos los vieran.

En otras visitas de los misioneros, el cura vio cómo David Womack no sufrió ningún daño del veneno que ingirió en una taza de café. Desde entonces lo trató con respeto, dejó de perseguir a los evangélicos y se hicieron amigos. Tres veces se echó veneno para ratas en la comida o bebida de Womack, sin que él sufriera mal alguno. Un hombre que intentó matarlo así se convirtió al ver cómo Dios lo protegió y por años testificaba de este milagro.

En un día de fiesta nacional en 1965, 15 alumnos del IBC cargados de literatura subieron a la furgoneta del diácono Gregorio Ibáñez. Al cabo de tres horas llegaron al pueblo de Turmequé. Durante el culto un grupo de hombres con garrotes y machetes quebraron los faros y todos los vidrios del vehículo. Uno gastó tres cajitas de fósforos tratando de prender fuego al tanque de gasolina, ¡y no pudo incendiarlo! Luego se fueron.

Mientras tanto, en la casa siete personas aceptaron al Señor. A la salida del pueblo los atacantes pararon a los alumnos y les amenazaron de muerte si alguna vez regresaban a Turmequé.

Desde 1958 hasta 1965, el número de creyentes creció de 200 a 3.000. A pesar de todo el sufrimiento y la hostilidad, testificaban con valor de Cristo y dijeron: "La persecución ha sido una bendición. Trajo nueva vitalidad a nuestro trabajo. Hay más fervor, más crecimiento y más bendición que antes."

c. Cooperación de iglesias

Los hermanos Jiménez volvieron en 1965 para otra campaña en Bogotá. En esta ocasión cooperaron con los pentecostales la Iglesia Presbiteriana, la Alianza Cristiana, la Luterana y la Cruzada Mundial. A pesar de la lluvia asistieron más de 2.000 personas la primera noche y de 8.000 a 10.000 los domingos por la tarde. Hubo muchos milagros; entre ellos un anciano se levantó de su silla de ruedas y en vez de esperar el ómnibus, corrió hasta su casa para contarles a los suyos el milagro.

126 COLOMBIA

10. Métodos de extensión

a. Extensión por campos blancos

Entre 1960 y 1965 se establecieron muchos nuevos puntos de predicación (campos blancos) en Bogotá y en los pueblos vecinos. La meta de cada iglesia era abrir el mayor número de obras posibles. Esto se lograba por medio de campos blancos de la iglesia madre y por el trabajo evangelístico de los alumnos del Instituto Bíblico, misioneros y obreros nacionales.

En 1963-65 se iniciaron 12 iglesias o congregaciones filiales en Bogotá y sus contornos. Entre los pastores estaban Juan Tapia, Pedro Barreto, Gustavo Quiroga, Pedro Ramírez y Julio Parada.

b. Vuelos por los llanos

En 1963 Pablo Cunningham aceptó el desafío de evangelismo en los llanos orientales de Colombia. Muchos evangélicos que habían huído de sus terrenos durante los esfuerzos de exterminarlos en La Violencia ya regresaban y pedían la ayuda de las Asambleas de Dios para volver a establecer sus iglesias. Pero había pocos obreros y los lugares remotos eran de difícil acceso.

Cunningham consiguió una pequeña avioneta con las ofrendas de los jóvenes Embajadores de Cristo norteamericanos. En avioneta llegaba en horas a donde costaba días llegar a bestia. Así pudo ministrar en más de 20 campos blancos en los llanos en 1963. La gente corría para comprar Biblias, himnarios y otra literatura que traía. También llevaba a pastores de un lugar a otro. El y Octavio Moreno abrieron la obra en Aguazul, Casanare.

Esta avioneta después fue reemplazada por una Cessna 180 de cuatro puestos. En 1967, la piloteaba David Brauchler volando a Maní, Cubará, El Guamo, Aguazul, Villavicencio, San Martín, La Hermosa y otros lugares. Pero la falta de personal con licencia de piloto y el alto costo de mantenimiento hizo que este medio de evangelismo se tuviera que abandonar.

c. Invasión en autobús

En 1965 se regó la noticia de que los evangélicos iban a tener un culto en Girardot, una ciudad cerca del río Magdalena. Para evitarlo vino un sacerdote de un pueblo cercano para tener una reunión previa en la plaza. Juntaron montones de piedras al lado del camino para sacar a los protestantes tan pronto llegaran. ¡Pero llegaron en dos buses repletos! El sacerdote, nervioso, se apresuró a terminar su reunión. Cuando él salió, la gente se acercó curiosa por saber qué iban a hacer esos protestantes. En vez de tirar piedras se sentaron para escuchar. Los

II. PRINCIPIOS PENTECOSTALES, 1932-69 127

jóvenes presentaron un drama con un mensaje conmovedor. Mientras tanto, las damas asaron carne y, al terminar el culto, sirvieron un delicioso almuerzo a todos los concurrentes.

La Sociedad de Caballeros de las iglesias de Bogotá no se quedó atrás en el evangelismo. Verlin Stewart reunió a los hombres en cultos de oración y de organización antes de "invadir" a Sogamoso con literatura. En Sogamoso el pastor Julio Tamayo y la iglesia prepararon un asado para los que asistieran. El jueves, 18 de marzo de 1965, David Womack invitó al alcalde a ver la película que se mostraría a la noche siguiente.

El viernes 45 hombres llegaron de Santafé de Bogotá con 32.000 folletos. Para el anochecer habían repartido más de la mitad. Esa noche asistieron más de 500 personas para ver la película, y 30 aceptaron a Cristo. El sábado continuaron la distribución de literatura por las casas. En un lugar la gente rompió la literatura y la quemó. Tiraron piedras a algunos de los hermanos, pero éstos no se desanimaron. Esa noche 600 personas asistieron al culto al aire libre, y 30 aceptaron a Cristo. El domingo ayudaron en los cultos, repartieron el poquito de literatura que quedaba y luego regresaron a Bogotá. Llegaron por la madrugada a buen tiempo para estar en su trabajo a las 7:00 a.m.

En la zona de San Nicolás un grupo de creyentes y su fundador, Luis Felipe Molina, habían pedido el apoyo de las Asambleas. Con mucho entusiasmo los jóvenes del Templo Bethel invadieron San Nicolás. El 22 de diciembre vinieron desde Bogotá cuatro autobuses llenos de creyentes. Una banda con guitarras y acordeones tocó música navideña en la plaza principal. Después se presentó un drama navideño con los pastores y las ovejas en vivo. Los reyes magos llegaron a caballo y un bebé en un pesebre representó al Niño Jesús. Al terminar el drama se compartió un banquete de carne asada con toda la gente. Después se habló con los interesados en organizar una iglesia. Rafael Cruz fue el primer pastor. La iglesia tuvo un poco de persecución al comienzo. Pero a los pocos años el templo católico se cerró por falta de asistencia, mientras la obra evangélica seguía fuerte.

Este método de evangelismo se usó en muchos pueblos. Es interesante notar que la gente parecía respetar más a los "protestantes" donde hubo "invasión" que donde se entraba con mucha cautela. Comentaban: "Yo pensé que los evangélicos eran una pequeña manada, pero ahora me doy cuenta que debe haber miles!"

d. El colportaje

Arturo Lindvall, misionero a Centroamérica, vino a Colombia en 1965 para enseñar sobre el evangelismo por varios meses en el instituto

128 COLOMBIA

bíblico y en las iglesias. Mobilizó a los creyentes en el colportaje. La Sociedad Bíblica los orientó en la venta pora las casas. En una semana vendieron casi 400 Biblias y repartieron 18.000 tratados y 2.000 ejemplares de la revista "Poder".

La librería en Bogotá fue de bendición a las iglesias en su distribución de literatura. La administró primero Luciano Rodríguez, y después Jerónimo Pérez, quien había administrado una librería en Nicaragua. Más tarde Diego Malaver la dirigió.

e. Escuelas filiales

El gran crecimiento de 1965 a 1970 se debió en parte a las escuelas dominicales filiales. Arturo Lindvall retó a las iglesias en Bogotá a abrir escuelas filiales. Se brindaron 60 jóvenes para esta obra y asistieron a clases de entrenamiento para maestros. Dentro de un mes se abrieron 45 casas en varias partes de la ciudad para las escuelas. Algunas eran campos blancos que añadían escuelas dominicales a sus reuniones. Pronto la asistencia total de las cuatro iglesias asambleístas en Bogotá aumentó desde 800 hasta más de 2.800. Muchos conocieron al Señor en las escuelas filiales, se formaron nuevas congregaciones, y en 1966 Santafé de Bogotá ya tenía doce iglesias organizadas.

f. Campañas con otros métodos

Ya hemos visto el uso de campañas en la siembra del evangelio; se utilizaba en ellas una variedad de métodos. Algunos esfuerzos eran de una iglesia; otros, la cooperación de muchas.

La iglesia evangélica empleó muchas maneras de darse a conocer y esparcir las buenas nuevas. Una de ellas fue por desfiles. Las Asambleas y otras misiones en Bogotá se unieron en diciembre de 1966 para una campaña en la Plaza de Toros con el evangelista Luis Palau. En estos días los evangélicos celebraron un desfile histórico. Una hermosa carroza encabezó la sección de las Asambleas de Dios. Unos 10.000 evangélicos marcharon hasta la Plaza de Bolívar frente al Capitolio Nacional.

Con 20.000 en la plaza, se colocó una ofrenda floral ante la estatua del libertador Simón Bolívar y se expresó agradecimiento al gobierno por la libertad de culto de que se gozaba. Un coro de 300 voces cantó, y Luis Palau, desde la escalinata del capitolio, predicó del texto "Conoceréis la verdad y la verdad os hará libres". La prensa se mostró muy favorable al respecto.

El desfile hizo parte del evangelismo otra vez en 1968. El programa "Evangelismo a Fondo", con la cooperación de todas las iglesias evangélicas, promovió el entrenamiento y la movilización de todos los creyentes en: 1) la visitación, 2) esfuerzos para alcanzar a los niños,

II. PRINCIPIOS PENTECOSTALES, 1932-69   129

jóvenes, universitarios, obreros, prisioneros y tribus, 3) campañas, 4) uso de la prensa y radio.

En diciembre de 1968 se pusieron al aire los programas del "Hermano Pablo" (Finkenbinder) en una cadena nacional de radio con 16 estaciones afiliadas. Se oía el programa dos veces al día. De allí en adelante se incrementó este método de evangelismo.

En Bogotá se realizó un desfile con más de 10.000 creyentes. Pablo Finkenbinder predicó frente al capitolio sobre "Dad a César lo que es de César y a Dios lo que es de Dios". En su campaña 1.674 hicieron una profesión de fe. Las tarjetas que llenaron se repartieron entre las iglesias para el seguimiento.

En 1968 Elías Stone, misionero a Nicaragua, predicó en 24 campañas en cuatro meses. En 1969 las iglesias asambleístas en Bogotá cooperaron en una campaña con el evangelista argentino Fernando Vangioni. Hubo unas 1.000 decisiones por Cristo. Varios métodos prepararon el terreno, ayudaron en la siembra, en el cultivo y en la cosecha producida por la Palabra sembrada.

g. Formación en colegios

Varias de las iglesias se esforzaban en dar una formación académica cristiana a los niños. Para 1968 tenían colegios las iglesias Sogamoso, Boyacá; Maní, Casanare; Templo Bethel de Bogotá; Ciudad Kennedy, Bogotá; Villavicencio, Meta; La Paz, Bogotá; y Las Lagunitas en San Juan de Rioseco. Aunque no todas estas escuelas siguieron adelante, se abrirían otras.

11. Ayuda para la siembra

Para 1965 varios de los misioneros habían ido a otros países. Vinieron en su reemplazo los matrimonios Roberto y Eleanor Krist (1965-69), David y María Brauchler (1965-72) y Pablo y Betty Brannan (1965-67). Los Krist y los Brannan servirían después en otros países. Everett Devine y su esposa Margarita (1965-85), después de 21 años en Chile, trabajarían otros 19 en Colombia hasta su jubilación. (Desde 1975 su hijo Marcos y su esposa Jean trabajarían en Cali). Llegaron en 1966 los matrimonios Glen y Marilyn Kramar y David y Marilyn Williams. David era hijo de los pioneros Rafael y Joya Williams en Centroamérica.

12. Progreso en el cultivo

En 1966 se organizaron a nivel nacional los departamentos del Concilio Misionero Femenil (C.M.F.) y de los Embajadores de Cristo. Participaban en muchos aspectos de la obra.

Los Embajadores de Cristo del Templo Bethel iniciaron la revista "El

Heraldo". Y los estudiantes del IBC publicaban el vocero oficial de las Asambleas, "La Antorcha Colombiana".

Los misioneros y ministros colombianos se lanzaron a establecer iglesias en la capital de cada departamento. Ayudó mucho en este respecto el establecimiento por la iglesia nacional de un fondo rotativo para capillas o templos.

En 1965 había sólo dos iglesias de las Asambleas de Dios en toda el área occidental de Colombia, una en Cali y otra en la vecina ciudad de Palmira. Pablo Brannan compartió su visión por una obra en el barrio La Unión de Cali. Luego Everett Devine y Oscar Tovar finalizaron la construcción de un templo. Con Cali como base, la obra se extendió a ciudades cercanas. Para 1969 habría nuevas obras en La Unión, Pereira, Armenia y Florida.

Trescientas personas quedaron de la campaña en Pereira con el evangelista Charles Young. Griceldo Téllez sería su pastor. Roberto Krist y Efraín Sinisterra celebraron una campaña al aire libre para comenzar una iglesia en Armenia. Una campaña en Florida, cerca de Cali, produjo una iglesia.

Gonzalo Quintero (izq.) y congregación

Al sudeste de Bogotá, Domingo Alvarez y su esposa con los Stewart fundaron la Iglesia Central de las Asambleas de Dios en la ciudad de Villavicencio. En una campaña de seis días con los evangelistas Rafael Byrd y Juan Hurston (misionero a Corea), 547 personas firmaron tarjetas de decisión de seguir a Cristo.

Gonzalo Quintero, su esposa Lilia y sus cuatro hijitos salieron por fe de Bogotá a Neiva, Huila, para fundar una iglesia. En un mes él vendió

II. PRINCIPIOS PENTECOSTALES, 1932-69 131

más de 600 Biblias. En menos de año y medio de 600 a 2.000 personas asistían a los cultos, además de 300 a 600 en El Alegre, y 300 en los otros cinco campos blancos. El pastor Quintero serviría de superintendente nacional en 1976-82.

Un grupo de estudiantes del IBC iniciaron la Iglesia Getsemaní en San Juan de Rioseco. La iglesia de Tunja fue fundada por los Stewart, la de Primavera, Vichada, por Ernesto Bossa, Bethel en Barranquilla por David Williams, el Centro Cristiano del Sarare por Marcos Medina. También se afiliaron a las Asambleas varias obras independientes en otros pueblos.

Los evangelistas Byrd y Hurston celebraron una campaña en la ciudad de Ibagué, con la colaboración de Saúl Villalba, Avelino Avendaño y Verlin Stewart. La campaña se anunció por las calles con megáfonos. Un día se presentó un hombre enfermo que gritaba, burlándose: "¿Dónde está la sanidad de que hablan y predican? Miren que todavía sigo enfermo." Avelino Avendaño oró por él, y al día siguiente regresó gritando: "¡Estoy sano!" A los pocos días 60 personas asistían a la clase para nuevos creyentes.

Los evangelistas siguieron para iniciar la obra en Palmira, ciudad de 125.000. También predicaron en otros lugares. A fines de 1967 ya había obra en 10 de los departamentos de Colombia.

En Medellín, capital del departamento de Antioquia, David Brauchler y su esposa María iniciaron la Iglesia Belén con una semana de campaña. Roberto Krist pintaba escenas para ilustrar su mensaje cuando él predicaba. En una campaña asistieron 180 personas y 125 hicieron profesión de fe.

En seguida empezó la oposición. Se escribió en las paredes: "¡Abajo los Yanquis! ¡Viva la Virgen! ¡Abajo los protestantes!" Rompieron las ventanas del local. Bajó la asistencia a un promedio de 37. El sacerdote mandaba cada día a unas personas para rezar el rosario frente al templo y tirarle piedras.

Todos los días los Brauchler repartían literatura y abrían el templo, pero se desanimaban cuando sólo cuatro o cinco personas asistían al culto.

Pero la semilla que sembraban con lágrimas empezó a germinar. Dios habló a Raimundo Jiménez sobre la necesidad de una campaña en Medellín y se comenzaron los preparativos. Brauchler inició un programa radial diario, y empezaron a llegar cartas de oyentes en muchos lugares. Enfermos fueron sanados y muchos llegaban donde se grababa el programa para hablar con los Brauchler, testificar o pedir la oración.

Se repartieron 50.000 volantes anunciando la campaña frente a la Plaza

132 *COLOMBIA*

de Toros. La primera noche Dios sanó a un niño que había nacido sordo de un oído. Después muchos traían a sus enfermos para que se orara por ellos. Dios obró poderosamente durante los 27 días de la campaña.

El Monseñor de Medellín prohibió que se asistiera a aquellas "reuniones diabólicas", pero eso sólo sirvió para que llegaran más personas. En el Viernes Santo, se predicó por tres horas el Sermón de las Siete Palabras a unas 16.000 personas. El Domingo de Resurrección se finalizó la campaña con un gran desfile.

Después de la campaña, creyentes llegaban al Templo Belén de todas partes de la ciudad y de los pueblos vecinos. Algunos venían por la mañana a la Escuela Dominical trayendo su almuerzo para quedarse hasta el culto de la tarde. Algunos abrieron sus hogares para cultos de los cuales nacieron tres iglesias. En agosto de 1969, llegaron Avelino Avendaño y su esposa Gineth para pastorear por muchos años la Iglesia de Belén en Medellín.

En 1969-70 las Asambleas se extendió hasta la costa norte. Los Williams fueron a Barranquilla, y los Kramar a Cartagena.

El crecimiento en cinco años había sido fenomenal. En 1965 había 15 iglesias organizadas. A fines de 1969 había 53 iglesias organizadas y 163 puntos de predicación, con 89 ministros colombianos y aproximadamente 7.000 adherentes.

III. CULTIVO Y COSECHA, 1970-95

A. ADMINISTRACION NACIONAL

1. Liderazgo nacional

Al comenzar la década de los '70 se vieron grandes cambios en el Concilio de las Asambleas de Dios de Colombia. La organización ya podía autogobernarse, autosostenerse y autopropagarse. Para 1976 los misioneros no ocupaban puestos administrativos en el Comité Ejecutivo. Tuvieron gozo en entregar tales puestos a sus hermanos colombianos.

Desde su organización en 1958 los superintendentes fueron:

1958-59 Enrique Bartel	1969 Glen Kramar
1960 Verlin Stewart	1970-74 Gustavo T. Quiroga
1961-64 Enrique Bartel	1974-75 Héctor Méndez
1965-66 Floyd Woodworth	1976-82 Gonzalo Quintero
1967 Verlin Stewart	1982-88 Jerónimo Pérez
1968 David Williams	1988- Eduardo Cañas

En enero de 1970, la Convención Nacional eligió su primer superintendente colombiano—Gustavo Tibasosa Quiroga. El había fundado una

III. CULTIVO Y COSECHA, 1970-95 133

iglesia que llegó a tener 2.000 adherentes en Ciudad Kennedy, pueblo populoso cerca de Bogotá. De superintendente trabajaba árduamente pasando semanas en viaje, visitando aun las obras más lejanas. Sirvió en este cargo hasta 1974 cuando fue elegido Héctor Méndez, pastor de la Iglesia del Norte en Bogotá. El ministerio de Méndez y su esposa Feliciana incluía 10 años en Venezuela y pastorados en Sogamoso, Pereira y Vichada.

2. Distritos Organizados

En vista de la extensión de la obra en todo el país, en 1975 se dividió en tres Distritos (Norte, Central y Occidente), cada uno con su superintendente y otros ejecutivos distritales. Bajo su supervisión quedaban las secciones con sus presbíteros.

Los superintendentes de distrito en estos años fueron:
1) Distrito Central: Héctor Arroyave, seguido por Antonio Mancera, Efraín Sinisterra y Saúl Villalba.
2) Distrito Occidente: Pedro Placeres (cubano), Decervelo Das Chagas (brasileño), Avelino Avendaño y Eduardo Mahecha (colombianos).
3) Distrito Norte: Miguel Roush (norteamericano), José Satirio Dos Santos (brasileño) y Pedro Pablo Vélez (colombiano).

3. Departamentos organizados

Los departamentos del Concilio Misionero Femenil (C.M.F,), los Embajadores de Cristo, y la Escuela Dominical funcionaban en las iglesias y en su organización nacional. Se habían organizado a nivel nacional en 1966 el C.M.F. y los Embajadores de Cristo. Ambos celebraban convenciones de distrito y cada dos años una convención nacional.

El Departamento de Escuela Dominical recibió su impulso bajo la dirección de Margarita de Devine y el pastor Víctor Manuel Buitrago. Se pidió a las iglesias que tuvieran un curso anual de una o dos semanas para preparar maestros. Se adoptó el Plan de Avance, con certificados como un incentivo para el crecimiento. Representantes seccionales promovían cruzadas de adiestramiento y velaban por las escuelas dominicales, escuelas bíblicas vacacionales y el evangelismo del niño en general.

El Departamento de Evangelismo promovía campañas evangelísticas y en ocasiones el ministerio por radio. Su primer director fue el evangelista Félix González.

En 1976 se formó el Departamento de Misiones, pero funcionó sólo por un año. Se envió a los esposos Adelmo y Edelmira Ruiz, de la iglesia de Rionegro en Bogotá, a trabajar con la Sociedad Wycliffe en la traduc-

134 COLOMBIA

ción de la Biblia al idioma de los cholos del Chocó. Más tarde Germán Serna y su esposa Marta fueron a Paraguay y enseñaron en el instituto bíblico por dos años.

Desde 1976 el pastor Raúl Ortiz promovía misiones en la Iglesia Ebenezer en Bello Horizonte, Bogotá. El pastor siguiente, Alvaro Serna, siguió dirigiendo esta iglesia en misiones. Cada mes celebraba el Día de las Misiones y anualmente tenía una convención misionera con presentaciones sobre misiones, desfiles en representación de distintos países y promesas financieras para misiones en Colombia. Se dividieron en grupos los miembros de la iglesia para evangelizar a los niños, las prostitutas, los drogadictos, los encarcelados y los que estaban en el hospital. En la prisión de las mujeres en Bogotá de 35 a 50 asistían a los cultos semanales en 1976 y muchas se convirtieron.

Para 1982 varias iglesias tenían su propio Departamento de Misiones. El Distrito Central tenía su Departamento de Evangelismo y Misiones.

En cuanto a misiones a las tribus, había problema. El Acuerdo Sobre las Misiones daba a la Iglesia Católica el derecho exclusivo de ministrar en las áreas donde se hallaban los indígenas. Sin embargo, algunos obreros trabajaban entre varias tribus. Algunas eran receptivas al evangelio, otras hostiles. Además, los narcoterroristas dominaban grandes áreas de los Llanos y amenazaban con muerte a los que vinieran a predicar.

Jorge Ruiz, pastor en Tunja, fue con su familia a ministrar entre los 5.000 miembros de la tribu Tunevo donde ya había una familia convertida. La oposición fue tan feroz que los Ruiz tuvieron que huir para salvarse la vida, y la familia de creyentes se veía obligada a trasladarse a una ciudad lejana.

En cambio, se halló un campo receptivo entre los guajiros. Cecilia Lindao, en la universidad de Barranquilla, sintió el llamado de Dios para dar el evangelio a su pueblo, la tribu Guayu. Algunos fines de semana viajaba ocho horas en ómnibus a aldeas en el Departamento de Guajira, donde recibían bien su testimonio. Tradujo al guayu un curso evangelístico del Instituto Internacional por Correspondencia y lo grabó en cinta magnética. Cuando la pasó en Concurumana, todos escucharon con interés y preguntaron: "¿Por qué nadie nos ha contado antes de este Jesús?"

Cuando se abrió en Barranquilla el Centro de Aprendizaje del Instituto Bíblico en 1981, Cecilia se matriculó. De lunes a viernes estudiaba en la universidad para ser abogada; luego el sábado estudiaba en el Centro para ser pastora. Fue a pastorear en La Paz, Guajira, y ayudaba a su pueblo en asuntos legales.

III. CULTIVO Y COSECHA, 1970-95 **135**

Debía fenecer en 1978 el Acuerdo de Misiones, pero los católicos seguían reclamando este derecho. La Nueva Constitución de 1991 garantizó libertad de culto en cualquier región del país, pero los católicos alegaban que el Concordato de 1887 que hizo de la Iglesia Católica Romana la religión oficial de Colombia no lo podía abolir ni una nueva constitución, ¡ni nadie!

En 1992 el Departamento de Misiones se volvió a organizar a nivel nacional y recibió el impulso de Ramón Talley, quien había venido a Colombia con su esposa Wanda en 1984.

B. CRECIMIENTO EN LA OBRA

1. Papel de la enseñanza

a. Colegios cristianos

Desde el principio la enseñanza tenía un papel importante en el evangelismo y en el desarrollo del carácter cristiano.

En 1972 funcionaban siete escuelas primarias y una secundaria de las Asambleas de Dios. En 1981 se abrió en Bogotá el Instituto Académico Bethel, con enseñanza primaria y secundaria y 430 alumnos. Se fundaron otros colegios, sobre todo en el Distrito Norte. Los más grandes del distrito eran los de Cúcuta y Barranquilla. También había un colegio bilingüe (español y guayu) en La Paz, Guajira. Sin embargo, se disminuía el número de escuelas asambleístas y su uso como medio de evangelismo.

b. Institutos bíblicos

Los Woodworth dirigieron el IBC en Bogotá hasta 1971 cuando pasaron a Medellín para trabajar en el Instituto Bíblico de Antioquia fundado por Avelino Avendaño. Los sucedió en el IBC hasta 1973 Luciano Rodríguez, quien había enseñado en el instituto en Cuba. En los años siguientes a veces dirigía el IBC un triunvirato y a veces un individuo.

Los esposos Everett y Margarita Devine abrieron de nuevo el instituto regional en Cali en 1970. En 1971 David Williams inició clases nocturnas en el instituto regional de Barranquilla. En esos primeros años se daban clases también en Neiva y San Martín.

Con la proliferación de institutos regionales, se formó una junta nacional coordinadora que les diera continuidad y unidad bajo el Instituto Bíblico Central de Bogotá. Se delinearon pautas para oficializar los institutos regionales. Al seguir el mismo plan básico de estudios aprobado para Latinoamérica, podían intercambiar créditos y graduar sus propios alumnos. Los alumnos cursaban tres años al nivel laico; cuatro en el ministerial.

136 COLOMBIA

Después de 12 años en Venezuela, Myrna Wilkins (1979-) vino para más años de labor en los institutos y en el IIC.

En 1979 el Instituto Bíblico de Antioquia en Medellín, con David Lee de director, celebraba tres sesiones de dos meses cada año y tenía 41 estudiantes.

Miguel Roush y su esposa Aldana (1970-) fundaron un instituto bíblico regional en Bucaramanga que en 1979 tenía 10 estudiantes en clases diurnas y nocturnas por un curso de tres meses.

La obra en Barranquilla decayó por un tiempo y estuvo cerrado por tres años el Instituto Bíblico del Caribe en esa ciudad. Se restableció con seis alumnos en 1979 con Carlos García de director. En 1988, dirigido por Pedro Pablo Vélez y Judy Bartel de Graner, tenía tres grupos de estudiantes: 83 en Barranquilla, 100 en Cartagena en el programa de extensión, y 60 en Valledupar.

En 1988 recibieron su oficialización este instituto y el de Medellín con el pastor Eduardo Sánchez Buitrago y los esposos Duane y Ethel Brown. Luego estos asumieron la supervisión de otros regionales. El de Medellín se hizo responsable por el de Cali. El de Barranquilla (dirigido por Germán Serna) tomó la responsabilidad por los regionales en Bucaramanga, Cúcuta, Valledupar, Cartagena, Santa Marta, y Riohacha.

Miguel Benavides dirigía los cursos de Estudio a Distancia. Los institutos enseñaban a más de mil alumnos.

c. Estudios por el IIC

El Instituto Internacional por Correspondencia (IIC), que ya funcionaba en el país, se fortaleció con el establecimiento de la oficina nacional de Colombia con Donald Stuckless como director en 1972-73. Desde ese tiempo lo han dirigido Arturo Lindvall (1974-76), Judy Bartel (1976-84), Myrna Wilkins con Pedro Vélez (1984-90) y Barbara de Suggs (1991-).

Se distribuían millares de los cursos del IIC en el evangelismo por las casas, en las campañas, a los radioyentes que los pedían y en el entrenamiento de los creyentes. En 1975-76 se contaban 2.000 personas en cárceles entre los 6.000 estudiantes del IIC. En 1988 se distribuyeron 7.293 cursos evangelísticos (inclusive 852 para niños), 866 cursos sobre la vida cristiana y 718 cursos sobre el servicio cristiano. Los cursos llevaban a muchos a la salvación y contribuían al crecimiento espiritual.

d. Seminarios del SEC

El Servicio de Educación Cristiana para Latinoamérica y el Caribe (SEC) rendía ayuda de valor incalculable a las Asambleas en Colombia por sus seminarios internacionales para maestros y líderes de la obra. El IBC fue anfitrión de varios seminarios internacionales del Instituto de

Superación Ministerial (ISUM). También había talleres para diáconos y para líderes de la Escuela Dominical y de los jóvenes y niños. En 1986 se celebró en Medellín un taller internacional para escritores con los maestros Floyd Woodworth, Stephen Rexroat, Luis Bernal y Judy de Graner. Los participantes escribieron folletos para el evangelismo y se adelantaron en la producción de literatura.

Varios licenciados del ISUM han gozado los seminarios de la Facultad de Teología en su programa de maestría.

2. Extensión geográfica

El ISUM en Bogotá, 1974. Delante izquierda: David Grams. Desde el cuarto de la izquierda: Saúl Villalba, Verne Warner, Héctor Méndez, Lucas Muñoz, Floyd Woodworth, Samuel Balius, Lyle Thomson

Entre 1970 y 1980 se extendió la obra de las Asambleas de Dios a varias ciudades. En 1970 existían 56 iglesias organizadas, y 70 puntos de predicación. En 1980 había 90 iglesias organizadas y 120 puntos de predicación, con 21.500 adherentes.

a. En el Distrito Occidente

Dios usó al pastor Carlos Jiménez en campañas para abrir iglesias en Tolú, Buga y Buenaventura. Antes de la campaña en Buga un equipo de jóvenes dirigido por Marcos Devine y Esteban Bartel (hijos de misioneros) evangelizó de casa en casa, repartió literatura y tuvo actividades deportivas en el barrio. El primer pastor fue Isidro Garzón, antiguo

138 COLOMBIA

comunista y guerrillero quien se convirtió al refugiarse en una pequeña iglesia en Bogotá.

Dios usó al evangelista puertorriqueño Jorge Raschke para iniciar la obra en la ciudad universitaria de Popayán.

En Manizales, se hizo una campaña con Esteban Colorado, y el misionero brasileño Reginaldo Pereira quedó como pastor.

En Cali se fundaron iglesias en los barrios y alrededores con la ayuda del evangelista puertorriqueño Yiye Avila y de Moisés Oliveira, misionero del Brasil.

En 1977 diez jóvenes Embajadores de Cristo de Cali ayudaron en una campaña en Pasto. Dos de ellos, Eduardo Mahecha y Edier Izquierdo, se quedaron para pastorear la iglesia que resultó.

Los Devine empezaron una obra entre los drogadictos del barrio El Peñón en Cali e iniciaron en su hogar una iglesia pastoreada por más de diez años por su hijo Marcos y su señora Jean.

En Medellín la obra creció a pesar de la oposición católica durante los años '70 y del narcoterrorismo de los '80 y los '90. Tomaron parte en fundar cuatro iglesias en sus barrios el superintendente del distrito y pastor del Templo Belén, Avelino Avendaño, David Lee y su esposa, ministros de otros lugares de Colombia y equipos de los Estados Unidos y del Instituto Bíblico. Se formó la iglesia en Copacabana en 1987 con la ayuda de Ramón y Wanda Talley, el pastor Carlos Alvarez y Pedro Unda, quien quedó como pastor. Varias otras obras se abrieron en el distrito.

b. En el Distrito Norte

En 1969, David y Marilyn Williams salieron de Bogotá para abrir obras en la Costa Norte. En 1972 ya había seis iglesias y un instituto bíblico nocturno en Barranquilla y sus alrededores.

En 1970 los Kramar y Eulogio Rivero y familia fundaron la Iglesia Central de Cartagena. En 1971 había cinco obras en esa ciudad. También Raimundo Fields y su esposa tuvieron buen éxito en evangelismo entre los estudiantes de la universidad.

En 1971 los esposos Miguel y Aldana Roush fueron a Bucaramanga. Con una campaña de dos semanas comenzaron cultos en su hogar. Al terminar una campaña, 85 personas siguieron reuniéndose. Hubo oposición, pero la obra se adelantó. Pronto se inició una iglesia en el barrio Mutis con otra campaña. A través de las dos décadas siguientes los Roush impulsaron la fundación de unas 30 obras: 7 en Bucaramanga, 3 en Cúcuta, y 20 o más en otros pueblos.

Muchos pioneros colombianos con esfuerzo y sacrificio tomaron parte en fundar y pastorear iglesias en el Distrito Norte. En 1974-75, el

III. CULTIVO Y COSECHA, 1970-95 139

superintendente Héctor Méndez apoyó misiones al Distrito Norte. La mayoría de los obreros eran jóvenes muy nuevos en el Señor; contaban con la ayuda del pastor cubano Rolando Lowe. Pero para 1975 se habían ido los misioneros, la obra había decaído, y se tuvo que cerrar el instituto bíblico. Franklin Burns y su esposa Doris fueron a Barranquilla para ayudar al pequeño rebaño que permanecía. Una campaña suya fortaleció a la iglesia y al pastor Carlos García.

En 1980 Jaime Murphy (1977-93 en Colombia) coordinó siete campañas en la costa norte, dos de ellas en Barranquilla. El y su esposa Jenny pastorearon la Iglesia Bíblica Central en el barrio Porvenir de Barranquilla. Los Murphy trataron de alcanzar a la clase profesional con el evangelio. En una ausencia suya, vino Esteban Graner (1985-) en su reemplazo. El vio crecer la iglesia de 20 asistentes hasta 80 en 14 meses.

Los Murphy regresaron y la iglesia siguió creciendo. Con la ayuda de Judy Bartel, quien dirigía el IIC, abrieron en el templo un Centro de Aprendizaje que ofrecía los cursos del instituto bíblico y los del IIC. En 1988 los Murphy entregaron la obra con 400 adherentes al pastor Rafael Gómez y su esposa Juliana. Mientras tanto, Esteban Graner se había casado con Judy Bartel en 1985 y ministraban juntos en la educación cristiana.

La obra en Cúcuta creció rápidamente. Además de los pastores Alfonso Quintero e Isidoro Daza, pioneros en Cúcuta, el Señor llamó a un pastor brasileño a esta ciudad fronteriza con Venezuela. En 1975 José Satirio Dos Santos fundó el Centro Cristiano Los Pinos. En 20 años la iglesia alcanzó una asistencia promedio de 5.000 personas, con más de 30 iglesias hijas en Cúcuta, los pueblos aledaños y hasta en Venezuela. Adquirieron dos emisoras radiales, compraron una finca para campamentos y retiros, y construyeron un colegio para más de 300 niños.

c. En el Distrito Central

El Distrito Central disponía de muchos hermanos colombianos con visión para fundar obras y que se esforzaban para el crecimiento de las iglesias existentes. Los alumnos del IBC en Bogotá tenían la meta de abrir una nueva obra por año. En 1971, como resultado de una campaña en Villavicencio, cinco estudiantes dejaron el instituto para pastorear las nuevas obras en Restrepo, Acacías, Cumaral, Retiro y la segunda iglesia de Villavicencio. Los habitantes de la región estaban asombrados que Restrepo y Acacías estuvieran abiertos al evangelio. Estas dos ciudades en el pasado se habían opuesto violentamente, pero la sanidad de un conocido paralítico en Restrepo ayudó a derrumbar las barreras.

La gente de Ubaté había matado a un misionero de otra denominación y había expulsado del pueblo a los creyentes. Pero en 1971, la Iglesia

140 COLOMBIA

Alpha y Omega en Bogotá, con el pastor Leonidas Espinoza, auspició el inicio de una iglesia allí por el evangelista Manuel Herrera, un equipo del IBC con Judy Bartel, y unos miembros de su iglesia (en especial el matrimonio Hernando y Cecilia Panche). Cuando el equipo ya no tenía dinero para seguir en el hotel, la única familia evangélica en el pueblo (miembros de la Cruzada Mundial) abrió su casita para que las dos mujeres se quedaran allí. Los únicos que ofrecieron hospedaje para el resto del equipo eran un poderoso espiritista y su esposa quien era médium. La conversión de esa familia y milagros de sanidad ayudaron a establecer una iglesia en Ubaté.

3. Medios de crecimiento

a. Campañas en los '70

En el año '72 se celebraron unas 100 campañas en Colombia. El director del Comité de Evangelismo en ese año fue Félix González.

En 1974 el joven evangelista boliviano Julio César Ruibal ministró con buenos resultados en Bogotá y Medellín.

En Sincelejo, un grupo de guerrilleros intentó poner fin a una campaña. Cada noche gritaban: "¡Imperialistas Yanquis, váyanse!" Lanzaron piedras y pedazos de ladrillos a la plataforma donde se encontraban el pastor Agustín Ramos y los Burns. Franklin Burns siguió predicando mientras sus colegas oraban hasta que menguó el ataque. Ramos y Burns conversaban una noche acerca de los ataques y oraron por los revolucionarios. Cerca de la medianoche alguien tocó a la puerta. Cuando el pastor Ramos abrió fue grande su sorpresa al encontrarse con el líder guerrillero. Creyendo que se presentaban problemas le preguntó:

—¿A qué viene?

—Quiero saber qué debo hacer para ser salvo—replicó. Se le explicó el plan de salvación y aceptó a Cristo. Pronto 15 de sus compañeros se convirtieron y varios llegaron a ser predicadores.

b. Visitación sistemática

En el programa Embajadores en Misión, jóvenes norteamericanos llegaron en 1969 con el fin de trabajar con jóvenes colombianos para evangelizar de puerta a puerta. En 1972 vino un grupo de 126 jóvenes a Bogotá para evangelizar durante una semana. Debido al gran impacto que causó, se invitó a otros grupos. Raimundo Fields dirigió la mayoría de los grupos. En 1973 cuatro grupos se repartieron en varias ciudades. Sus esfuerzos con los de sus compañeros colombianos produjeron 3.000 decisiones por Cristo.

III. CULTIVO Y COSECHA, 1970-95 141

c. Distribución de literatura

Desde el principio la distribución de literatura era una parte del evangelismo. La renovación carismática en la iglesia católica abrió puertas para ofrecer libros que llevarían a los lectores a Cristo. Arturo Lindvall aprovechó esta oportunidad. Por unos meses en 1965 había promovido el colportaje; volvió en 1973 con su esposa Juanita para tres años en Colombia. Puso pequeños estantes con libros cristianos en restaurantes exclusivos. Colocó libros en librerías católicas y seculares, droguerías, hospitales, supermercados, y en el aeropuerto internacional.

d. Radio y televisión

En la década de los '70 los programas radiales de las iglesias en Medellín, Cartagena y Bucaramanga abrían muchas puertas al evangelio. En 1972 el Distrito Central patrocinaba cuatro horas y media de programa semanal. En los años '80 la Iglesia Manantial de Vida Eterna, pastoreada por el superintendente Eduardo Cañas, compró una emisora en Bogotá. Así también lo hizo el Centro Cristiano los Pinos en Cúcuta. Para 1992 se tuvo que vender la emisora en Bogotá, pero la de Cúcuta seguía funcionando. El evangelismo por televisión no se podía hacer en Colombia de manera continua, pero en ocasiones se difundía así el testimonio evangélico. Durante las festividades navideñas de 1974 en Bogotá, 35 niños de la Escuela Dominical en la casa de los Stuckless cantaron en el conocido programa para niños, Rin Rin. Ese año se le permitió a Judy Bartel contar una historia bíblica en el programa semanal. Más adelante se transmitió uno que otro programa para niños. En 1985, el Coro Armonía dirigido por Carlos Stewart cantó el Himno Nacional y otros himnos en una Teletón.

Para 1994 el programa "Mensaje a la Conciencia" por el "Hermano Pablo" Finkenbinder se difundía en Colombia por 171 emisoras de radio y dos de televisión y se podía leer en cinco periódicos.

Colombia contribuía al evangelismo por televisión en otros países. Cuatro colombianos y cuatro misioneros que usaban títeres en el evangelismo infantil trabajaban en "El Lugar Secreto", programa de las Asambleas para los niños de Latinoamérica. Sara y Maritza Segura (libretistas y productoras), Carlos Luna Palacios (cantante), William Bustos (locutor y actor), Esteban y Judy Graner y Carlos y Linda Stewart viajaban anualmente para un mes de producción en el estudio de televisión de Comunicaciones ASTRO, en Durant, Florida. Esta serie de programas creados por José Register y su esposa Margarita se transmitía en 13 países de Latinoamérica, el Caribe, España y Africa. Más tarde Sara y Maritza trabajaban de tiempo completo en la producción.

Esteban y Judy Graner

Sara y Maritza Segura con títeres

e. Énfasis en lo espiritual

El crecimiento y vitalidad de la iglesia dependía de su crecimiento espiritual. En 1980 sólo 25% de los creyentes había recibido el bautismo en el Espíritu Santo. De 1980 a 1985, Everett Devine promovió conferencias sobre el Espíritu Santo en las iglesias. Resultaron en mucho avivamiento y crecimiento espiritual. Después, Eduardo Cañas asumió este ministerio.

f. Más obreros a los campos

En la década de los '70 vinieron 24 misioneros norteamericanos, pero a los pocos años casi todos pasaron a otros campos de labor. Permanecían en Colombia en 1980 los Devine y su hijo Marcos, los Roush, los Murphy, Judy Bartel, los Placeres y Myrna Wilkins. Arturo Cannon y su esposa Shirley, misioneros veteranos al Perú, ayudarían de 1980 a 1987 antes de volver al Perú. En la misma época (1980-88) Jerónimo Pérez y su esposa Virginia, de Nicaragua, rendirían servicio importante a la obra.

Con la extensión geográfica y la necesidad de entrenar obreros, en 1984 la iglesia nacional pidió el envío de 12 matrimonios misioneros adicionales. En 1984 vinieron dos matrimonios, Ramón y Wanda Talley y Duane y Ethel Brown, que todavía trabajarían en Colombia en 1995. Entre 1987 y 1995 llegarían nueve matrimonios y dos misioneros solos para colaborar en la obra.

III. CULTIVO Y COSECHA, 1970-95 143

g. Más campañas en los '80

Jerónimo Pérez, quien había sido superintendente de las Asambleas de Dios de Nicaragua, era presidente de la Comisión de Evangelismo para las Asambleas de Dios en la región norteña de Sudamérica. El propuso designar 1980 como el año de invasión con el evangelio para Colombia, para fundar nuevas iglesias con las oraciones y apoyo de las Asambleas en todo el hemisferio.

Se celebraron 124 campañas evangelísticas en Colombia en julio de 1980. De los 70 evangelistas, 25 eran colombianos y los otros llegaron de 14 países del hemisferio. Vinieron equipos de jóvenes norteamericanos para ayudar en la distribución de literatura y con la música. Dos de ellos, Ramón Talley y Duane Brown, volverían más tarde como misioneros. Ofrendas del exterior hicieron posible la distribución de 1.500.000 entidades de literatura, inclusive 5.000 Evangelios. En las campañas 18.000 personas aceptaron a Cristo y se fundaron 36 nuevas iglesias.

Mike Hines y su copiloto Ted Staats en su avioneta sobrevolaban a Medellín, Baranquilla y otras ciudades anunciando los cultos y predicando por poderosos parlantes. En la campaña de Bogotá hubo mucha oposición e indiferencia. La asistencia fue baja. Después de la primera semana, por fin Hines y su copiloto consiguieron permiso para sobrevolar en círculos cerrados la mitad de la ciudad. Las condiciones climáticas fueron ideales. Después de predicar desde la avioneta Mike Hines invitó a los que querían entregarse a Cristo que lo indicaran con el brillo de un espejo en la próxima vuelta que daría, y él oraría con ellos. Muchos corrieron a sacar un espejo de la casa, luego Hines pudo ver en un área de 5 a 6 kilómetros cuadrados el brillo de espejos como señal que las personas querían aceptar a Cristo.

Los oficiales del aeropuerto le hablaron por radio cancelando las restricciones de altura que le habían puesto y pidiéndole que predicara desde una altura menor para que se escuchara mejor el mensaje. Luego la asistencia a la cruzada en Bogotá aumentó de 3.000 a 14.000 y el entusiasmo fue grande. Hubo muchas sanidades, en especial bajo el ministerio de Carlos Jiménez, presidente del comité de la Invasión para Colombia.

Seguían las campañas y el trabajo de conservación. Las Asambleas de Dios de los Estados Unidos había enviado cuatro carpas grandes para utilizar en campañas y hasta que la nueva congregación consiguiera un local.

Casi todas las 100 iglesias evangélicas en Cali auspiciaron una gran cruzada en 1987 con Alberto Montessi. La Cadena Radial Color la transmitía en vivo, y cada mañana por una hora difundía las respuestas del evangelista a preguntas de los oyentes. Unas 19.600 personas acep-

144 *COLOMBIA*

taron a Cristo. En la noche de la juventud se entregaron al Señor 3.500 personas, entre ellas prostitutas, drogadictos, guerrilleros, homosexuales y traficantes de drogas.

En 1989 el evangelista Luis Palau predicó por seis días en Bogotá y hubo más de 10.000 decisiones por Cristo. El coliseo fue vigilado por la policía y uno de los guardias asignados al trabajo oyó el evangelio y aceptó al Salvador.

h. El Desafío Juvenil

Colombia, a igual que muchos otros países en los '80, sufría de la plaga de la toxicomanía. En 1989 se estableció en Bogotá el programa del Desafío Juvenil para evangelizar y rehabilitar a los drogadictos. El pastor Gregorio Chaux, quien había ministrado entre tales personas por 10 años, asumió la dirección del Desafío Juvenil para Colombia.

i. Clínicas

Dios ha usado, tanto en el evangelismo como en el alivio del sufrimiento, las visitas de médicos, dentistas y enfermeras en la obra internacional del Ministerio Cuidado de la Salud. Cada equipo de las Asambleas de Dios que viene de los Estados Unidos colabora con médicos, enfermeros y pastores nacionales en las clínicas y cultos evangelísticos. En 1990 un equipo trató a 1.300 pacientes durante una semana en Barranquilla y dirigió a 600 de ellos a la salvación en Cristo.

j. Entrenamiento de la Generación XXI

Con el fin de dar una preparación más adecuada a los niños de hoy para ser los líderes de la iglesia de mañana, en 1992 se inició el programa de Generación XXI con un representante para cada distrito y Miguel Lawrence como director nacional. En diciembre de 1992 asistieron al Seminario Internacional de Generación XXI en Costa Rica. Regresaron con los planes y manuales preparados por Anita de Niles y sus colaboradores en la oficina internacional de Generación XXI en Springfield, Missouri.

En 1993, el Año del Niño en la Década de la Cosecha, 2.000 personas se adiestraron para trabajar con los niños, se nombraron pastores de niños en muchas iglesias, se celebraron campañas para niños y se vieron buenos resultados en muchas vidas.

C. A PESAR DE LAS PRUEBAS

1. Conflictos internos

En tiempos de conflicto nacional, casi siempre se ven tensiones en la iglesia. Varios líderes se fueron de las Asambleas. En los años desde 1973,

III. CULTIVO Y COSECHA, 1970-95 **145**

los Kramar, David Williams, Gustavo Quiroga, Gonzalo Quintero y Octavio Moreno dejaron las Asambleas. Moreno tenía un ministerio interdenominacional por radio y pastoreaba una iglesia. Mantenía buenas relaciones con las Asambleas.

De 1982 a 1995 mejoró la situación bajo la superintendencia de Jerónimo Pérez (1982-88) y de Eduardo Cañas, su sucesor. Jerónimo tenía muchos años de experiencia en las Asambleas de Dios de Nicaragua antes de venir a Colombia.

La iglesia pastoreada por Cañas y su esposa Fulvia había crecido bajo su ministerio hasta ser la más grande de Bogotá. En su superintendencia el Señor utilizó su habilidad de organización en movilizar las iglesias para la Década de la Cosecha.

2. Río de muerte en Armero

Inolvidable fue el 13 de noviembre de 1985, el día que un volcán mató a todos menos 7.000 de los 32.000 habitantes de Armero. Entre las víctimas estaban 1.600 evangélicos. De los 150 miembros de las Asambleas, 54 murieron, pero varias familias de esta iglesia podían testificar de cómo Dios los protegió.

Algunos creyentes estaban en el templo cuando la avalancha de lava y barro vino directamente hacia ellos. A 10 metros del templo se partió. Pasó a 20 metros en un lado y a 50 en el otro, luego a 200 metros más abajo se unió de nuevo el río de muerte. Al día siguiente los hermanos colocaron planchas de calumina sobre el barro y lava y cruzaron por los techos de las casas enterradas para salir a salvo.

Ayuda vino de muchas iglesias en la nación y en el extranjero para los sobrevivientes que habían perdido todo. Y en el ambiente de sufrimiento muchos estaban más abiertos al evangelio.

3. Guerrilla y terrorismo

La Conferencia de Obispos Latinoamericanos celebrada en Medellín en 1968 abrió la puerta para luchar por derrocar a gobiernos e instituciones con el fin de liberar a los oprimidos. No todos los obispos favorecían la violencia, pero algunos religiosos se adhirieron a las fuerzas guerrilleras que traerían muerte y terror a Colombia por muchos años.

El narcoterrorismo, tomó fuerza en la década de los '80. Los traficantes de narcóticos luchaban contra el gobierno que se oponía a la exportación de las drogas. Había peligro en las ciudades y en los campos con el secuestro, las bombas y los asesinatos. Varios evangélicos perdieron la vida.

En 1987 Jorge Bedoya y su esposa Carmen, pastores de la nueva obra

146 *COLOMBIA*

en San Pedro, Antioquia, fueron apedreados y amenazados de muerte. Una noche en 1989 su casa fue incendiada. Oraron, y el Señor apagó el incendio. A pesar de la persecución, consiguieron propiedad y comenzaron a construir un templo.

En 1988-89 ascendieron a 595 las muertes diarias en la lucha guerrilla y por la violencia relacionada al tráfico narcótico. El evangelista Efraín Barón, la cantante Nancy Ramírez y otros fueron secuestrados por los guerrilleros y hubo amenazas contra su vida, pero puestos en libertad siguieron adelante en la obra. A menudo salían artículos difamadores en los periódicos contra la iglesia en Cúcuta. Los pastores en el departamento de Antioquia vivían bajo amenaza pero su fe quedaba firme. Con miras hacia el futuro, la iglesia de Colombia entró en la Década de la Cosecha: los años '90. Trabajaba árduamente en el evangelismo, el discipulado, la intercesión, y actividades a favor de su patria y en especial a favor de las familias.

En los primeros tres años de la década se iniciaron 232 nuevas congregaciones. Seguía el ministerio a los universitarios; en 1991 más de 100 estudiantes en Córdoba asistían a las clases bíblicas. Seguían también las campañas evangelísticas, y se esperaba un gran avivamiento y una visitación del Espíritu Santo.

D. RETROSPECCION Y PERSPECTIVA

Desde el romper los primeros surcos para la siembra de la Palabra en Colombia hasta el regocijo en la cosecha en el día de hoy, los obreros se han enfrentado con dificultades, pero Dios los ha ayudado a persistir en el cultivo. El ha mandado el sol de su presencia y las lluvias de gracia, y la cosecha ha venido.

El cincuentenario de las Asambleas de Dios de Colombia se celebró en Bogotá con gran gozo en 1992. Cada noche unas 7.000 personas se reunieron en el estadio. Juan Bueno, director de misiones para Latinoamérica, observó: "Un nuevo día ha amanecido en Colombia después de años de persecución y pruebas."

En 1995 todavía había bastantes pruebas, pero los líderes animaban a sus hermanos en el Señor, y cada uno a su compañero ante los campos blancos para la siega: ¡Adelante con la cosecha!

CUBA

Con Raquel de Peterson

REPUBLICA DE CUBA, 1994

El país

Area: 114.500 km^2
Habitantes: 12.415.000
Capital: La Habana

Las Asambleas de Dios, 1994

Ministros: 610
Iglesias/Anexos: 1.400
Adherentes: 35.000
Estudiantes en preparación:
   Nivel ministerial: 1.057
   Nivel laico: 481
   En ISUM: 79

BOSQUEJO

I. **Trasfondo histórico**
  A. ¡Cubita bella!
  B. Primeros evangélicos

II. **Comienzos pentecostales, 1921-40**
  A. Mujeres intrépidas
    1. Surcos abiertos
    2. Cañonazos y muletas
  B. Refuerzos y crecimiento
  C. ¡Instituto con un alumno!

III. **Desarrollo eficaz, 1940-59**
  A. Años de transición, 1940-42
    1. División y reajuste
    2. Plan de acción, 1942
  B. ¡A todo el país! 1942-49
    1. Obreros y extension
    2. Avance en el Occidente
    3. En Las Villas y Camagüey
    4. Progreso en el Oriente
    5. A grupos lingüísticos
    6. ¡Y aun al extranjero!
  C. Consolidación y preparación
    1. ¡A fortalecer la obra!
    2. Los departamentos
    3. Preparación de obreros
    4. Preparación para avivamiento
  D. Campañas y conservación, 1950-59
    1. Lluvias de gracia
    2. Cultivo por la enseñanza
    3. En crisis y cambio

IV. **¡Adelante a todo costo! 1959-95**
  A. Cambio de condiciones 1959-63
    1. Una nueva era nace
    2. Elección extraña, 1961
    3. La fe y calabazas
    4. Intervención
    5. ¿Derrota o siembra?
  B. Perseverancia en el cultivo
    1. Fortalecidos por el Señor
    2. Frente a los problemas
    3. ¿Cómo preparar obreros?
  C. ¡Y Dios da la cosecha!
    1. Obra del Espíritu Santo
    2. Cambios y progreso
  D. Retrospección y perspectiva

¡A los campos para predicar con Floyd Woodworth y Howard Coffey!

I. TRASFONDO HISTORICO

A. ¡CUBITA BELLA!

Cuba ha figurado en las noticias internacionales en más de una ocasión durante el siglo veinte. La mayor de las islas Antillas, Cuba mide 1.120 km. de longitud y de 40 a 200 km. de anchura. La tierra fértil producía tanta caña que se llamaba la Azucarera del Mundo. Los habitantes hablaban de "Cubita Bella, la Perla de las Antillas." Pero aun más bella es la iglesia triunfante en Cuba.

Los habitantes originales, los ciboneyes, fueron sometidos a la esclavitud en la conquista española y casi todos murieron por exceso de trabajo. Para reemplazarlos se importaron esclavos del Africa quienes traían sus propias religiones animistas.

Hasta en el siglo veinte se hallaba en cualquier nivel de la sociedad una mezcla del catolicismo y el paganismo. El 25% de los católicos eran espiritistas, y se acudía a los brujos para la curación de una enfermedad, éxito en el amor, o la muerte de un enemigo. Cuba necesitaba, pues, la luz del evangelio.

B. PRIMEROS EVANGELICOS

En 1741 los anglicanos celebraron cultos en Cuba, pero sin fundar iglesias. Después de un siglo las condiciones políticas hicieron que muchos cubanos se refugiaran en los Estados Unidos—a sólo 144 kilómetros de sus playas. Algunos se convirtieron allí y regresaron a Cuba para compartir las buenas nuevas por el colportaje bíblico y por la predicación, pero no se les permitió continuar en este ministerio.

En 1871 la Iglesia Episcopal envió a un pastor para ministrar al número creciente de norteamericanos e ingleses en la isla. Los metodistas y bautistas establecieron su obra en 1883, y los presbiterianos vinieron en 1884.

En 1898 Cuba consiguió su independencia de España, y la constitución adoptada en 1901 estableció la libertad religiosa y la separación de la religión y el estado.

II. COMIENZOS PENTECOSTALES, 1921-40

A. MUJERES INTREPIDAS

1. Surcos abiertos

¡Dos mujeres solas con una carpa para campañas evangelísticas en un país donde no existía obra pentecostal! El abrir surcos en campos nuevos no era cosa nueva para la señorita May Kelty y su anciana madre Harriet cuando llegaron a Cuba en 1921. Habían ido a Argentina con la señorita Alicia Wood en 1910. Ya conocían la persecución, la resistencia al evangelio, y la bendición de ver las almas rendirse a Cristo.

Mientras tanto, la isla de Cuba, con 2.000.000 de habitantes tenía poca obra evangélica. Las Kelty aceptaron el reto de ir a Cuba para romper más terreno y sembrar allí la Palabra de Dios.

Trabajaron en la provincia de la Habana por dos años, celebrando campañas evangelísticas en varios lugares. Pero la señora Kelty no estaba bien de salud, y volvieron a su tierra.

Después de fallecer su señora madre, May Kelty trabajó con los esposos Henry y Sunshine Ball en el instituto bíblico hispano en Texas, pero no se olvidaba de Cuba. En 1931, con 48 años de edad, volvió a la Habana acompañada de Ana Sanders, quien había ayudado a fundar las Asambleas de Dios de México. La señora Sanders era mujer de oración, consagrada, y muy activa a pesar de sus 62 años de edad. Abrieron una obra en la Habana y una misión en El Moro.

2. Cañonazos y muletas

El trabajo no era fácil y hubo problemas físicos. Ana Sanders se quebró la cadera, y el médico le dijo que probablemente nunca volvería a caminar. Pero Dios tenía otros planes. Ella estaba resuelta a seguir adelante—aun con muletas. Después de seis meses en el hospital se lanzó otra vez a la obra. May Kelty también sufrió una caída que la incapacitó por un tiempo similar.

Ana Sanders

Los tiempos eran turbulentos de 1932 a 1934. Ana Sanders escribió: "Aun en medio de revolución, derramamiento de sangre, ciclones y persecución de parte de los sacerdotes católicos, puedo decir que Dios está bendiciendo la obra. Cuba está en una condición terrible, y ahora es el tiempo de trabajar para Dios. La gente busca al Señor a causa de sus problemas."

Más tarde añadió: "Es en medio de cañonazos y tiros de fusil que proclamamos la verdad de la santa Palabra de Dios. Más de 300 fueron muertos el otro día a sólo cinco cuadras de nosotras, pero no hemos suspendido ningún culto, aunque algunos

II. COMIENZOS PENTECOSTALES, 1921-40 151

tenían miedo de asistir. El Señor ha quitado todo temor de mi alma."

Un predicador bautista, Abelardo Rodríguez, ayudó en la obra por un tiempo. Su hija Adis, de once años, trabajó en casa de las misioneras y colaboró con ellas en la obra por varios años.

B. REFUERZOS Y CRECIMIENTO

Francisco (Panchito) Rodríguez, de Puerto Rico, pastoreaba una iglesia pentecostal de puertorriqueños en Nueva York cuando Dios lo llamó a Cuba. En diciembre de 1933 él llegó a la Habana con su esposa Esther, sus tres hijos y su suegra. Encantadas de recibir estos refuerzos, May Kelty y Ana Sanders les cedieron la planta alta de su casa. Los Rodríguez iniciaron iglesias en Regla, en Párraga y en otros lugares. Entrenaron algunos obreros locales que trabajaban bajo su dirección.

El joven Roberto Reyes fue el primer pastor pentecostal cubano. Fue al instituto bíblico en Texas, y al graduarse regresó con Florinda, su esposa mejicana, para pastorear en Regla.

Desde 1930, cuando el Distrito Latinoamericano de las Asambleas de Dios ordenó a May Kelty y a Ana Sanders para el ministerio en Cuba, la obra en Cuba era parte de ese distrito. Al surgir problemas en 1934, el superintendente del distrito, H.C. Ball, visitó la obra. Se decidió que Francisco Rodríguez siguiera en la iglesia madre en la Habana, y May Kelty pasara a El Moro. Ana Sanders, quien no estaba bien de salud, volvió a los Estados Unidos, ¡pero no para jubilarse! Regresó a México donde seguiría trabajando hasta cumplir los 80 años en 1948. May Kelty trabajaría en Cuba hasta 1957.

Hacían falta más misioneros para el desarrollo de la obra. Teodoro Bueno y su esposa Catalina, antes en Venezuela, vinieron en enero del 1935. El supervisó la obra por unos meses, pero se fueron por la enfermedad de su esposa. Después pasaron a Chile.

En 1935 Kenzy Savage y su esposa vinieron. Por diez meses él sirvió de presbítero, luego se fueron por problemas de salud. Lorenzo Perrault y su esposa Jessie llegaron en 1936. Se abrió otra misión en la Habana, y en 1938 Amy Ausherman vino para ayudarlos después de servir por seis años en las islas Canarias.

En esta época Dios levantó a varios obreros cubanos. Enrique Rodríguez, farmacéutico, dirigía un centro espiritista y se creía una reencarnación de Napoleón Bonaparte. Una noche pasaba por el local donde predicaba Perrault y, atraído por la música, entró.

"¡Un gran médium!" pensó Enrique. "¡No sabe nada de mi vida pero me está contando todo lo que hago! ¡Este es el espiritista más potente que he visto!" Pronto descubrió que no se trataba del espiritismo sino

152 CUBA

del Espíritu Santo. A la noche siguiente toda su familia se entregó al Señor. En 1938 ya dirigía una congregación, y en 1941 era pastor de la iglesia principal en la Habana.

El joven Eolayo (Olallo) Caballero trabajaba en un periódico y estudiaba el comunismo con el fin de unirse a este movimiento.

En 1937 iba en un ómnibus en la Habana cuando un joven le obsequió un folleto evangélico. Dios le habló por su lectura, fue a una iglesia asambleísta y se convirtió. Lorenzo Perrault notó su dedicación pero ni él ni Olallo soñaban cómo Dios lo usaría por más de medio siglo.

Gabriel Caride se había preparado para el ministerio en el seminario Los Pinos Nuevos de la Misión de las Antillas en Placetas. Después de recibir el bautismo en el Espíritu Santo se afilió a las Asambleas de Dios. Viajó 18 horas por ómnibus con Lorenzo Perrault hasta Palma Soriano, Oriente, donde había un pequeño grupo de creyentes. Gabriel y su esposa Micaela aceptaron el reto de pastorearlos.

Con la llegada de un matrimonio puertorriqueño, Manuel Beltrán y su esposa, para trabajar en el área de la Habana, los Perrault pasaron a Santiago de Cuba. Fundaron una iglesia e iniciaron un programa radial para la evangelización de esa zona.

En 1938 se organizó la obra en Cuba, y quedó Lorenzo Perrault como superintendente. El recorría las iglesias cada mes y las ayudaba a establecer nuevos puntos de predicación.

Delante, izq. a der.: Esther y Francisco Rodríguez, los Beltrán, Amy Ausherman, Panchita Rodríguez. Atrás: Jessie de Perrault, Enrique Rodríguez, Lorenzo Perrault, Gabriel Caride, May Kelty, Margarita Ausherman

C. ¡INSTITUTO CON UN ALUMNO!

El futuro de la obra dependía del entrenamiento de obreros cubanos para evangelizar a su propio país. ¿Pero cómo empezar? Convencido de que Dios quería usar a Olallo Caballero en el ministerio, Lorenzo Perrault mandó buscarlo. Esto sorprendió a Olallo, pero fue a donde los Perrault en Santiago de Cuba. Allí le enseñaron las materias del primer año del instituto bíblico.

Al venir Melitón Donato y su esposa Ruth de Nueva York, se encargaron de la iglesia en Santiago, y los Perrault volvieron a la Habana en septiembre de 1939. Iniciaron el segundo curso del Instituto Bíblico Pentecostal en Lawton, con un buen grupo de jóvenes. Amy Ausherman los ayudaba.

Los Caballero y Hugo Jeter en 1994

Más tarde el IBP pasó a una propiedad cerca de San Pedro. Dios lo bendijo, bautizando a los alumnos con el Espíritu Santo, contestando sus oraciones por la conversión de sus familiares, y ayudándolos en el evangelismo.

III. DESARROLLO EFICAZ, 1940-59

A. AÑOS DE TRANSICION, 1940-42

1. División y reajuste

En enero de 1940 Noel Perkin, secretario de misiones foráneas, visitó la obra. Se nombró una Comisión Directiva, compuesta de Lorenzo Perrault, Francisco Rodríguez, y Enrique Rodríguez. En el mismo año se produjo una división. Francisco Rodríguez y Roberto Reyes se separaron de las Asambleas de Dios llevando consigo otros obreros e iglesias. Francisco formó su propia organización.

Las iglesias asambleístas y puntos de predicación se redujeron a siete, y la membresía a menos de 200, pero los obreros no se dieron por vencidos. Al contrario, se lanzaron al evangelismo.

Se establecieron buenas relaciones con Roberto Reyes y su iglesia en Regla. Al irse él a los Estados Unidos se afilió de nuevo a las Asambleas. Dejó la iglesia a cargo de Pedro Placeres, y él y la iglesia se afiliaron a la IEP. Placeres levantó una buena iglesia en Lotería y después era presbítero de la provincia de Habana. May Kelty ayudaba en Lotería. Dios bendecía por años al pastor Bernardo Amor, un español muy consagrado, en Regla.

Luis Stokes, su esposa Lillian y sus hijos mellizos llegaron al instituto bíblico en septiembre de 1940 acompañados por la señorita Hilda Reffke. Mientras estudiaban el idioma, llevaban a los alumnos a los pueblos cercanos para predicar, ayudaban en las iglesias, y Luis Stokes sirvió de secretario-tesorero nacional.

Ramón Nieves vino de Puerto Rico y serviría por más de 20 años en Cuba. Tenía un ministerio evangelístico, y también él y su esposa Lucy pastorearían iglesias en varias partes del país. Ramón serviría en el cuerpo ejecutivo y sería el superintendente nacional de las Asambleas de Dios de Cuba.

W.S. Graham y Ramón Nieves

Gabriel Caride fundó una obra en Diezmero, y Amy Ausherman tomó su lugar provisionalmente en Palma Soriano.

En 1941 los Perrault se retiraron del país debido a la salud precaria de la hermana Jessie. (Abrirían obras en otros países caribeños, y en 1951 volverían a Cuba.) Luis Stokes fue el nuevo superintendente. Amy Ausherman asumió la dirección del instituto bíblico, ayudada por Francisca Rodríguez y los Stokes.

Frente a la necesidad de liderazgo con experiencia, Noel Perkin pidió a Hugo Jeter, misionero al Perú, que orara a ver si sería la voluntad de Dios asumir la supervisión de la obra en Cuba.

Por dos meses en 1941, Jeter recorrió las iglesias, celebrando cultos especiales. Escribió: "Después de visitar todas las Asambleas de Dios en Cuba, no vemos motivo para desanimarnos. La perspectiva para la obra es buena, y la gente responde al evangelio." En diciembre regresó a Cuba

III. DESARROLLO EFICAZ, 1940-59

con su esposa Gertrudis para empezar diez años como superintendente. En seguida inició la revista *La Antorcha Pentecostal* como órgano oficial de la obra. En ese año se abrieron dos obras nuevas y 40 creyentes fueron bautizados en el Espíritu Santo.

La llegada de dos matrimonios más fue motivo de ánimo. Einar Peterson, su esposa Raquel y sus dos hijos (1941-60 en Cuba) fueron en seguida a Palma Soriano. Habían enseñado por varios años en el Instituto Bíblico Latinoamericano en Texas. Henry Mock y su esposa Rosalina

Delante: Los Jeter, Amy Ausherman, May Kelty, los Grossnickle.
Desde el centro atrás: Hilda Reffke, los Mock, los Stokes.

(1941-44, 47-50) eran nuevos misioneros.

2. Plan de acción, 1942

Una prioridad para el avance de la obra era lograr una organización más adecuada. En la convención de 1942 se adoptó una constitución. Formaban el cuerpo ejecutivo Hugo Jeter, Luis Stokes, Enrique Rodríguez y Einar Peterson. Para la personería jurídica, se les negó el uso de la palabra Asambleas, de modo que se cambió el nombre a Iglesia Evangélica Pentecostal.

Se acordó desarrollar la obra a base de estos puntos:
1) Establecer una iglesia fuerte en cada ciudad, y que sirviera de base para evangelizar las regiones correspondientes.
2) Publicar una revista mensual.

156 *CUBA*

3) Tener una librería cristiana.
4) Abrir escuelas dominicales por dondequiera.
5) Evangelizar por radio localmente y por una cadena nacional.
6) Entrenar obreros en un instituto bíblico.
7) Desarrollar la obra sobre los principios de sostenimiento propio, gobierno propio, y propagación propia.
8) Celebrar campañas evangelísticas a través de la isla para edificar la obra lo más pronto posible.
9) Recibir a más misioneros, entre ellos los que vendrían a base provisional para estudiar el idioma y adquirir experiencia antes de pasar a otros países de habla hispana.

Muchos puntos del plan ya estaban en vigor. Todos se cumplieron con éxito admirable en los años siguientes.

B. ¡A TODO EL PAIS! 1942-49

1. Obreros y extensión

Cuba tenía seis provincias (en 1976 se reorganizarían en 14), y las Asambleas de Dios tenía iglesias en sólo dos hasta 1942: Habana y Oriente. Los hermanos se esforzaron para fundar iglesias en las provincias de Pinar del Río, Las Villas y Camagüey. Se dejó la de Matanzas a la misión pentecostal de Sixto López.

La década de los cuarenta vio llegar a muchos misioneros, algunos por pocos años durante la guerra mundial o para aprender el español. A la vez se entrenaban más ministros cubanos.

Para fines de 1942 se había duplicado el número de iglesias y de miembros. En enero de 1944 había 42 ministros cubanos y misioneros, con obra en cuatro provincias. Pero quedaban siete ciudades con de 25.000 a 135.000 habitantes sin obra de la IEP.

Al pasar por la calle en cualquier pueblo se oía tocar a todo volumen algún programa por radio. Había unos 300.000 receptores en el país. Aun en lugares remotos en humildes bohíos se escuchaba ávidamente las noticias por radios de pila.

¡Había que usar este medio para alcanzar a los 5.000.000 de habitantes en toda la isla con el evangelio, edificar a los creyentes, y consolidar la obra! La IEP tenía programas en Santiago y la Habana, y en 1943 lanzó un programa semanal en la Cadena Azul, red de ocho emisoras que se oía en todo el país.

Las campañas evangelísticas también eran medio de extensión y de crecimiento para las iglesias. Dios bendijo las que se celebraron en varios lugares con los evangelistas Harvey McAlister y LeRoy Sanders en 1944

III. DESARROLLO EFICAZ, 1940-59   157

y con Raymond T. Richey en 1947. Vendrían campañas aun mayores en 1950-51.

2. Avance en el Occidente
a. *Librería La Antorcha*

No había aún en Cuba una librería evangélica. La IEP abrió en la Habana La Librería la Antorcha con la señorita Victoria Schott (1942-46) de administradora y tesorera nacional. Trabajaba con ella Avelino González Terry. A fines de 1945 tuvieron una caseta en la Feria del Libro celebrada por tres semanas cada año en el Parque Central de la Habana. Desde las 5:00 p.m. hasta las 12:00 vendían libros y obsequiaban una revista a todos los que se detenían. La caseta hecha por Juan Jackson daba testimonio con textos bíblicos pintados en la pared. Cuando Victoria Schott salió para la República Dominicana,

En la Feria del Libro

Ruth Melching la sucedió como tesorera, y Gabriel Caride se encargó de la librería. Avelino González también administró la librería por unos años.

b. *¿Suicidio o Cristo?*

Mercedes Monzón, desilusionada con la vida en la Habana, resolvió suicidarse. El día que iba a lanzarse de la ventana de su apartamento en el cuarto piso, oyó música en la calle. Vio que se reunía mucha gente y bajó para ver de qué se trataba. Oyó por primera vez de la vida nueva en Jesucristo y se entregó al Señor. Al cabo de un tiempo regresó a su pueblo, San Antonio de los Baños, e inició una escuela dominical en su casa.

Suplicó a Hilda Reffke y a Dolores Redman (antes en Colombia): "¡Necesito ayuda! ¿No pueden venir para ayudarme?" Las señoritas se trasladaron en 1942 a San Antonio de los Baños y levantaron una buena iglesia en ese pueblo de 25.000. Maxine Richardson (1945-60 en Cuba)

158 *CUBA*

las ayudó por un tiempo.

c. Campos, café, y capilla incendiada

La obra se esparcía poco a poco por la provincia de Habana. Varios obreros trabajaban materialmente y a fines de semana salían al campo para testificar. Sanidades notables atraían a la gente y se levantaban congregaciones llenas del gozo del Señor.

Santiago Martín vendía café, entregándolo a domicilio por bicicleta. Mezclaba el café con otros granos para tener mayor cantidad, pero aun así su negocio fracasaba. Entonces se convirtió, recibió el bautismo en el Espíritu Santo, y en seguida le prometió al Señor darle el diezmo de todo lo que ganaba. Ya vendía el café no adulterado. Dios lo bendijo y lo prosperó, dándole la manera de pagar sus deudas. Compró un Jeep para extender su ruta y su trabajo de evangelismo. Dentro de poco trabajaba sólo tres días por semana, y dedicaba el resto del tiempo a la obra del Señor.

En 1945 Santiago Martín y Virgilio Castillo pastoreaban cuatro grupos. Abrieron obra en Martiartu y en Primer Paso, a unos 80 kilómetros de la Habana. Algunos creyentes venían a caballo hasta cuatro horas para estar en los cultos. En Martiartu construían una capilla y tenían el techo de hojas de palma bien amarrado en sitio. Esperaban completar el trabajo al día siguiente, cuando los enemigos del evangelio la incendiaron. A medianoche se alzó el grito: "¡La capilla se está quemando!" El techo seco se quemaba como papel. Los creyentes, al verlo, sólo alababan a Dios, y la gente decía: "¡Están locos! ¡Aquí su capilla se está quemando y no hacen más que alabar a Dios!" De pronto se desplomó el techo a uno y otro lado y se quemó en tierra sin prender fuego a la armazón o a las tablas. Este milagro fue tan convincente que la gente venía de lejos para ver la capilla que Dios protegió.

d. Artemisa y Pinar del Río

Luis Grossnickle y su esposa Irene trabajaban antes con otra organización, pero se unieron a la IEP y abrieron obra en Artemisa. Se abrió otra en el pueblo de Pinar del Río, donde Ramón Nieves y su esposa Lucy trabajaron por varios años.

3. En Las Villas y Camagüey

a. Base en Cienfuegos

En Cienfuegos, Las Villas, con 100.000 habitantes, había sólo tres iglesias evangélicas cuando los Stokes llegaron en 1943. Iniciaron un programa semanal por radio, y fundaron una iglesia.

Entre los primeros miembros estaban Juan Bautista Rodríguez, su

III. DESARROLLO EFICAZ, 1940-59 159

esposa Carmelina y sus hijos. Luego celebraban cultos en su casa en el barrio de La Reina. Se involucraron los creyentes en el evangelismo y pronto tenían otros puntos de predicación. Juan Bautista era miembro de la Marina Cubana e iba en su uniforme, contribuyendo al orden en los cultos y escuelas al aire libre. Carmelina y sus hijas Carmen y Nelly eran buenas maestras.

Ellen Esler y Kathryn Long, misioneras a la India, trabajaron en el barrio La Juanita (1943-46) durante la Segunda Guerra Mundial. Heriberto de la Teja, presidente del cuerpo estudiantil en la escuela de segunda enseñanza, se convirtió y fue llamado a predicar. Ayudó en La Juanita hasta que las misioneras volvieron a la India, y luego siguió como pastor. Se casó con Carmen Rodríguez, estudió en el instituto bíblico y después enseñó en él. Entraron en el ministerio también Angel de la Teja (hermano de Heriberto), Carmelina Rodríguez, Antonio y Rafael Era, y Roberto Hidalgo. Antonio Era fundó una obra en Ranchuelo, y su hermano Rafael dirigió una obra nueva en Aguada de Pasajeros.

b. Santa Clara

En 1947 los Grossnickle iniciaron una iglesia en Santa Clara, Las Villas. Cuando salieron para trabajar después en la República Dominicana, Juan Jackson (1945-49) aceptó el pastorado de la congregación. Más tarde Manuel Beltrán y su esposa tuvieron buen ministerio en Santa Clara e iniciaron una obra en Trinidad.

c. Camagüey y Florida

La señorita Belén Nieves, puertorriqueña, inició la iglesia en Camagüey en 1938. En esa época dos pastores de la Habana, Armando González y Guillermina Ugarte, empezaron la obra pentecostal en el Central Agramonte cerca de Florida. Entregaron esta obra a la iglesia en Camagüey. En 1945 ésta se afilió a la IEP y Ramón Nieves fue a pastorearla. El fundó la iglesia en Florida, cuya pastora por muchos años sería Belén Nieves.

En 1947 siguieron a Ramón Nieves en Camagüey Pedro Torres y su esposa Piedad (1943-59 en Cuba) de la obra hispana en los Estados Unidos. Edificaron un templo e iniciaron otras obras.

Ezequiel Alvarez y su esposa Haydée, cubanos, los sucedieron en Camagüey. Hijo de un pastor presbiteriano, él conoció el mensaje pentecostal en Puerto Rico. Pastoreó en Nueva York antes de volver a Cuba. La iglesia en Camagüey creció bajo su dirección, y en un avivamiento 80 personas fueron bautizadas en el Espíritu en tres semanas. En 1952 Ezequiel llegaría a ser el superintendente nacional.

4. Progreso en el Oriente
a. *Desde Palma Soriano*

Desde Palma Soriano, Einar Peterson, con uno que otro joven de la iglesia, iba por autobús, bicicleta, caballo o a pie llevando el evangelio a lugares cercanos y remotos. Cuando consiguió un Jeep, llevaba a más ayudantes. En 1946 visitaba 18 puntos de predicación cada mes. El evangelio afectó toda esa región. Había menos violencia. Se compró un solar esquinero en Palma Soriano, y a medida que las ofrendas lo permitían se construyó un templo. Durante la guerra no se conseguía cemento, pero un constructor les informó que los edificios antiguos no usaban ese lujo. Así que Peterson trajo de los campos en su Jeep piedras grandes para el cimiento, luego se colocaban los ladrillos con cal viva quemada.

*¡A los campos con el evangelio!
Einar Peterson y ayudante*

En Contramaestre, Bill Allen y su esposa Mildred pastoreaban la iglesia fundada por los Mock. Se esforzaban en el evangelismo y ayudaban a Einar a construir capillas y templos.

La familia Anderson, de Jamaica, se trasladó de Palma Soriano a Guantánamo (población, 40.000) y pidió a Einar Peterson que diera cultos en su casa. Valía la pena hacer el viaje de cuatro horas cada semana en tren. Así nació otra iglesia, y dos hijos de los Anderson, Carlos y Esteban, entrarían en el ministerio.

Los Mock fueron a Guantánamo en 1943, y ministraban en la base naval norteamericana y en el pueblo porteño de Caimanera hasta pasar a la República Dominicana. Trabajaban aquí en esta época Luis Santiago, Rolando Pérez y Roberto Hidalgo.

El primer graduado del IBP, Olallo Caballero, trabajó con los Peterson por seis años. Pastoreó en Jobo de Martí y en 1950 se casó. Su esposa Milagros le era de mucha ayuda en el ministerio.

b. *Iglesia iniciada en Baracoa*

Se llegaba a Baracoa, en el extremo oriental del país, por aire o por barco. Allí una obra independiente solicitó ayuda. Roy Dalton ya trabajaba en Haití después de dos años en Cuba. Volvió en 1947 e inició la

III. DESARROLLO EFICAZ, 1940-59

obra de la IEP en esa región. Juan Doan y su esposa Ernestina Jeter (antes en el Perú) lo ayudaron por un tiempo. Roy se enfermó de gravedad pero Dios lo sanó. Más tarde fue a España. Maxine Richardson y Rosita Weitkamp (1945-52) extendieron la obra de Baracoa con ocho puntos de predicación y 12 escuelas dominicales.

c. Bendición en Santiago y Bayamo

Luis Ortiz y su esposa Rebeca vinieron de Puerto Rico a Santiago de Cuba. Difundían buenos programas por radio y ayudaban a abrir obras en Oriente. Luis redactaba *La Antorcha Pentecostal* y servía en el cuerpo ejecutivo.

Raquel de Peterson, Hilda Reffke y los Ortiz

Mientras tanto, en 1949 Dios bendecía la obra fundada por los Donato en Bayamo.

4. A grupos lingüísticos

a. La Misión China

"¿A Cuba?" dijo Lula Ashmore para sí. Evacuada de Malasia a causa de la guerra con Japón, oraba por dirección. "Señor," dijo, "he pasado mucho tiempo y trabajo para aprender el chino. ¿Habrá chinos en alguna parte donde pueda seguir en mi ministerio?" Le vino con fuerza el nombre "Cuba". "Pero, Señor, ¿será cierto que debo ir a Cuba?" preguntó. "¿Habrá chinos en Cuba?"

Cuando se encontró con su amiga Ruth Melching, misionera evacuada de la China, con gran entusiasmo Ruth le mostró una carta de los Stokes. Deseaban que alguien viniera para dar el evangelio a los chinos. Había unos 30.000 chinos en Cuba, 10.000 en la Habana, y ninguna iglesia evangélica entre ellos.

Lula alabó al Señor por tal confirmación y ella, Ruth Melching y Evelyn Hatchett comenzaron los preparativos para ir a Cuba. En octubre de 1942 Ruth Melching fue.

162 CUBA

Pero casi todos los chinos en Cuba eran varones. Era muy restringida la inmigración de mujeres de la China; había sólo 25 en todo el país. Era importante que fuera un varón también para la obra china. A. Walker Hall y su esposa Nell, misioneros librados de un campamento de prisioneros en la China, respondieron al reto. Los Hall, sus dos hijitos, y las señoritas Ashmore y Hatchett llegaron a la Habana en diciembre de 1943.

Poco antes de su llegada no había casa de alquiler para los cultos en la parte céntrica de La Habana donde los chinos habitaban y tenían sus negocios. Entonces el gobierno mandó cerrar las casas de juego, y Hall alquiló una de éstas. Pronto se rescindió el reglamento, y de nuevo las casas se entregaban al juego—menos una donde ya se oía la predicación de la Palabra de Dios. También se difundía un programa semanal en chino por radio.

Warren Yee, quien conocía el evangelio pero no era convertido, aceptó enseñarles a los misioneros el dialecto cantonés hablado por la mayoría de los chinos en Cuba. Dentro de poco se entregó al Señor. El y su hijo Pedro, convertido en la China, llegaron a ser predicadores y tradujeron varios himnos al chino.

Las misioneras iniciaron reuniones para mujeres en casa de una familia china. Pero las esposas de la mayoría de los chinos eran cubanas que entendían poco chino. Pedro Yee interpretaba los mensajes del cantonés al español, y los de Avelino González, pastor asociado, del español al cantonés. Rosita Weitkamp y Virginia Carpenter ayudaban en esta obra por un tiempo.

Los misioneros que habían venido de la China y Malasia regresaron a esa parte del mundo en 1946, pero los Hall volvieron a Cuba en 1949 y estuvieron hasta 1953. Lula Ashmore regresó, ya casada con Vallance Baird y trabajaron aquí hasta 1956. La señora Chue siguió con los cultos. Suplicó la ayuda de K.C. Yeung, esposo de una creyente. El se convirtió, y se encargó del programa radial. La obra continuó hasta que los miembros, que ya eran ancianos, fallecieron, se mudaron, o salieron del país cuando sus bienes fueron confiscados por el gobierno.

b. En inglés y francés

No existían ya en Cuba tribus autóctonas con su propio idioma, pero había familias de otras islas caribeñas. Para los jamaicanos, había una pequeña obra en Oriente y un programa semanal por radio en inglés.

Un haitiano convertido en Camagüey, José Fajardo, testificaba en francés a sus compatriotas en el Central Senado y pronto tenía un grupo de creyentes. Les enseñaba lo poco que sabía del evangelio, luego volvía a Camagüey para aprender más y compartirlo con ellos.

III. DESARROLLO EFICAZ, 1940-59 163

Sin embargo, la IEP no hacía muchos esfuerzos para alcanzar tales grupos porque la mayoría hablaba el español también.

6. ¡Y aun al extranjero!

Dios envió a dos matrimonios desde Cuba a España para iniciar la obra de las Asambleas en aquel país. Román Perruc era sastre cubano en Nueva York cuando el Señor lo dirigió a volver a Cuba en el ministerio. Su esposa, Carmen, era española. Fundaron una iglesia independiente, pero después se afiliaron a la IEP. Más tarde sintieron la dirección del Señor para ir a España.

Unos misioneros de la Inglaterra habían iniciado una obra pentecostal en España, pero en la revolución de 1937 tuvieron que salir para salvar su vida. Ya no podían entrar misioneros evangélicos. Pero no había problema para el ingreso de los Perruc para visitar la familia de Carmen. Fueron a La Coruña.

Escribieron a sus amigos Manuel Lamas y su esposa Josefa contando de las bendiciones del Señor en la obra que habían iniciado y pidiendo visitas. Los Lamas, españoles trabajando para el Señor en Cuba, fueron pensando quedar un año o dos. ¡Se quedaron trabajando allí por 14 años en la Coruña y Ronda! En 1951 había seis obreros en España con credenciales de la IEP: los Lamas, los Perruc, Roy Dalton, y Pepita Porcel. Más tarde Rosita Weitkamp, los McIntyre, los Jeter y otros irían a España.

C. CONSOLIDACION Y PREPARACION

1. ¡A fortalecer la obra!

En 1946 se iniciaron 19 iglesias y puntos de predicación. Campañas, confraternidades, programas radiales y *La Antorcha Pentecostal* ayudaban a fortalecerlos. En 1947 se recibían unas 60 cartas por mes de los radioyentes. Se les enviaba literatura y se les orientaba en cuanto a dónde hallar una iglesia en su área.

El relacionarse con las Asambleas de Dios en otros países contribuyó a la solidaridad internacional. La primera reunión de la Confraternidad Pentecostal del Caribe se celebró en 1947 en Palma Soriano, Cuba. Asistieron 50 delegados de México, Puerto Rico y Cuba. Esto fue el precursor de la Confraternidad de Ejecutivos Latinoamericanos de las Asambleas de Dios (CELAD).

2. Los departamentos

a. La Escuela Dominical

Desde los principios de la obra se enfatizó el valor de ganar a la niñez para Cristo. En 1946, la hermana del superintendente Hugo

164 CUBA

Jeter, Luisa Jeter de Walker (antes en el Perú) y Dolores Redman vinieron para enseñar en seis convenciones de tres o cuatro días cada una para maestros de Escuela Dominical.

Se recibió con gran entusiasmo la enseñanza, y 150 personas terminaron el curso. Aprendieron las etapas del desarrollo del niño, cómo adaptar la lección a la edad de los alumnos, y cómo usar lecciones objetivas, dibujos de tiza, y trabajo manual. Como resultado las escuelas crecieron en todas las iglesias.

Entre los participantes en Santiago de Cuba estaba Lesbia Olivares quien había sido sanada de la lepra en respuesta a la oración pero todavía era afectada por una parálisis. Sin embargo, ella enseñaba una Escuela Dominical en su casa. Cada noche un taxi la traía a las clases especiales para maestros. A través de los años siguientes fueron de bendición su trabajo en la iglesia y sus artículos y bellos poemas en varias publicaciones.

Cuando los Stokes salieron de Cienfuegos para pasar después a Argentina, los esposos Alva y Luisa Walker vinieron en 1947 para reemplazarlos en el pastorado y ayudar en el desarrollo de las escuelas dominicales en varios países del Caribe. Al observar cómo las iglesias bautistas evangelizaban por medio de escuelas de barrio, los Walker comenzaron a promover este sistema.

En 1948 se organizó la Escuela Dominical a nivel nacional con Luisa de Walker como secretaria nacional y tres secretarias distritales. Se adoptó la meta de 50 nuevas escuelas dominicales en ese año, 25 cursillos para maestros, y 25 escuelas bíblicas de vacaciones. Las metas fijadas, sin saber cuántas escuelas había (sólo 41), eran muy altas. ¿Sería posible alcanzarlas?

Los Peterson, ayudados por Hilda Reffke y Dolores Redman, habían celebrado en Palma Soriano la primera escuela bíblica de vacaciones en 1942 con 60 niños y buenos resultados en la conversión de almas y aumento en la Escuela Dominical. Pero hasta 1948 sólo ocho iglesias habían celebrado EBDV. ¡Y ahora tenían la meta de 25 en un año, más 25 cursillos para maestros!

El Comité de Escuelas Dominicales se lanzó al trabajo. Los informes mensuales de cada distrito en *La Antorcha Pentecostal* mantenían un vivo interés y animaban a las iglesias. ¡Y se alcanzaron las metas!

Los creyentes salían con entusiasmo armados con expositores, Biblias, tableros y figuras para ilustrar la lección. ¡En la playa de Baracoa, dos niños de 10 y 11 años de edad dirigían su propia Escuela Dominical con una asistencia de 50 o más!

En un barrio de Guantánamo, tres jovencitas fueron de casa en casa,

III. DESARROLLO EFICAZ, 1940-59 165

buscando quien les permitiera dar clases en su casa o patio, luego invitando a los niños a asistir. Vinieron con ellos tantos adultos que el pastor empezó una clase para ellos.

Fue un magnífico método de evangelismo y extensión. No sólo los niños sino muchos padres se convirtieron, y muchas iglesias nacieron de una escuela dominical.

En los años siguientes hicieron buena labor las secretarias distritales Maxine Richardson, Rosita Weitkamp, Raquel Maser (1947-62 en Cuba) y Margarita McClendon (1948-63).

Los resultados de tales esfuerzos fueron mucho más allá de lo que se había soñado. El progreso en Cuba sirvió de ánimo y modelo para otros países. Los Walker dejaron el pastorado en Cienfuegos para dar todo su tiempo a la celebración de cursillos en Cuba y en otros países. Luisa escribió el libro *Métodos de Enseñanza* basado en las enseñanzas dadas en los cursillos, y Editorial Vida lo publicó. (En 1995 se enseñaría aún en muchos institutos bíblicos y se habrían vendido 93.000 ejemplares.)

Un comité internacional elaboró un Plan de Avance para escuelas dominicales. La señorita Adela Flower (después casada con Roy Dalton) fue nombrada Secretaria de Escuelas Dominicales para Latinoamérica y tuvo un ministerio eficaz en este cargo.

La Escuela Dominical, como departamento oficial de la iglesia en Cuba, tendría sus propias convenciones aún en 1995.

b. El Concilio Misionero Femenil

Al llegar los Peterson a Cuba en 1941, Raquel organizó en Palma Soriano el primer Concilio Ministerio Femenil (C.M.F.). Al principio las damas no sabían hablar bien sobre el tema asignado. Decían unas cuantas palabras y pedían oración para que el Señor las ayudara la próxima vez. Aprendieron poco a poco y varias llegaron a enseñar y predicar. Crecían espiritualmente al tomar parte en la obra. Oraban por los obreros, la salvación de almas, y por dirección en la crianza de los hijos. Suplían una camisa y corbata a pastores necesitados y a alumnos en el instituto para la Navidad y en su graduación. Cosían para los pobres, y algunos grupos tenían programas radiales enfocados en las damas.

Hilda Reffke fue la primera presidenta nacional. La sucedió Haydeé de Alvarez. En 1955, Hilda (ya casada con Andrés Román y presidenta de nuevo) diseñó el programa de las Misioneritas.

c. Los Embajadores de Cristo

Los jóvenes Embajadores de Cristo dirigían escuelas dominicales en los barrios y lugares rurales. Algunos construían capillas y levantaban iglesias. Varios estudiaron en el instituto bíblico y regresaron a pastorear las iglesias que habían fundado.

Los Embajadores de Cristo celebraron su primera convención en 1947. Su primer presidente nacional fue Avelino González. Le sucedieron Heriberto de la Teja y después Fernando Nieto.

3. Preparación de obreros

Kenneth McIntyre y su esposa Marta (1942-52) asumieron la dirección del instituto bíblico en 1944. En 1947 se compró una finca en el centro de la isla, cerca de Manacas, Las Villas. Unos 1.500 árboles frutales proveerían naranjas, aguacates y mangos para la mesa, y su venta ayudaría con otras necesidades.

Los Mock volvieron de la República Dominicana a Cuba para ayudar en el instituto y pastorear en Manacas. Henry Mock y Juan Jackson trabajaron en construir edificios y alistar todo para el instituto. Luego cooperaron en la enseñanza.

Se daban dos cursos al año: seis meses para los varones, y tres para las mujeres. Virginia Carpenter ayudaba en el curso de las mujeres, y

El IBP en 1949 junto a la capilla. Sentados: Virginia Carpenter, los McIntyre, Hugo Jeter, los Mock y Juan Jackson

Juan Jackson enseñaba varios días a la semana mientras seguía de pastor en Santa Clara. Pero él salió de Cuba en 1948, y después de casarse sirvió en Chile. Los Mock se fueron al Perú.

En 1949 los Walker ayudaron a Maxine Richardson y Rosita Weitkamp con un Instituto Bíblico Rural de un mes en Baracoa para preparar obreros laicos. Los jóvenes vinieron de los campos trayendo vegetales y

III. DESARROLLO EFICAZ, 1940-59 167

fruta para ayudar con la alimentación. Se acomodaron con los misioneros como una familia en el local que servía de templo y vivienda. Una alumna trajo un pollo y todos comieron arroz con pollo (aunque el pollo picado muy fino se perdía en el arroz para 23 personas). Los estudiantes volvieron a sus campos bien animados para enseñar y predicar.

4. Preparación para avivamiento

Melvin Hodges (más tarde Secretario de Misiones para América Latina y el Caribe) vino con su esposa Loida en 1948 para dos meses de retiros ministeriales. Dio énfasis a los principios básicos para el desarrollo de las iglesias: 1) sostenerse a sí misma, 2) gobernarse a sí misma, y 3) propagarse a sí misma.

Llegaron en 1946 Jaime Nicholson y su esposa Eunice para ayudar con la música en los programas radiales. Participaron por varios años en campañas evangelísticas. En 1994 su hijo Ricardo sería el representante de misiones en esta región para las Asambleas de Dios de los Estados Unidos.

Howard Coffey vino para ser pastor asociado con Enrique Rodríguez en la Habana. El y su esposa Ruth (1949-54 en Cuba) habían trabajado en Colombia y Venezuela.

D. CAMPAÑAS Y CONSERVACION, 1950-59

1. Lluvias de gracia

En esta época Dios bendecía de manera sin precedente en grandes campañas evangelísticas en varios países. Se les animaba a todos los creyentes a orar por semejante visitación de lo alto en Cuba. Los ministros acordaron asistir a tales campañas celebradas en su región con dos propósitos: 1) ayudar, y 2) edificar su propia fe con el fin de llevar el avivamiento a sus iglesias.

a. Fe fortalecida en la Habana

En 1950-51 Dios contestó la súplica de los suyos por un despertamiento espiritual. Grandes milagros atraían a multitudes en varias campañas de salvación y sanidad divina. A principios de 1950 Loren Fox celebró una campaña de dos semanas en la Habana. Hubo maravillas de sanidad en respuesta a la oración y se recibieron más de mil tarjetas con el nombre y la dirección de personas que indicaban su decisión de seguir al Salvador.

Misioneros y pastores de toda la isla asistieron a la campaña. Salieron listos para ayudar en otras campañas y con la fe que Dios confirmaría su Palabra de la misma manera en su ministerio.

168 *CUBA*

b. Gran adelanto en Oriente

Un avivamiento estalló en Santiago de Cuba en marzo de 1950 y se extendió rápidamente por la provincia de Oriente. T.L. Osborn predicó la fe sencilla en la Palabra de Dios en una campaña. La primera noche en el estadio de béisbol llegó poca gente. El Señor empezó a hacer milagros, sanando a paralíticos, sordomudos y ciegos. Se regó la noticia por radio, periódico y verbalmente. La asistencia llegó a 15.000 y muchos se convirtieron.

De allí el evangelista Osborn fue a la Habana, dejando a la iglesia en Santiago con un problema: ¿Dónde poner a la gente? No cabía en el templo. Se compró un teatro en buen sitio, y la iglesia creció bajo el ministerio del pastor Luis Ortiz.

Muchísimas personas habían ido de otros pueblos a la campaña en Santiago y habían recibido la salvación y la sanidad de sus males. Ahora buscaban una iglesia en su pueblo. Así crecían las iglesias existentes y se solicitaban campañas en muchos lugares.

El pastor en Palma Soriano, Dennis Valdez, volvió de una campaña pensando dirigir un culto de oración como siempre aquella noche, y encontró el templo lleno. Dios empezó a hacer milagros y se aglomeró tanta gente que a la noche siguiente empezó una campaña con unas 15.000 personas en el parque.

Jaime Nicholson tuvo buena campaña en Manzanillo. Hugo Jeter y Luis Ortiz iniciaron la iglesia en Banes con una campaña. En Baracoa la gente acudía de todas partes de esa región montañosa a los cultos en el estadio con Hugo Jeter y recibieron el toque del Médico Celestial. Campañas por varios obreros en otros pueblos dejaron buenas iglesias con un pastor para cada grey. Siempre los pueblos vecinos clamaban por cultos.

Los últimos meses de 1950 se dedicaron mayormente a conservar el fruto de las campañas, pero el avivamiento seguía. A veces un pastor o un joven con la Biblia en la mano empezaba a cantar en un solar vacante. En seguida muchos acudían para escuchar. Oraba por los enfermos, y Dios los sanaba. Abrieron campos con escuelas dominicales y edificaban capillas.

c. Camagüey: espíritus atados

Había mucho espiritismo en Camagüey. De modo que, antes de la campaña con T.L. Osborn en enero de 1951, él, Hugo Jeter, y el pastor Ezequiel Alvarez se unieron en oración y en el nombre de Jesucristo ataron todo espíritu que no fuera de Dios.

En todo el mes de la campaña los médiums no podían comunicarse con los espíritus. Poco antes de la campaña el "control" de cierta médium se le apareció diciendo: "Los que echan fuera los demonios

III. DESARROLLO EFICAZ, 1940-59 169

vienen, ¡pero no me van a echar a mí; yo me voy ahora!"

En otro caso, la señora de Guerra fue a una médium para ser curada. Esta le dijo: "No puedo hacer nada, pues mi control no viene cuando lo invoco. Ningún médium en Camagüey puede hacer nada." Equivocadamente añadió : "Pues todos los espíritus están en el estadio ayudando a ese evangelista." Después de la campaña le mandó decir a la señora de Guerra que viniera porque ya había regresado su control. Pero para entonces ella había sido sanada en la campaña, toda su familia se había convertido, y pronto sus cinco hijos se prepararían para el ministerio.

Varias iglesias evangélicas cooperaron en la campaña, pero la Iglesia Católica se opuso. En el diario de la ciudad el obispo amenazó excomulgar a cualquier católico que asistiera a la campaña. Eso sólo levantó más interés y aumentó la asistencia.

Se llenaba el estadio dos veces al día. Predicaban T.L. Osborn por la noche, y su hermana Mary Gillock por la tarde, y Dios obró de manera maravillosa. Se calculó que 50.000 personas hicieron profesión de fe. No todos seguirían en la fe pero millares sí, y se integraron en varias iglesias. El templo ya quedaba pequeño y se construyó en lotes donados el Templo Aleluya, con cupo de 1.200 personas. Una gran hambre por la Palabra de Dios hizo que se agotara la existencia de las Biblias de la Sociedad Bíblica.

Miles vinieron de todas partes del país para ser sanados. Un hombre vino de Madruga. Dios lo sanó, y volvió a su pueblo con nueva fe. Hacía años se había cerrado la iglesia en Madruga—parecía un fracaso el trabajo invertido allí. Pero ahora el creyente abrió su casa para cultos y se levantó una iglesia.

d. ¡Auxilio!

En tiempo de cosecha hay que movilizar los obreros y lanzarse a la recolección antes que el grano caiga al suelo. Ya estaban "blancos para la siega" los campos en Cuba, y las denominaciones participantes clamaron por auxilio. Varios obreros respondieron.

Entre 1942 y 1949 los Perrault habían hecho trabajo pionero en la República Dominicana, Francia y Costa Rica. Luego volvieron a Cuba en 1951 para ayudar a iniciar iglesias en Ciego de Avila, Sancti Spiritus, Cabaiguán y la Isla de Pinos antes de volver a Francia. En la Isla de Pinos (llamada después Isla de la Juventud), ministraban también a los reclusos en la grande penitenciaría allí frente a la costa sur.

Ed Anderson y su esposa Mabila vinieron en 1951. Fueron a Minas casi de improviso un domingo por la noche con unos creyentes de Camagüey y René Abreu, quien dirigiría los cantos en la campaña. El único anuncio

170 *CUBA*

fue por la radio en Camagüey a la 1:00 de aquella tarde diciendo: "Estaremos en el Corralón en Minas esta noche a las 7:00 para un culto." El Corralón era un campo en el centro del pueblo frente al palacio de justicia.

Esa región padecía de una sequía grave y ya había pasado el tiempo de lluvias, sin que los encantos de los hechiceros trajeran alivio alguno. Aquella tarde cayó una lluvia torrencial. Un médium apodado Brujo pensaba que el evangelista sería un brujo potente ya que este aguacero anunciaba su llegada. Exclamó: "¡Quienquiera que esté llegando tiene poder!"

Al llegar los evangelistas al Corralón, encontraron a 500 personas de pie en el lodo en su espera. Dios manifestó su poder aquella noche y las siguientes por la sanidad milagrosa y la salvación de muchos, incluso las dos hijas de Brujo.

Los Anderson quedaron en Minas por seis meses hasta dejar una iglesia establecida con René Abreu como pastor. Se donó terreno para un templo, y los creyentes y simpatizantes lo construyeron de madera con techo de palmas. Hasta Brujo mandó a sus seguidores que ayudaran. Esta iglesia produjo varios obreros. Las dos hijas de Brujo se casaron con pastores y fueron a España.

Vinieron para ayudar a conservar los frutos del avivamiento Verlin Stewart y su esposa Paulina (1952-59). Trabajaron en Sancti Spíritus, Baracoa y Cienfuegos antes de pasar a Colombia. Karlín Belknap (1953-60) estuvo en campañas por un año. Después trabajó en Victoria de las Tunas, Ciego de Avila, y la Habana antes de ir a España.

e. ¡A Tunas por invitación oficial!

Durante la campaña en Camagüey llegó el alcalde con una delegación de Victoria de las Tunas, Oriente, para solicitar una campaña en su ciudad. Hilda Reffke y Margarita McClendon fueron para preparar todo y para dirigir la iglesia que nacería. Ricardo Jeffery y su esposa Elva dieron una campaña de tres semanas en el estadio de beisbol. Se predicaba también por radio y miles de personas de Tunas y sus contornos fueron sanadas y salvadas.

Al terminar la campaña las señoritas Hilda y Margarita seguían con los cultos en el estadio con unas 800 personas. Se consiguió terreno para un templo y por seis meses celebraron los cultos en una carpa vieja en el solar mientras los nuevos creyentes ayudaban en la construcción de un templo hermoso.

¡Pero qué manera más inesperada de estrenarlo! Dos días después de colocar el techo, llegó un huracán. Los creyentes estaban en pleno culto

III. DESARROLLO EFICAZ, 1940-59 171

cuando los vientos fuertes empezaron a despedazar la vieja carpa. Corrieron al templo y estuvieron a salvo alabando al Señor por la nueva casa de Dios.

Pronto tenían 40 escuelas dominicales y 27 puntos de predicación. Un programa radial diario y una confraternidad cada dos meses ayudaban al crecimiento espiritual y la consolidación. Kerry Gonzales vino como pastor. Después de pocos años servía de secretario nacional y se casó con Margarita McClendon. Más de 25 ministros vendrían de esta iglesia.

f. A Holguín

Otra delegación oficial que solicitaba una campaña vino de Holguín, ciudad de 70.000 habitantes. De acuerdo con la táctica de fundar una iglesia en cada ciudad principal, los Peterson habían ido a Holguín en agosto de 1950.

En marzo de 1951 celebraron una campaña en el Parque Infantil con Hugo Jeter y Jaime Nicholson. Dos emisoras radiales daban tiempo gratis cada día. La gente llegaba de los pueblos y campos alrededor para los cultos por la tarde y por la noche. Unos 9.000 estuvieron presentes la primera noche. Se oraba por los enfermos, Dios los sanaba, y muchos aceptaron al Salvador.

Einar Peterson ya había encontrado un buen edificio de venta. En un culto el evangelista Jeter preguntó:

—¿Cuántos de ustedes quisieran tener un templo pentecostal en Holguín donde se podría orar por los enfermos en todo tiempo?

—¡Todos, todos!—gritaron alzando la mano.

—Pues eso depende de ustedes—les dijo. Explicó que los misioneros tenían su sustento y no recibían nada de las ofrendas; todo lo que pasaba de los meros gastos de la campaña iría a la compra del edificio. Encantados con la idea, ofrendaban con entusiasmo, reuniendo en tres semanas más de la mitad del costo. Al terminar la campaña se llenó el edificio.

Se procuraba conservar el fruto de la campaña con escuelas dominicales y puntos de predicación en los contornos de Holguín. ¡Al cabo de un año hubo un promedio de 400 en la Escuela Dominical en el templo, y más de 1.600 en 30 escuelas filiales! ¿Quiénes enseñaban? ¡Creyentes con menos de un año de convertidos! Se reunían cada semana y el pastor Peterson les enseñaba la lección que ellos enseñarían en las escuelas.

Muchas de las escuelitas se convirtieron en iglesias, y muchos de los maestros fueron llamados al ministerio. De 10 a 14 iban al instituto bíblico cada año de la iglesia en Holguín.

g. Ciego de Avila

En Cabaiguán un enemigo del evangelio envenenó a Lorenzo Perrault.

172 CUBA

Regresó a Ciego de Avila en estado grave. El doctor Romero, quien se daba por ateo, lo atendió pero vió que ya estaba más allá de ayuda humana. ¡Pero ante sus ojos, Dios lo levantó en respuesta a la oración! ¿Quién podría resistir evidencia tan potente? El médico y su esposa se convirtieron, y él testificaba a sus colegas de lo genuino que era lo que Dios hacía.

Waldo Nicodemus y su esposa Catalina (1950-60) habían trabajado antes en Bolivia. El fue a Ciego de Avila para una cruzada con Orlando Walker. Como fruto de la campaña, se bautizaron en agua 435 creyentes. Se construyó un templo con cabida para 800 personas y se enseñaba la Palabra de Dios a unos 1.100 alumnos cada semana en 40 escuelas dominicales. Pronto enviaron al instituto bíblico a 12 jóvenes que habían mostrado diligencia en trabajar para el Señor en la iglesia local y sus escuelas.

b. Sancti Spíritus: ¿Falsas?

La campaña en Sancti Spíritus empezó muy bien, pero el alcalde católico mandó cerrarla. Un bodeguero dijo a sus clientes que el alcalde tenía razón al decir que las sanidades eran falsas.

"¿Falsas?" gritó un hombre. "Yo tengo fe en estos hombres. Tengo una niña que no podía caminar, pues sus piernas torcidas cruzaban una a la otra. Gasté mil pesos tratando de curarla, sin lograrlo. Ahora ella camina derecho; es sanada y yo creo!"

Las iglesias nacidas aquí y en Trinidad no quedaron en la IEP.

i. ¡A pesar de la maldición!

El templo de la iglesia central en la Habana se desbordaba. Se compró una buena propiedad para el Centro Evangelístico. Rafael Williams, pionero quien tenía mucha experiencia en construir templos en Centroamérica, vino en 1951 con su esposa Joya. Fue electo vicesuperintendente y supervisó la construcción.

¡Pero qué de problemas! Los sacerdotes pronunciaron una maldición sobre el terreno, diciendo que ninguna iglesia se construiría allí. Un médium hizo un hechizo en el solar diciendo que molestaban el alma de un infortunado quien se había ahorcado allí. Varias veces las excavaciones se inundaron de las lluvias fuertes y del agua de un tubo roto. Pero por fin se terminó con éxito la construcción, y para colmo de bendición diez almas se entregaron al Señor en el culto de dedicación en 1954.

Los problemas de construcción no eran los únicos que se presentaron. Hubo una disensión y el pastor Enrique Rodríguez se separó de la IEP. Howard Coffey, el pastor asociado, y su esposa Ruth salieron de Cuba. Gabriel Caride llegó a ser el pastor.

III. DESARROLLO EFICAZ, 1940-59 173

j. Crecimiento

Desde siete congregaciones y menos de 200 miembros en 1940, la IEP tenía 111 congregaciones en 1951 (46 iglesias y 65 puntos de predicación) con 2.865 adherentes. Había 48 obreros de los Estados Unidos y Puerto Rico, 35 ministros cubanos ordenados, 31 licenciados y 32 obreros laicos.

2. Cultivo por la enseñanza

a. En las iglesias

El entrenamiento de obreros locales y la apertura de escuelas dominicales de 1948 a 1950 eran preparación importante para la conservación del fruto del avivamiento. Muchos que dirigían alguna escuela de buenas a primeras se hallaron responsables de una nueva iglesia filial.

De las 41 escuelas a principios de 1948, el número pasó a 403 en 1953. El promedio de asistencia creció de 1.900 hasta 13.550. Se celebraban cada año unos 25 cursillos para maestros, y hasta 87 EBDV. En un año 1.064 alumnos aceptaron a Cristo y todavía daban evidencia de conversión al finalizar el año.

En 1953 Luisa de Walker se retiró de la dirección nacional de la Escuela Dominical, y Maxine Richardson asumió este cargo ayudada por Beth Handy. Raquel Maser sucedió a Maxine. Hizo una gran obra para los niños. Trajo nuevas ideas e inspiró a los pastores en cuanto a las escuelas dominicales y las EBDV.

b. En el instituto bíblico

Había necesidad urgente de preparar pastores para las iglesias nacientes. Se duplicó el número de jóvenes que querían ingresar en el Instituto Bíblico Pentecostal, pero se produjo una crisis a principios de 1952. Los McIntyre iban a su país por problemas de salud. Como medida provisional, el cuerpo ejecutivo nombró a Luisa y Alva Walker directora y administrador para el curso que empezaba a la semana siguiente. Pero al recuperarse los McIntyre, pasaron a España, ¡y en vez de seis meses los Walker quedaron por nueve años! Floyd Woodworth (1951-63), trabajando en Guantánamo con Elías Stone, vino para enseñar en un curso lectivo en 1952 y siguió trabajando aquí por 10 años. Desde 1956 era el director.

La capilla provisional, rústica con una aula, quedaba pequeña. De noche algunos estudiantes arrimaban los asientos y dormían allí por falta de lugar en el dormitorio. Hacía falta construir, pero casi todos venían sin dinero, y los fondos eran escasos para la alimentación diaria, mucho menos para construcción. ¡Menos mal que había bastante fruta en la finca para comer y para la venta!

174 CUBA

¡Entonces en octubre de 1952 un huracán destruyó la capilla, muchos árboles frutales, y la fruta de ese año! Pero las clases siguieron: bajo una carpa, en el garaje y en la conejera.

Dios torna los desastres en bendición para su pueblo. Hasta entonces parecía que las iglesias cubanas miraban el instituto como asunto de los estadounidenses. Pero durante el huracán oraban por sus jóvenes y empezaron a aceptar como nunca antes su responsabilidad por el

Clases en la carpa

¡Y en la conejera! Delante: Luisa de Walker, Mabila de Anderson y Maxine Richardson

instituto. Se apeló a las iglesias cubanas a ayudar a construir de ladrillo una capilla y aulas. Contribuyeron buena parte del costo de un edificio que hacía posible aceptar a más estudiantes. Las iglesias de los Estados Unidos ayudaron a completarlo y levantar otro edificio más tarde.

Mientras tanto se usó la madera de la vieja capilla para construir dos bohíos para matrimonios, 10 camas, 16 bancas, estantes para libros, y paredes para convertir la conejera en pabellón. Se destacarían en el ministerio dos familias que ocuparon la vieja conejera: los García y los Pedraza. Cuarenta años más tarde Víctor García y su esposa Lesdia todavía pastoreaban hasta la muerte de Víctor en 1994. Varios de sus hijos estaban en el ministerio. Alipio Pedraza y su esposa Olga, después de pastorear en otros lugares, levantaron con más fuerza la obra en Baracoa y los contornos que en 1995 sería, después de Camagüey, la segunda en número de miembros de toda la IEP.

Una parte de la preparación era evangelismo en los pueblos y comunidades rurales dentro de unos 50 kilómetros del instituto. En 1953 los

III. DESARROLLO EFICAZ, 1940-59   175

Delante de la nueva capilla, los profesores: Heriberto de la Teja, Maxine Richardson, los Woodworth, los Walker, Virginia Carpenter, Andrés Couselo

estudiantes dirigían 42 escuelas dominicales con un promedio de asistencia de 1.136. En ese año lanzaron un esfuerzo para tener campañas en todos sus puntos de predicación.

Martín Oliva y Daniel Machado iniciaron una campaña en Cascajal, donde Daniel pastoreaba. Antes del culto oyeron el retumbo de tambores en casa de una médium espíritista a dos puertas del local de la iglesia. La madre de Martín había sido médium, y él sabía que si el bembé continuaba nadie podría oír la predicación. Los creyentes tomaron para sí la promesa: "Todo lo que atares en la tierra será atado en los cielos" (Mateo 16:19). Luego oraron y en el nombre de Jesús mandaron a los espíritus malignos a quedarse donde estaban y no bajar al bembé.

Pronto vieron salir de la casa a la médium. Hizo sus conjuros e invocó a los espíritus a venir y tomar posesión de ella. ¡Pero nada! Se hallaba sin poder, y sin los espíritus no podía seguir con la sesión. Algunos de los que se habían reunido se fueron; otros, atraídos por la música, pasaron al culto evangélico y muchos pidieron oración por la salvación.

Creció el alumnado hasta haber 60 personas en cada curso—de seis meses para los varones y tres meses para las mujeres. En 1955 se combinaron los cursos en el sistema coeducacional. Siguió la construcción para acomodar a los estudiantes y a más maestros. Paulette Delbeau enseñaba a los hijos de los alumnos casados y a algunos niños de la vecindad además de dictar clases en el instituto. Heriberto de la Teja enseñaba y era decano de los varones, y su esposa Carmen ayudaba en

176 *CUBA*

la enseñanza de los niños.

Ed y Mabila Anderson ayudaron por dos cursos. Virginia Carpenter era decana de las mujeres, y Maxine Richardson era maestra y enfermera. Varios pastores venían a enseñar por dos semanas, y en 1956 los Nicodemus vinieron por tiempo completo.

Floyd Woodworth (más tarde con su esposa Millie) y los Walker trabajaron en la superación del programa. Procuraban entrenar a todos cuantos Dios llamaba, cualquiera que fuera su fondo bíblico o académico. El añadir un año preparatorio para los de escasa preparación académica hizo posible alzar el nivel de enseñanza en las demás clases. Se inauguraron métodos modernos de pedagogía con planes de curso y una buena biblioteca. Se decidió que al completar el segundo año los estudiantes debían tener un año en el ministerio antes de su tercer curso. Después del año de experiencia aprovechaban más sus estudios finales. Además, habían adquirido una madurez que los preparaba mejor para el pastorado.

Desde 1943 hasta fines de 1955 se graduaron 90 estudiantes, 83 de los cuales estaban en la viña del Señor.

3. En crisis y cambio

En 1956, Ezequiel Alvarez era superintendente, Pedro Torres el vice, Ramón Nieves secretario y Waldo Nicodemus tesorero. En ciertos aspectos Alvarez estaba más de acuerdo con el sistema presbiteriano de gobierno eclesiástico. Volvió a esa denominación, pero tuvo cuidado de no dividir la iglesia.

En 1958 Ramón Nieves era superintendente, Pedro Torres vice, Kerry González secretario y Floyd Woodworth tesorero.

Por largo tiempo Luis Ortiz había servido de presbítero en Oriente, pero él y Avelino González se separaron de la IEP, ocasionando la separación o división de varias iglesias.

En medio de la revolución de 1956 a 1958, había peligro de ser sorprendido por las actividades guerrilleras o represalias, pero se seguía yendo a los campos para evangelizar.

Un domingo hacia fines de 1958 alumnos del instituto bíblico iban a sus puntos de predicación por un camino donde los guerrilleros habían prohibido el tráfico para ese fin de semana. El autobús del instituto fue confiscado y quemado.

Por humildes que fueran los mensajeros, Dios bendecía su Palabra y la obra crecía. Por ejemplo Antonio Díaz, un convertido en un punto de predicación del Instituto Bíblico, recién aprendía a leer pero inició una escuela dominical. Hacía en bicicleta el viaje de 30 kilómetros con su amigo

Patricio, un convertido en otro punto de predicación.

Iban por una senda estrecha a través de los cañaverales un domingo cuando un hombre los detuvo en un sitio solitario. Al principio tenían miedo, porque sabían que los guerrilleros se escondían en los cañaverales. El hombre les mostró un libro grande diciendo: "Por tres años estoy leyendo este libro, pero no encuentro nada en él que me ayude. Los he visto enseñando en Lometas y quiero saber si tienen un libro que me puede ayudar."

¿Qué hay en el cañaveral?

Le regalaron un Nuevo Testamento, le testificaron, y siguieron su camino. Al cabo de tres semanas el hombre los encontró de nuevo radiante de gozo. El y su esposa habían sido adictos al tabaco, pero al leer día y noche el Nuevo Testamento se les quitó el vicio. Pedía que se celebraran cultos en su casa para que ellos y sus vecinos conocieran mejor el evangelio. Al domingo siguiente Antonio y Patricio siguieron una nueva ruta a través de los cañaverales para establecer un nuevo punto de predicación.

IV. ¡ADELANTE A TODO COSTO!, 1959-95

A. CAMBIO DE CONDICIONES, 1959-63

1. Una nueva era nace

a. Adelante en 1959-60

El triunfo de la revolución el primero de enero de 1959 se celebró con regocijo. Durante el primer año bajo el nuevo gobierno las iglesias evangélicas gozaban de toda libertad, seguían con el evangelismo, tomaban parte en la campaña de alfabetización, y tenían cultos en las cárceles llenas de prisioneros políticos, muchos de los cuales serían ejecutados. Se abrieron varias obras nuevas, entre ellas la de Nuevitas.

Se lanzó en 1960 un programa nacional de evangelismo con planes para celebrar cien campañas. Waldo Nicodemus era presidente del

178 CUBA

comité que promovía el proyecto y Fernando Nieto (quien se había casado con Raquel Maser) era el coordinador. Entre los pastores que servían de evangelistas estaban Pedro Placeres, Leovigildo Cuellar, Elba Rodríguez y Bernardo Amor, quien luego fue su coordinador nacional. Los Nieto y Karlín Belknap recorrían la isla celebrando cursillos y convenciones de Escuela Dominical.

Estuvo en pleno auge la campaña de alfabetización del nuevo gobierno, los nuevos lectores tenían vivo interés en recibir cualquier material para leer, y las iglesias se esforzaban en la distribución de las Escrituras y otra literatura cristiana.

Era de vital importancia enseñar a los que hacían profesión de fe. En el avivamiento de 1950-51, donde se les enseñaba, éstos se fortalecían en el Señor; donde no, la mayoría volvió al mundo. Para evitar tal pérdida, los obreros en Las Villas señalaron los puntos que debía cubrir un curso práctico para nuevos creyentes. Melvin Hodges pidió a Luisa de Walker que desarrollara el material en un libro para las iglesias en todo el continente. Así nació *Nueva vida en Cristo.* Como parte del Curso Bíblico Elemental y libro de texto del Instituto Internacional por Correspondencia, ayudaría a muchos millares de nuevos creyentes.

En febrero se celebró en Sibanicú la primera convención anual del Concilio Misionero Femenil junto con la de los Embajadores de Cristo. Salieron con nuevo ánimo para trabajar para el Señor.

Se organizó en varias iglesias adicionales el departamento de los hombres, los Pescadores de Hombres. Sus actividades se aceleraron bajo el liderazgo de Andrés Román. Celebraron en Florida, Camagüey, su primera convención nacional en 1961.

Sin embargo había problemas. No se podían celebrar todas las campañas planeadas. Algunas sí, se llevaron a cabo, y se fundaron algunas iglesias nuevas.

b. Salida de misioneros

¿Quién hubiera soñado lo que Dios usaría para llevar a muchos obreros de Cuba a otros países para sembrar el evangelio? Muchos se habían entrenado aquí para ministrar en otros países. Y ahora empezó un nuevo desparramamiento de obreros como semillas llevadas por el Señor a los campos que él escogía.

En la reforma agraria de 1960 las propiedades grandes e instalaciones industriales de compañías cubanas y extranjeras se nacionalizaron. Luego los Estados Unidos impuso un embargo contra Cuba y recomendó la salida de los estadounidenses.

Se regaba la acusación de que los que quedaban en Cuba eran espías.

IV. ¡ADELANTE A TODO COSTO!, 1959-95   179

Con este concepto popular, la presencia de los misioneros ponía bajo sospecha a los creyentes y las iglesias. Todos los misioneros buscaron la voluntad del Señor.

Los Stewart pasaron a Colombia, y los Nicodemus se fueron para trabajar en El Salvador y después en México. Los Walker salieron para desempeñar el cargo al cual Luisa había sido nombrada como coordinadora de institutos bíblicos para Latinoamérica y el Caribe. Karlín Belknap y Maxine Richardson fueron a trabajar entre los refugiados en Miami, Florida. Después Karlín fue a España y Maxine a Canadá. Los Nieto irían a México y los Peterson ministrarían por 20 años en la República Dominicana.

Floyd y Millie Woodworth sentían que debían quedarse durante este período de transición. Roy Nylin y su esposa Doris (1957-62) y Kerry y Margarita González los ayudaban en el instituto. En enero de 1961 se rompieron las relaciones diplomáticas entre Cuba y los Estados Unidos y la situación se puso aun más tensa.

c. Año de la Educación

Cada año el gobierno enfocaba cierta fase de cambio. En 1961, Año de la Educación, se nacionalizaron todas las escuelas primarias y secundarias y se abrieron muchas escuelas nuevas con educación gratuita para niños pobres en escuelas de internado.

El primero de mayo de 1961, se anunció que la revolución era de orientación marxista-leninista y que Cuba ya era miembro del bloque comunista. Se confiaba en la orientación de la nueva generación para el triunfo final de sus ideales. En las escuelas se inició el cambio de libros de texto, quitando cualquier referencia a Dios, y escribiendo con nuevo enfoque los libros de historia. En todas las escuelas se enseñaba con vigor el ateísmo y una lealtad ardiente al nuevo gobierno.

2. Elección extraña, 1961

Los tiempos eran críticos y era muy importante tener un superintendente que diera buena dirección a la iglesia. Ramón Nieves ejercía ese cargo, pero muchos no estaban de acuerdo con su énfasis legalista. La obra estaba al punto de dividirse.

Gabriel Caride servía en el ejecutivo y parecía que él sería buen superintendente. Poco antes de la convención en 1961, un mensaje profético le dijo que debía salir inmediatamente de Cuba. Lo aceptó como del Señor, arregló con otros para encargarse de su programa radial, y fue al aeropuerto. Por maravilla pudo conseguir pasaje en un vuelo que ya iba a partir para Miami.

Mientras tanto, la policía llegó a la estación de radio con el fin de tomar

180 *CUBA*

preso a Caride y supo que él se había ido al aeropuerto. ¡Antes que llegara para prenderlo allí, partió el vuelo! Gabriel escapó a Miami, donde entraría en un ministerio de ayuda a los refugiados y un pastorado. ¡Ya no pudo ir a la convención, ni era elegible para ser superintendente!

Durante dos días de la convención en Holguín, la votación para superintendente seguía sin lograr los dos tercios de mayoría para nadie. Mientras los pastores tenían las sesiones de negocio en un lugar, muchos creyentes celebraban cultos en otro. Allí el Espíritu Santo les indicó que avisaran a los votantes que todos fueran al templo para humillarse y buscar al Señor.

Así lo hicieron en oración ferviente y arrepentimiento, y Dios obró. Carlos Anderson dijo que Dios le había mostrado quién debía ser el superintendente y no era ninguno de los dos candidatos. Víctor García también dijo que Dios se lo había revelado a él.

La junta ejecutiva propuso que si ambas revelaciones coincidían, las aceptarían como de Dios. Todos estuvieron de acuerdo. Anderson y García cada uno escribió el nombre en un papelito y los dieron al moderador. ¡Qué de emoción al oír que el nombre en ambos papeles era el mismo, el de Olallo Caballero!

¿Quién lo hubiera soñado? El era pastor humilde de una iglesia pequeña y presbítero de esa zona, el primer alumno del instituto bíblico, hombre de buen juicio, dedicado, y de temperamento calmo. Dios sabía que para los días que se aproximaban ni un norteamericano ni un puertorriqueño serviría de líder para su pueblo. Había escogido desde hacía tiempo a este siervo que conocía bien los principios y las tácticas del comunismo y podría dirigir la iglesia en una época crítica por los próximos 18 años.

Al aceptar la elección, Olallo reveló que hacía diez años Dios le había hecho saber por un mensaje profético que un día él sería superintendente, pero no lo había dicho a nadie, sabiendo que si eso era de Dios, El lo haría a su tiempo.

Hubo grande regocijo, se sanó la disensión, y se evitó la división. Bernardo Amor fue nombrado vicesuperintendente por aclamación. Kerry González fue electo secretario, y Floyd Woodworth recibió el voto unánime para tesorero. De un acuerdo la iglesia marchó adelante. Se reconocía que éste no era un método que seguir en otras elecciones, pero que Dios había obrado de manera singular para sacarlos de una situación demasiado difícil.

3. La fe y calabazas

Para fortificar la fe de los creyentes, Floyd Woodworth enseñó en varias

IV. ¡ADELANTE A TODO COSTO!, 1959-95   181

iglesias un cursillo de dos semanas sobre las evidencias de la verdad de las Escrituras. Y en el instituto bíblico todos aprendieron más acerca de la fe. Hubo racionamiento de alimentos, pero ni lo prometido llegaba a veces. Sin embargo, con los vegetales y fruta en la finca no pasaban hambre, ¡aunque se maravillaban de las muchas maneras en las cuales se preparaba la calabaza! Crecieron en la fe y tendrían parte importante en la sobrevivencia de la iglesia.

4. Intervención

El 17 de marzo de 1963 comenzó una sacudida represiva que duró un tiempo. Los milicianos confiscaron las dependencias del instituto bíblico, quemaron los libros de la biblioteca, y ordenaron a los estudiantes que abandonaran el plantel. Llevaron a Floyd Woodworth preso a la Habana. Pusieron bajo arresto en un hotel en la Habana a Ramón Nieves y su esposa Lucy, Millie de Woodworth con sus dos hijas pequeñas y Margarita de González con sus dos hijitos. Kerry González fue encarcelado, y Floyd fue llevado a la prisión de mayor seguridad. Por 20 días lo tuvieron incomunicado en una celda solitaria. No dejaban saber dónde él estaba a los de la iglesia que hacían gestiones al respecto.

Mientras tanto, millares oraban por ellos y se hacían gestiones por su liberación. Al cabo de diez días, la Cruz Roja sacó en un vuelo a los Estados Unidos a Kerry y a los que estaban presos en el hotel. Después de diez días más Floyd pudo salir.

Los González tendrían un ministerio fructífero en España y después en la República Dominicana hasta su jubilación en 1993. Los Woodworth trabajarían en Colombia, luego en el Servicio de Educación Cristiana. Floyd era profesor en el Instituto de Superación Ministerial (ISUM). Editaba la revista "Conozca" (que saldría después como sección de la revista "Avance") para el personal de los institutos bíblicos. En 1995 enseñaba cursos aún en varios países latinoamericanos.

5. ¿Derrota o Siembra?

Los años de 1964-68 eran muy difíciles para las iglesias evangélicas. La IEP mantenía su práctica tradicional de obedecer a las autoridades y orar por ellas sin inmiscuirse en la política. Muchos evangélicos se fueron del país. El caso de Rolando Lowe, pastor y tesorero nacional, ejemplifica el de varios. Solicitó permiso para ir a Colombia, y por eso fue enviado a un campamento de labor en los cañaverales con permiso para visitar a su familia los fines de semana. Se le afectó la salud pero continuó así por dos años hasta recibir por fin el permiso para salir vía España. Fueron a Colombia y pastorearon en Barranquilla, donde Rolando era decano del instituto bíblico.

182 *CUBA*

Al pasar los años, Eulogio Rivero y Luciano Rodríguez y sus familias fueron a Colombia. Luis Guillén y su esposa María pastorearon por 13 años en España. José Brito hizo buena obra en España. Onelio González y su esposa Belkis, y Hugo Vidal con su esposa Eliana trabajaron en Ecuador. Luis Llanes y su familia ministraron en Argentina. Heriberto de la Teja se dedicó por años al evangelismo y la distribución de literatura de Editorial Vida en Latinoamérica. Dios usó a muchos otros en la obra hispana en los Estados Unidos, Canadá y otros países. Entre ellos se puede mencionar a Israel Aguilera, José Luis Soto, Daniel Machado, Celso Hernández, Luis Miranda, Eduardo Echevarría, Ricardo Peña, Jacobo Martínez, Andrés Román y sus familias.

Otros permanecieron en su patria y dirigieron la iglesia en tiempos difíciles. A pesar del adoctrinamiento al contrario, muchos jóvenes mantuvieron su fe en el Señor, y buen número de los pastores vieron a sus hijos entrar en el ministerio.

B. PERSEVERANCIA EN EL CULTIVO

1. Fortalecidos por el Señor

a. *Programas radiales*

Los programas por radio habían ayudado a unir y fortalecer la obra. En 1959 la IEP tenía 30 difusiones radiales por semana. Más tarde fueron suspendidos todos los programas religiosos. En marzo de 1962 Hugo Jeter y Howard Coffey consiguieron tiempo en una estación potente en Miami para difundir a Cuba por 15 minutos seis veces por semana "La Hora Evangélica." Esto fue de bendición mientras duraba. Otros programas evangélicos por onda corta desde el extranjero a través de los años fortalecían a los creyentes. Desde 1989 un programa por Jerónimo Pérez sobre la Década de la Cosecha se difundía desde California. Servía de estímulo y solidaridad con las Asambleas de Dios en toda la América Latina.

b. *Confraternidades y convenciones*

Las reuniones de creyentes en confraternidades y convenciones tomaron doble importancia después del cierre de las escuelas filiales y los puntos de predicación. Los cultos ya se permitían sólo en los templos o capillas, no en casas particulares o al aire libre. Así se deshicieron 55 congregaciones de la IEP, quedando 89 iglesias. Se confiscaron algunos templos, y no se podía construir más, ni siquiera reparar los existentes.

Pero se podían celebrar confraternidades y convenciones, siempre y cuando se consiguiera el permiso del gobierno avisando para cuántas personas sería y después entregando una copia de las minutas. Había confraternidades trimestrales de región y varias convenciones nacionales al año: la de la iglesia entera y las de los varios departamentos.

Dios bendecía y fortalecía a los creyentes, bautizando a muchos en el Espíritu Santo. En una convención de los Pescadores de Hombres 50 hermanos recibieron esta experiencia. En una confraternidad en Camagüey en 1970 asistieron 1.200 personas. El primer día hubo gran contrición y confesión de frialdad espiritual. Al día siguiente 158 fueron bautizados en el Espíritu Santo. Hubo milagros de sanidad y la iglesia cobró nuevo valor. Algunos que antes iban al culto con la Biblia envuelta en periódico ya la llevaban descubierta a la vista de todos.

c. Literatura evangélica

Varios ayudaron en la publicación de literatura a través de los años, entre ellos Héctor Pereira, presbítero y pastor en Santa Clara; Luis Llanes, presbítero y presidente del Comité de Literatura y de Educación Cristiana; y Alvio García Marcelo.

Las noticias, informes y mensajes cada trimestre en *La Antorcha Pentecostal* contribuían a la solidaridad. Alvio García los sacaba en un mimeógrafo viejo. Corresponsales de cada distrito y de los departamentos enviaban sus noticias. Servían con García en el Consejo de Redacción en 1992 Hugo Reyes Hidalgo y Lucía Basulto.

Se editaba *El Embajador*, revista de la juventud, y *La Guía Dominical*. Al no poder importar libros religiosos, se copiaron algunos libros de texto, cosiendo las páginas para formar el libro. Así salieron *Himnos de Gloria* y *Conociendo las doctrinas de la Biblia* (en 2 tomos), por Myer Pearlman. Se imprimía cada año un calendario con un plan para leer toda la Biblia en un año.

En cuanto a otros libros, se prestaban y a veces se copiaban a mano o a máquina de escribir. Un pastor recibió de unos visitantes

Alvio García publica las buenas nuevas.

184 *CUBA*

el libro *Corre, Nicky, Corre*. Lo prestó por turno a varios pastores, y uno de ellos lo copió entero.

Un problema en todas las iglesias evangélicas fue la escasez de Biblias. La Sociedad Bíblica fue cerrada en 1968. En 1977 la mayoría de los que tenían Biblias las habían usado por 20 años. En ese año se permitió el envío de 5.000 Biblias a Cuba, en 1978 entraron 10.000 Biblias y Nuevos Testamentos y en 1984 hubo permiso para importar 5.000 Biblias y 900 diccionarios bíblicos. En 1989 llegaron 10.000 Biblias, y en 1990, 50.000.

2. Frente a los problemas

a. *Adaptación y sobrevivencia*

Se consideraba a los pastores como no contribuyentes al bienestar de la nación y por lo tanto fuera de los beneficios para los ciudadanos. En 1964 la IEP formó la Comisión de la Caja de Ayuda a Ministros Necesitados; en 1977 ayudaba a 42 ministros.

Cada iglesia tenía que informar al gobierno cada tres meses el número de sus miembros (no debían sobrepasar 200). Y en cada congregación había quien informara sobre cualquier dicho o acto que les parecía contra revolucionario. A un pastor se le llamó la atención en pleno culto cuando habló del cielo como una patria mejor, amenazando con denunciarlo si seguía predicando así.

Era prohibido repartir literatura en la calle y testificar a los inconversos u orar con ellos fuera del templo. Por lo general los evangélicos se ajustaban a los límites señalados y oraban por las autoridades. Pero consideraban de una autoridad mayor su misión como testigos de Jesucristo. Por lo tanto, muchos de los líderes de la obra fueron encarcelados una que otra vez. Y los creyentes se acercaban aun más a Dios en medio de las pruebas.

Un presbítero escribió en 1971: "A mi parecer nuestra obra está en la mejor etapa de su historia. Muchas almas, defraudadas y sin esperanza, acuden al Señor en busca de consuelo y paz. Dios está derramando de su Espíritu Santo."

En la década de los 70 había 200 ministros de la IEP en Cuba. Leovigildo Cuellar, Orson Vila, Rafael Mendoza y otros celebraban campañas muy bendecidas. Se gozaban de tiempos de refrigerio en las convenciones. En la convención anual de 1976 asistieron 3.000 creyentes. En 1977 había 2.953 miembros y 996 probantes en las 89 iglesias. Lorenzo Triplett (director de misiones foráneas de las Asambleas de Dios de los Estados Unidos) dijo: "Es verdad que Cuba está cerrada a los pasaportes norteamericanos, pero nunca puede estar cerrada al Espíritu de Dios."

b. Liderazgo consagrado

En toda esta época se gozaba de buen liderazgo que tenía la paciencia y dirección del Señor para ajustarse a las circunstancias y seguir adelante. La mayoría de los oficiales eran graduados del instituto bíblico que se habían convertido en las campañas en 1950-51 y conocían el poder milagroso del Señor.

Olallo Caballero fue superintendente por 18 años. Algunos que sirvieron como ejecutivos o presbíteros después de 1963 eran: Bernardo Amor, José R. Alvarez, Francisco Quintero, Alvio García, Alfredo Gómez, Jaime Rodríguez, Balbino Basulto, Diego Pernas, Alipio Pedraza, Luis Llanes, Humberto Martínez Sabó, Félix Pérez, Héctor Pereira, Hugo Vidal, Herminio Pupo, Héctor Hunter, Raimundo Oropesa, Orson Vila, Efraín Acosta, Reynerio Hidalgo, Hugo Reyes, Héctor Góngora, Manuel González, y Ozías Rosell.

En 1979 Humberto Martínez Sabó sucedió a Caballero como superintendente. Era hombre consagrado, de espíritu templado y de fe, a quien Dios usaba para dirigir la iglesia. Ocupaba este cargo aún en 1995.

Daban buena dirección Olga Fundora Bellí luego Noemí de Vila al C.M.F., Hermes Cruz de Soto a las Misioneritas, Efraín Acosta a los Pescadores de Hombres y Eliseo Villar a los Embajadores de Cristo. Muchos ministros, inclusive mujeres como Elba Rodríguez y Estrella

Superintendente Humberto Sabó y su esposa María

Otros miembros ejecutivos, 1994: Herminio Pupo, Hugo Reyes, Félix Pérez, Balbino Basulto, Héctor Pereira y Efraín Acosta con Ricardo Nicholson

186 *CUBA*

Martínez, habían servido fielmente de 30 a 50 años.

Orson Vila se había preparado para ser médico pero no se le otorgaba su licencia a menos que renunciara el evangelio. Se negó a hacer esto, y se dedicó a predicar el evangelio. En 1980 Vila, con su esposa Noemí, dio una campaña en Moa. Empezó en el templo bautista, pero cuando tantos llegaron que ya no cabían, les predicó afuera. Dios sanó a muchos enfermos, que venían de todas partes de Cuba, e hicieron profesión de fe unas 1.300 personas. Luego el pastor fue encarcelado por tres meses y el hermano Vila por cuatro por celebrar cultos fuera del templo y por "practicar la medicina sin licencia."

Pocas horas después de su liberación Vila se presentó en una convención de los Embajadores de Cristo (era su presidente nacional). Allí les contó de los que se habían entregado al Señor en la cárcel. Siguió con campañas en varios países y en Cuba.

3. ¿Cómo preparar obreros?

Algunos pastores daban cursillos para maestros y les enseñaban cada semana la lección de Escuela Dominical que debían de enseñar. Varios estudiaban por correspondencia.

Al cerrarse el instituto bíblico en 1963, se buscó otra manera de preparar a los que Dios llamaba al ministerio. Algunos fueron al seminario de la Misión de las Indias Occidentales, que no fue intervenido. El pastor Luis Guillén y su esposa María enseñaban a un grupo en el sótano del templo en la Habana en 1964-65.

Se halló manera legal de seguir dando el programa de estudios en la Habana, Camagüey, y Santiago de Cuba. Había libertad para la enseñanza bíblica en los cultos locales. Varios pastores en la Habana fundaron en 1966 la Escuela Bíblica Nocturna de Occidente. Dos materias se enseñaban en cierta iglesia en un culto del domingo o del lunes, otras dos se daban el miércoles en otra iglesia, y dos el viernes en otra. Los estudiantes iban adonde las clases se daban, y cada congregación gozaba de buena enseñanza. Esta escuela continuó por diez años, una parte del tiempo bajo la dirección de Exilda Mora. Más tarde se integró en el programa de Estudios Dirigidos de Superación Bíblica (EDISUB).

En 1984, Hugo Vidal y su esposa Eliana, pastores en la Habana, iniciaron en el sótano del templo el Curso Especial de Teología para Ministros Principiantes. Se proyectaba tres años para graduarse. Asistieron ocho varones y siete señoritas de todas partes de la isla. Tuvo que cerrarse en 1986. No fue en vano la labor, pues casi todos los estudiantes entraron en el ministerio.

Mientras tanto, Dios usaba a Luis Llanes y a su familia en la enseñanza dondequiera que pastoreaban. Desarrollaron materiales de estudio para varias asignaturas. Luis era miembro del ejecutivo y servía en la Comisión Facultativa de Estudios Bíblicos. Su esposa, Melba, había enseñado en el instituto bíblico. Su hija Alba había enseñado en la Escuela Bíblica del Occidente y en las iglesias. Los otros hijos duplicaban los materiales de estudio que sus padres y Alba preparaban.

En junio de 1986 el ejecutivo encomendó a los Llanes la tarea de crear, organizar y poner en marcha un plan nacional para preparar obreros. Toda la familia cooperó en el proyecto. Diseñaron un plan para estudios

La familia Llanes: Alba, Olga, Luis Daniel, Melba, Luis, Pablo.

por correspondencia con un coordinador en cada región. Constaba de cuatro años divididos en dos semestres de cinco meses cada año, con cinco asignaturas en cada semestre. Los alumnos estudiarían en casa y se reunirían semanalmente o quincenalmente con el coordinador para su enseñanza y ayuda.

Así nació en 1987 con 285 alumnos el programa Estudios Dirigidos de Superación Bíblica (EDISUB). Al año siguiente había 400. Fue grande el entusiasmo y muchos los testimonios del beneficio recibido. Cuando los Llanes fueron a Argentina en 1989, René Calvo fue nombrado director, con Armando Trujillo como secretario tesorero. En 1991 se graduaron 106 de los 576 estudiantes. Armando Trujillo ya era el director. Se agregaron estudios sobre la vida cristiana y el servicio laico en un nivel preinstituto.

Desde 1968 los otros países hispanohablantes de América Latina y el Caribe habían gozado de los seminarios regionales del Instituto de Superación Ministerial (ISUM). En 1982 Guillermo Fuentes, superintendente de las Asambleas de Dios de México, con el pastor Abraham

188 *CUBA*

Hernández de ese país y David Grams, director del ISUM, visitaron Cuba y hablaron con el ejecutivo con respecto al ISUM. Algunos líderes asistieron a una sesión del ISUM en Nicaragua en 1984. Sin maestros de afuera, la IEP inició su propio ISUM, y 79 cubanos estudiaban en este programa en 1987.

La música siempre había sido parte de la adoración y la proclamación del evangelio. Se formó el Departamento de Música, el cual tenía en 1987 12 puntos de enseñanza en las regiones. Lo dirigía Eduardo González en 1992.

En 1989 parecía que la IEP podría conseguir terreno y abrir de nuevo el instituto bíblico. En 1995 no se le concedía aún la autorización para tal fin, ¡pero Romanos 8:28 estaba aún en vigor, pues se entrenaban más en EDISUB! ¡En ese año tenía 16 centros de estudio y más de 2.000 alumnos en los niveles ministerial y laico! Y juntamente con los estudiantes de las Asambleas de Dios, los había de 18 otras denominaciones.

C. ¡Y DIOS DA LA COSECHA!

1. Obra del Espíritu Santo

No todas las iglesias gozaban de crecimiento; la de Primer Paso había bajado hasta tener un solo miembro en 1985 cuando Luis Llanes y familia fueron enviados a pastorearla. Dios empezó allí un avivamiento que se extendió. El pastor Llanes escribió: "En febrero de 1988 nuestra iglesia experimentó una manifestación del poder de Dios tal como nunca habíamos visto. Por siete meses consecutivos sacudió nuestro pequeño pueblo. Tuvimos cultos casi todo el día cada día por tres meses. Más tarde las autoridades nos limitaron a dos días por semana. Celebramos cultos a las 7:00, 9:00, y 11:00 de la mañana, luego a las 3:00, 5:00, y 8:00 p.m. Mi esposa, nuestros cuatro hijos, mi suegra y yo todos ministramos continuamente por tres meses. Dios usó a cada uno para sanar a los enfermos. Cánceres fueron sanados, los sordos ya podían oír, y los cojos ya andaban bien. Miles de almas han estado asistiendo a nuestros cultos; cientos se han convertido."

En Madruga se vio la obra de Dios de manera potente por meses en 1988. Desde la madrugada la gente llenaba la calle hasta que se abriera el templo. No todos cabían. La muchedumbre obstruía el tráfico, y las autoridades vinieron, no para poner fin a los cultos sino para pedir que los dieran varias veces al día.

Hubo oposición. En Maffo la policía llegó al culto y llevó a la cárcel al evangelista y al pastor. En seguida un diácono empezó a predicar, diciendo que Jesucristo es el mismo Sanador hoy como lo era cuando

IV. ¡ADELANTE A TODO COSTO!, 1959-95   189

vivía en la tierra. A los pocos minutos las autoridades se lo llevaron a él también. En eso un nuevo creyente, un dentista que hacía tres días había sido sanado de un mal, fue al púlpito y dijo: "Se han llevado al pastor, se han llevado al evangelista, se han llevado al diácono, pero yo creo que Jesucristo sana hoy, y les voy a contar acerca de El."

2. Cambios y progreso

En el avivamiento de 1987-93, Dios cambió la actitud de muchas personas hacia la iglesia. En 1959 el nuevo gobierno había tenido altas aspiraciones de eliminar la corrupción y crear una nueva sociedad. En 1985 el gobierno reconoció que no había logrado sus metas morales. Mejor sería tener la ayuda de la iglesia en la lucha por la moralidad que considerarla como adversaria.

Desde 1985 se permitió reparar los templos. El superintendente Sabó informó en 1986: "La iglesia se ha fortalecido. El fuego quita la escoria. Damos gracias a Dios en todo. Hay convertidos de toda esfera social. La iglesia es fuerte, bien identificada y respetada aun por los que no comparten nuestras creencias." En 1987 se devolvió el templo que fue intervenido en Contramaestre.

La comisión de la Década de la Cosecha (Félix Pérez, Joel González y Josefa Bardanca) promovía metas para el avance. En 1989 había entre 6.000 y 7.000 adherentes en las 89 iglesias. Se puso como meta el duplicar la membresía en los próximos 10 años. En 1989 se dio permiso para celebrar cultos en casas, fundar nuevas iglesias y tener más de 200 miembros en una iglesia. En los próximos tres años, casi se triplicaron los miembros. En 1992 la iglesia en Baracoa, pastoreada por Alipio Pedraza, tenía 100 congregaciones filiales.

El avivamiento continuaba. En Holguín la gente llenaba la calle por dos cuadras queriendo entrar en el templo donde Dios hacía milagros. En 1995 había 1.200 congregaciones y 35.000 adherentes. Fijaron una meta de 100.000 adherentes para el año 2000.

Pero no habían cesado los problemas. En mayo de 1995 fue encarcelado un pastor prominente y fueron cerradas varias casas-iglesias. Tal noticia hizo de Cuba el blanco de las oraciones de millares de creyentes alrededor del mundo y se esperaba ver lo que Dios haría en respuesta a la oración.

D. RETROSPECCION Y PERSPECTIVA

En 1960 se esperaba borrar la fe en Dios de la nueva generación en Cuba. Pero en 1995 el 80% de los pastores de la Iglesia Evangélica Pentecostal de Cuba eran jóvenes. Fueron adoctrinados en el ateísmo

190 *CUBA*

en las escuelas, pero el manifiesto poder de Dios era una fuerza mayor.

Algunos de los pastores que habían servido fielmente al Señor por casi medio siglo experimentaban la verdad del Salmo 126:6: "Irá andando y llorando el que lleva la preciosa semilla, mas volverá a venir con regocijo trayendo sus gavillas."

Y la nueva generación, fortalecida por el poder del Espíritu Santo, seguía adelante en la siembra y cosecha, dando gracias a Dios porque sus labores no eran en vano.

REPUBLICA DOMINICANA

Con Raquel de Peterson

REPUBLICA DOMINICANA

El país

Area: 48.442 km.^{2}
Habitantes: 7.620.000
Capital: Santo Domingo

Asambleas de Dios, 1994

Ministros: 1.009
Iglesias/Anexos: 1.109
Adherentes: 49.753
Institutos bíblicos: 13
Matrícula: 350

BOSQUEJO

I. **FONDO HISTORICO**
   A. El país y el pueblo
   B. Penetración evangélica

II. **PRIMEROS PENTECOSTALES 1917-40**
   A. Adalides Puertorriqueños
      1. El llamado
      2. Surcos abiertos, 1917-18
      3. Tiempo muerto, 1918-1930
      4. Nueva siembra, 1930-38
   B. Tragedia y triunfo, 1938-40
      1. División trágica
      2. Pasos de recuperación

III. **ORGANIZACION Y AVANCE 1941-75**
   A. Pasos iniciales
   B. Progreso en 1943
   C. Llegada de misioneros
   D. Preparación de obreros
   E. Avance persistente
      1. Un pueblo transformado
      2. ¡A pesar de la oposición!
      3. Refuerzos
      4. Centros evangelísticos
   F. Crecimiento, 1954-60
      1. La iglesia avivada
      2. Campañas bendecidas
      3. ¡A construir por doquier!
   G. Epoca de cambios, 1961-75
      1. Cambios en el liderazgo
      2. Progreso en la enseñanza
      3. Progreso en los departamentos
      4. Evangelismo y extensión

IV. **¡SIEMPRE ADELANTE! 1976-95**
   A. ¡Adelante en la enseñanza!
      1. ISUM y la Facultad de Teología
      2. En los institutos bíblicos
      3. Por correspondencia
      4. En los departamentos
      5. Por buenos colegios
   B. Campañas y más iglesias
   C. Reto del servicio social
      1. Desastre y DESEAD
      2. El reto aceptado
   D. Retrospección y perspectica

Fieles líderes nacionales:
El superintendente Enrique Suárez y su esposa Dolores

Líderes del C.M.F.: Fidelina de Cabrera, Niña Luna, Isabel de Taveras, Altagracia de Zapata, Doris de Turnbull

I. FONDO HISTORICO

A. EL PAIS Y EL PUEBLO

La hermosa isla de Quisqueya en el Mar Caribe fue descubierta por Cristóbal Colón en diciembre de 1492. En 1496 su hermano, Bartolomé Colón, fundó la ciudad de Santo Domingo, capital de la colonia, y sirvió de gobernador. Se construyeron de piedra el Alcázar, la Catedral Primada, la Fortaleza, el primer hospital y la primera universidad del Nuevo Mundo. La mayoría de estos edificios estarían de pie aún hacia fines del siglo 20.

En los años siguientes fueron muertos casi todos los habitantes originales de la isla, y los europeos importaron esclavos africanos para los trabajos agrícolas y mineros.

Al ganar su independencia de España en 1844, Santo Domingo formó su propio gobierno como la República Dominicana, país que ocupa los dos tercios orientales de la isla. La República de Haití (colonizada por los franceses) forma la parte occidental.

B. PENETRACION EVANGELICA

Al igual que en los demás países colonizados por los españoles, la religión oficial de la República Dominicana era el catolicismo romano. La primera penetración de evangélicos fue cuando vinieron unos negros norteamericanos a la isla. Cuando pidieron líderes religiosos, vino el primer pastor Metodista desde Inglaterra en 1834, seguido por un pastor norteamericano de la Iglesia Africana Metodista Episcopal en aproximadamente 1840.

La República Dominicana tardó en el desarrollo de las iglesias evangélicas. Por muchos años varias denominaciones trabajaban unidas en la Junta para el Servicio Cristiano.

En 1889 llegó de los Estados Unidos el misionero independiente Samuel E. Mills. Era un predicador laico que se dedicaba al evangelismo. Poco a poco se levantaron varios grupos de creyentes. Más tarde llegaron otros misioneros y se unieron las congregaciones para formar la Iglesia Metodista Libre Dominicana.

En 1898 se fundó la Iglesia Episcopal Dominicana, y en 1908 se inició la Asociación Adventista del Séptimo Día. En 1911 vinieron algunos predicadores desde Puerto Rico, y en 1917 se inició la obra pentecostal en la República Dominicana. En 1920 se formó la Iglesia Evangélica Dominicana, programa misionero de la Iglesia Metodista, la Presbiteriana y la de Los Hermanos Unidos.

194 *REPUBLICA DOMINICANA*

II. PRIMEROS PENTECOSTALES, 1917-40

A. ADALIDES PUERTORRIQUEÑOS

1. El llamado

¿Quién hubiera soñado lo que Dios iba a hacer con tres jóvenes puertorriqueños en Hawai? En 1908 se iniciaron en Puerto Rico expediciones de trabajadores agrícolas para Hawai. Entre los que fueron a ganarse la vida y mejorar sus circunstancias estaban Salomón Feliciano y su hermano José. Salomón ya era convertido y se juntó con otros creyentes puertorriqueños en Hawai.

Mientras tanto, se extendía el avivamiento pentecostal que vino a los Estados Unidos en 1900. Centenares recibían el bautismo en el Espíritu Santo y salían a predicar. Algunos fueron a Hawai, y estalló un avivamiento. Entre los que recibieron el bautismo en el Espíritu Santo y el llamado de Dios para predicar estaban Salomón Feliciano, Juan L. Lugo y Francisco Ortiz. En 1913 pasaron a California y fueron enseñados en la Palabra por Jorge Montgomery, pionero de Pentecostés a México.

Dios llamó a los tres a abrir surcos y sembrar el evangelio en terrenos nuevos: Juan Lugo en Puerto Rico, Francisco Ortiz en Cuba, y Salomón Feliciano en la República Dominicana.

En 1916 Lugo fue a Puerto Rico, donde haría una labor importante en el inicio y desarrollo de las Asambleas de Dios (llamada la Iglesia Evangélica Pentecostal) y promovería misiones a la República Dominicana y Cuba. A fines del año Salomón Feliciano y su esposa Dionisia llegaron a Ponce, Puerto Rico. Pasaron tres meses en campañas evangelísticas con Juan Lugo antes de pasar a la isla contigua a donde Dios los había llamado.

2. Surcos abiertos, 1917-18

Salomón y Dionisia Feliciano fueron por fe a la República Dominicana en marzo del año 1917. Se establecieron en San Pedro de Macorís, una ciudad principal en la costa sur y buen centro para la extensión del evangelio. Salomón era predicador fogoso, valiente, abnegado y trabajador. Predicaba en las calles, en casas de creyentes, en un pequeño salón y en las aldeas circunvecinas. Dios bendijo su ministerio, y en 1918 unos 40 creyentes formaban el núcleo de la obra pentecostal.

Por falta de finanzas los Feliciano regresaron a Puerto Rico antes de cumplir un año. Desde allí comunicaron que no volverían a Santo Domingo. Recomendaron a los creyentes que se unieran a la Iglesia Evangélica Dominicana. Así lo hicieron, y pareció ser el fin de la obra

II. PRIMEROS PENTECOSTALES, 1917-40 195

pentecostal en el país. Pero vendrían otros sembradores y la semilla sembrada brotaría a su tiempo.

3. Tiempo muerto, 1918-1930

Mientras tanto, Dios bendecía la obra naciente en Puerto Rico. En 1921 llegaron los misioneros Frank Finkenbinder y su esposa, y se organizó la obra. Juan Lugo sería el superintendente por muchos años. Los Finkenbinder trabajarían en el desarrollo y supervisión del Distrito de las Antillas de las Asambleas de Dios (Puerto Rico, Cuba y la República Dominicana). Ellos y los Lugo promovían el espíritu misionero entre los pentecostales en Puerto Rico. Presentaron al Departamento de Misiones en los Estados Unidos la necesidad de misioneros para la República Dominicana.

Clarence Radley y su esposa Dorotea vinieron a Puerto Plata, R.D., en 1924, pero después de pocos meses pasaron a Nicaragua.

4. Nueva siembra, 1930-38

Dios no se había olvidado de la República Dominicana. Le dio una visión a Francisco Hernández González y lo llamó a este país. Enviado por la juventud pentecostal en Puerto Rico, él vino en un viaje de exploración en 1928. Pero al ver las condiciones tomó miedo y volvió a su trabajo secular en Puerto Rico. Se enfermó de tuberculosis y le prometió al Señor que si lo sanaba, regresaría a la República Dominicana. Así sucedió. Dios lo sanó, y el 2 de septiembre de 1930 desembarcó en Santo Domingo con su esposa Victoria y su hijita Rebeca. Pasaron a San Pedro de Macorís (base anterior de los Feliciano) donde residían Clemente Figueroa y familia, pentecostales de Puerto Rico. Iniciaron allí la primera iglesia pentecostal permanente en la nación.

A las dos semanas, llegó al culto un joven que con el tiempo llegaría a ser el superintendente de la obra. Enrique Suárez conocía el evangelio pero no era convertido. Atraído por el gozo con el cual los pentecostales adoraban a Dios, siguió asistiendo. En 1931 se entregó al Señor y fue bautizado en el Espíritu Santo. Cosa vital para el futuro de la obra fue el desarrollo de obreros. El pastor Hernández veía en seis jóvenes potencial para el ministerio. Empezó a enseñarles en un pequeño instituto bíblico y por la obra práctica en el evangelismo. Entre ellos estaban Enrique Suárez, Eduardo Vásquez y Pedro (Pepe) Cabrera.

Los Hernández habían venido enviados como misioneros por las iglesias asambleístas en Puerto Rico, pero era muy poco el dinero que recibían. La situación económica en la República Dominicana era pésima y las ofrendas de los creyentes ni siquiera pagaban el alquiler del local.

196 REPUBLICA DOMINICANA

Sin embargo, Francisco animó a los jóvenes a lanzarse a predicar y compartía con ellos lo poco que recibía.

Sufrían escasez de fondos y oposición al evangelio. Varias veces Francisco fue detenido por las autoridades. Pero siguió predicando con valor, y Dios colmó su labor con una cosecha de almas. Dentro de tres años había unos 70 creyentes.

Enrique Suárez tenía buen trabajo en una central azucarera y no quería dejarlo, pero Dios le habló en un sueño confirmando su llamamiento y cambiando su actitud. En 1934 fue a pastorear en Ramón Santana. Entre esta iglesia y tres puntos de predicación donde iba cada semana había unos 50 creyentes.

Una de ellos, Andrea Rosario, se trasladó a La Romana e inició cultos en su casa. Tantos vecinos se convirtieron que ya no cabían en su sala, y Andrea solicitó la venida de un pastor para la iglesia naciente. Francisco envió a Pedro Cabrera a La Romana y ordenó a Enrique Suárez y Eduardo Vásquez a ayudarlo.

En 1934 el misionero Frank Finkenbinder pasó casi un mes en la República Dominicana. Dio buen informe de la obra y comunicó a las Asambleas en los Estados Unidos la necesidad de obreros para este país. En 1936 estuvo para diez días de cultos especiales.

Roberto Martín (convertido en Nueva York) y su esposa estaban en Santiago de los Caballeros y habían ganado a varias personas a Cristo. Pedían que alguien viniera para establecer una iglesia. En 1936 llegaron Angel Betancourt y René Vélez Faccio, de Puerto Rico y de la obra hispana en Nueva York. Angel Betancourt fue a Santiago, y Pedro Cabrera vino de La Romana para ayudarlo. René Faccio fue a trabajar en San Pedro de Macorís.

Enrique Suárez se casó en 1936 con Angela Calderón, compañera fiel en sus labores. En seguida se trasladaron a Santo Domingo para pastorear una iglesia naciente en la capital. Al pasar Pedro Cabrera a Santiago, los Suárez fueron a dirigir la obra en La Romana. Dividían su tiempo entre la iglesia en La Romana y cuatro pueblos vecinos donde Enrique predicaba cada semana. Quedaban a distancias de 8, 17, 23 y 27 kilómetros de La Romana. Enrique iba y volvía a pie y señaló a alguien en cada congregación para dirigir reuniones de estudio bíblico y oración entre semana.

De manera similar, a base de esfuerzo abnegado crecía la obra. Domingo Figueroa pastoreaba en Haytí Mejía, la iglesia con el mayor número de adherentes.

III. ORGANIZACION Y AVANCE, 1941-75 197

B. TRAGEDIA Y TRIUNFO, 1938-40

1. División trágica

Entre tanto, Satanás buscaba acabar con la obra. Empleó una de sus tácticas favoritas, la caída de un líder para desacreditar su mensaje. Así sucedió con el pionero Francisco Hernández de 1938 a 1939. Se divorció de su esposa, se casó de nuevo, dejó las Asambleas y formó su propia iglesia. Se dividió la iglesia. Algunos miembros quedaron con él. Algunos, desilusionados, volvieron al mundo. Otros, desanimados, no sabían qué hacer.

2. Pasos de recuperación

Al enterarse del problema, el ejecutivo de la obra en Puerto Rico mandó a Angel Betancourt como presbítero a pasar a San Pedro de Macorís para ayudar a restaurar la fe de los creyentes. Después, él y Pedro Cabrera trabajaban en Santo Domingo (se llamaba Ciudad Trujillo en esa época). Desde allí Betancourt visitaba y fortalecía a las demás iglesias.

Dios usó a varios jóvenes obreros dominicanos y puertorriqueños para ayudar a los hermanos en todas las iglesias y anexos a permanecer fieles al Señor. Entre ellos estaban: Enrique Suárez, Barón Oller, Eduardo Vásquez, Pedro Cabrera, Francisco de Castro, Domingo Figueroa, María Santana, Pablo Mariano, Jacinto Pérez, Lucas Zapata y Milito Herrera. La Palabra de Dios dicha por Jesús fue cumplida: "Edificaré mi iglesia, y las puertas del infierno no prevalecerán contra ella."

Juan L. Lugo y Frank Finkenbinder ayudaron a fortificar y consolidar la obra. Primero Lugo y después los Finkenbinder pasaron unas semanas en 1940 ministrando en las iglesias y evaluando la situación. Tomaron ciertas medidas necesarias y recomendaron pasos para el progreso. Los Finkenbinder ofrecieron establecerse aquí, pero problemas de salud lo impidieron. Desde los Estados Unidos Frank seguiría ayudando con consejos y algunas visitas. Otros misioneros vendrían a la República Dominicana para ayudar en la organización de la obra y la preparación de obreros.

Había cuatro iglesias organizadas con un total de 146 miembros: San Pedro de Macorís, 23; La Romana, 15; Haytí Mejía, 40; Santiago, 68. Sus 22 congregaciones filiales tenían 170 miembros, haciendo un total de 316. La asistencia en las escuelas dominicales era de 275 a 300.

III. ORGANIZACION Y AVANCE, 1941-75

A. PASOS INICIALES

En enero de 1941 siete iglesias asambleístas en la República Dominicana celebraron una convención en la cual se organizaron y escogieron

198 REPUBLICA DOMINICANA

a Enrique Suárez como superintendente. Entonces pidieron la venida de misionerros de los Estados Unidos.

La obra pentecostal había funcionado como distrito de las Asambleas de Dios de Puerto Rico. Pero en 1941 la supervisión de la obra dominicana pasó al Departamento de Misiones Foráneas de las Asambleas de Dios de los Estados Unidos.

Para una organización nacional hacía falta ponerse de acuerdo en cuanto a las doctrinas, la responsabilidad de los miembros, la forma de gobierno y la mejor organización geográfica. Luego había que elegir líderes distritales y nacionales. Un principio básico para las Asambleas sería el formar iglesias que se gobernaran, se sostuvieran y se propagaran a sí mismas. Esto requería una orientación para los pastores y las iglesias.

Con este propósito fueron enviados a la capital en agosto de 1941 Lorenzo Perrault y su esposa Jessie, quienes hasta entonces trabajaban en Cuba. Vino para ayudarles por seis meses en esta tarea Tomás Burt Evans. El había sido superintendente de las Asambleas de Dios de El Salvador, Centroamérica.

Se dieron conferencias organizadoras de una a dos semanas en cuatro regiones. La primera fue en San Pedro de Macorís del 4 al 15 de febrero de 1942. Tomás Evans habló sobre el Reglamento Local preparado en Centroamérica para enseñar a los convertidos antes de bautizarlos en agua. Los pastores y delegados adoptaron el Reglamento Local y una constitución, visitaron los campos blancos y eligieron a Eduardo Vásquez como presbítero.

La segunda sesión tomó lugar en La Romana. Enrique Suárez fue elegido presbítero de este distrito. Luego en Santiago se repitieron las enseñanzas, y José Jacinto Pérez salió como presbítero. La última sesión se dio en Santo Domingo donde el pastor Juan Fuertes fue nombrado presbítero. Fueron ordenados al pleno ministerio Enrique Suárez y Eduardo Vásquez.

Así se organizó la obra con una directiva compuesta de presbíteros dominicanos bajo el liderazgo de Lorenzo Perrault. Hasta entonces se había usado el nombre Iglesia Evangélica Pentecostal. Al establecer su propia organización, se cambió el nombre a Iglesia Evangélica de las Asambleas de Dios.

Como parte de la obra de Puerto Rico, las iglesias dependían mayormente de las ofrendas del exterior para cubrir sus gastos. Ahora aceptaron la responsabilidad de diezmar y ofrendar para sostener a su pastor, suplir las necesidades de la iglesia y extender la obra. Así

III. ORGANIZACION Y AVANCE, 1941-75 199

Dioscumpliría su promesa de bendecirlos.

Se promovió la organización de la Sociedad de Damas y se dio más ímpetu a la Escuela Dominical y a la organización juvenil de Embajadores de Cristo. También se inició un boletín mensual, *La Antorcha Evangélica*, que serviría de inspiración, información y enseñanza, y ayudaría a consolidar la obra.

Dentro de un año los Perrault tuvieron que salir. No podían conseguir el permiso del gobierno para quedar en el país. Pero lo que fue un golpe para la obra aquí resultó de bendición a otros países. Fueron a Costa Rica donde ayudaron a fundar la obra, y después servirían en Haití, Francia y de nuevo en Cuba.

B. PROGRESO EN 1943

En febrero del 1943, Frank Finkenbinder llegó para ayudar en la segunda conferencia anual. En esta ocasión salieron electos: Enrique Suárez, superintendente (cargo que ejercería por 23 años); Eduardo Vásquez, vice; Francisco de Castro Hernández, secretario tesorero; Domingo Figueroa, presbítero ejecutivo; María Santana de Figueroa, misionera.

Un misionero a Puerto Rico, Elwood C. Hoey, vino desde allí en noviembre de 1943 para ayudar en la implementación de los nuevos acuerdos. Luis Ortiz y su esposa Rebeca (hija del pionero Francisco Hernández) también vinieron de Puerto Rico y le sirvieron de intérpretes en sus visitas a las varias iglesias. Pero al poco tiempo Elwood Hoey volvió a Puerto Rico y los Ortiz fueron a Santiago de Cuba donde tendrían buen ministerio.

Varios obreros puertorriqueños independientes o de otra misión habían llegado en la década de los treinta. Juan Críspulo Rivera vino en 1934 y se estableció en la ciudad oriental de El Seybo. El y ocho pastores fundaron diez iglesias en El Seybo, Guaymate, La Cuchilla, La Enea, Arroyo Grande, Pedro Sánchez, La Higuera, El Cerro, Azafrán y Casiquillo. Un joven convertido en El Seybo, José Vicente Silva, llegó a ser fiel ministro del Señor. El y su esposa Marcela pastorearon en varios lugares y fundaron iglesias en los pueblos y centrales azucareros cercanos. En 1944 Rivera, sus colegas y sus iglesias se afiliaron a las Asambleas de Dios.

C. LLEGADA DE MISIONEROS

Enrique Suárez reconocía que hacía falta una mejor preparación de obreros. Y para eso hacían falta maestros de experiencia y de conocimiento para entrenarlos para el ministerio. Los misioneros puertorriqueños habían dado unos estudios bíblicos básicos y enseñanzas prácticas

200 *REPUBLICA DOMINICANA*

a los jóvenes. Al recibir el bautismo del Espíritu Santo, se llenaban de celo para predicar el evangelio y ganar almas para Cristo. Citaban el texto: "De gracia recibisteis; dad de gracia." Materialmente pobres, salían para compartir con otros su riqueza espiritual. Pero les hacía falta más entrenamiento para ser pastores.

Enrique escribió a Henry C. Ball, secretario de misiones de las Asambleas de Dios para Latinoamérica, pidiendo misioneros para este fin. En 1944 llegaron tres matrimonios: los Mock, los Warner y los Pugh. Por un tiempo ellos y sus hijitos todos residían en la misma casa y trabajaban de modo unánime y con entusiasmo en la preparación de obreros, el desarrollo de los departamentos de la iglesia y el evangelismo de niños.

Henry y Rosalina Mock, quienes habían trabajado en Cuba, llegaron en julio. Antes de llegar a Santiago, donde iban a trabajar, Henry cayó enfermo de gravedad con la fiebre tifoidea, pero Dios le salvó la vida para darle buen ministerio aquí y en otros países. Consiguió terreno en la capital para un bello templo que sería la sede nacional de las Asambleas, e hizo los preparativos para iniciar un instituto bíblico.

Verne Warner y su esposa Juanita, nuevos misioneros, llegaron en septiembre de 1944 y pasarían 14 años en el país. Dios los usaría en el desarrollo espiritual y la preparación de ministros y maestros aquí y luego por toda la América Latina en el Servicio de Educación Cristiana. Juanita tendría buen ministerio en organizar y promover la obra de las damas en las iglesias.

Para Pablo y Neva Pugh también la República Dominicana era su primer campo de labor misionera. Llegaron en diciembre del 1944 y ayudarían no sólo en el instituto bíblico sino también en la construcción y en el evangelismo de niños en escuelas dominicales y escuelas bíblicas de vacaciones. Después de dos años pasarían a Sudamérica para 32 años de trabajo en Uruguay y Brasil.

D. PREPARACION DE OBREROS

El 2 de septiembre del 1945 los Mock, con la cooperación de los Warner y los Pugh, abrieron con 17 alumnos el Instituto Bíblico de las Asambleas de Dios (IBAD) en un garage en Santiago. Fuera de las horas de estudio, los alumnos trabajaban en la construcción del templo, preparaban terreno para sembrar hortaliza y sembraban el evangelio en seis "campos blancos". Los de poca preparación académica recibían instrucción especial. El Espíritu Santo obró poderosamente, y varios de los estudiantes al cabo de casi 50 años todavía hacían una gran labor para Dios.

Antes de iniciar el segundo año, un terremoto sacudió el país. El garage que el instituto ocupaba se desplomó, pero, a pesar de la caída de casas alrededor, quedaron las vigas del templo bajo construcción. Se consiguió zinc para el techo, y el 2 de marzo del 1947 se inauguró el templo con la graduación de la clase que había luchado tanto para construirlo.

Enrique Suárez ayudó por un tiempo en la enseñanza. En 1945 su esposa contrajo tuberculosis, de la cual falleció. Después de un tiempo, él se casó con María Dolores Cueto, quien tenía un ministerio dinámico entre las mujeres y los niños. Eduardo Vásquez le sucedió como superintendente de 1948 a 1952. Suárez desempeñó de nuevo este cargo de 1952 a 1968.

En 1946 los Mock volvieron a Cuba antes de pasar al Perú. Los Warner quedaron como directores del IBAD. Puesto que la mayoría de los estudiantes venían de San Pedro y la Romana, se mudó el instituto a La Romana.

Llegaron dos señoritas misioneras para ayudar en la enseñanza. Victo-

El IBAD. Delante al centro, Victoria Schott y los Warner

Curso de mujeres con Victoria Schott y Rosita Weitkamp

ria Schott había trabajado en Cuba. Trabajó en la República Dominicana de 1946 a 1950 antes de ir a servir en España. Rosita Weitkamp (quien pasaría pronto a Cuba) la ayudó en un curso para mujeres en 1948.

Un incendio destruyó la casa alquilada para el instituto, pero gracias al valor de Victoria Schott, fue con muy poca pérdida. El incendio

202 *REPUBLICA DOMINICANA*

empezó en la casa vecina. Al ver que venía hacia el instituto, Victoria coordinó los esfuerzos de los estudiantes para sacar los enseres.

Hacían falta instalaciones propias, adecuadas y permanentes para el IBAD. Verne Warner encontró una buena propiedad de venta a unos kilómetros al noroeste de la capital. Cuando el secretario de misiones para Latinoamérica, H.C. Ball, visitaba, Warner le mostró el terreno. Ball respondió: "¡Magnífica oportunidad! Pero el Departamento de Misiones no tiene dinero." Luego tomó un puñado de tierra en la mano y, esparciéndola por el aire, dijo: "Señor, toma este terreno para ti." Dios obró, y al cabo de pocos meses, en 1949, lo compraron por $4.000. ¡Qué regocijo!

Además de mucho terreno para pasto y hortaliza, había una vivienda con lugar para los estudiantes en la planta alta y una familia misionera abajo. Un garage amplio servía de capilla y aula. Los alumnos sembraron plátanos y toda clase de vegetales para aliviar los gastos de la alimentación.

E. AVANCE PERSISTENTE

Los pastores, estudiantes y otros creyentes sembraban el evangelio en muchos lugares. Algunos campos eran duros, resistentes. En otros la semilla brotó y dio buena cosecha.

1. Un pueblo transformado

La Enea, situada afuera de la carretera a Higuey, era famosa por las peleas de gallos y todo tipo de pecado. La policía tenía que correr allí para atender situaciones escandalosas. Pero al llegar el evangelio todo se cambió. Se convirtió casi el pueblo entero, y se construyó un templo hermoso. En dos meses de 1945-46, fueron bautizadas 36 personas en el Espíritu Santo. En 1947, 150 miembros demostraban el poder transformador de Dios en sus vidas. ¡Ya no se necesitaba llamar a la policía por un desorden!

2. ¡A pesar de la oposición!

Los evangélicos en la República Dominicana no sufrían tanta persecución como en varios otros países, pero no faltó la oposición. La Iglesia Católica reinaba en Higuey, la ciudad más oriental del país. Un estudiante del instituto bíblico, Ernesto López, sintió que Dios lo llamaba a Higuey. Inició cultos en una casa alquilada, pero día y noche los vecinos tiraban piedras al techo de zinc. Por fin el dueño pidió que se fuera. Dejó a un solo convertido en Higuey, Víctor Carpio. ¿Fue un fracaso?

Poco a poco otros llegaron a esos contornos con el evangelio. Al dedicarse el templo asambleísta en Higuey, Víctor Carpio contó cómo

III. ORGANIZACION Y AVANCE, 1941-75 203

consiguió una Biblia y la leía (cosa prohibida a los católicos en aquel tiempo). Añadió: "Llegué donde un pastor quien oró por mi salvación. Desde esa fecha en 1950, mi vida de veras empezó, a pesar de que me tiraban piedras. Un día los católicos llevaron su "Cristo" delante de mi casa tratando de obligarme a renunciar mi nueva fe. Nada me movió. Hoy alabo al Señor por el privilegio de servirlo."

El superintendente Enrique Suárez dijo: "Esta iglesia es el milagro más grande en la República. Un día, mientras yo almorzaba en un restaurante aquí, oí decir a un hombre: '¡No podrán traer el evangelio aquí!' Pero ya son cuatro las iglesias evangélicas. Y dentro de poco construiremos una Asamblea de Dios mucho más grande. ¡Aleluya!" Así sucedió. Otras iglesias nacieron, y ya no se tiraban piedras a los evangélicos en Higuey.

Por 15 años Víctor Carpio ayudó a Jacinto Pérez, pastor del Centro Evangelístico en la capital. Pastoreaba un campo blanco, y como presidente de la Fraternidad de Varones en el Centro supervisaba el desarrollo de otros grupos.

3. Refuerzos

Habían llegado otros misioneros. Luis Grossnickle y su esposa Irene (1948-50, 1956-63 en la República Dominicana) y Jay Vernon Ruth con su esposa Paulina (1949-60) ayudarían en el instituto y en otros aspectos de la obra. Luis Grossnickle desarrolló la siembra de pasto y el trabajo agrícola para ayudar a cubrir los gastos del IBAD. Con buenas vacas y la cría de pollos había leche, huevos y carne para la venta y el consumo en el instituto. Wayne Turnbull con su esposa Doris (1952-66) y su hermano Roberto Turnbull con su esposa Arleta (1953-58) ayudarían en la enseñanza hasta pasar repectivamente a Uruguay y Haití. Mientras tanto, Victoria Schott, Rosita Weitkamp y los Grossnickle habían ido a Cuba para ayudar en la cosecha del gran avivamiento que llegó a ese país en los años 1950-51.

4. Centros evangelísticos

La iglesia en la capital pasó 15 años en un almacén alquilado. En 1953 Roberto Turnbull consiguió un préstamo del Departamento de Misiones Foráneas. Consiguió terreno y se levantó el Centro Evangelístico con cabida para 800 personas. Los miembros de todas las iglesias asambleístas del país cooperaron con sus ofrendas. Para la dedicación el 12 de enero de 1954, se desbordaba el templo con 1500 personas. Habían llegado de muchos lugares para celebrar esa gran victoria. H.C. Ball y Howard Bush predicaron y 30 personas se entregaron al Señor.

Inmediatamente el pastor Lizardo y sus miembros tomaron el lema:

204 REPUBLICA DOMINICANA

"Santo Domingo para Cristo." Al ver que sobraban $85 del presupuesto decidieron: "Vamos a abrir una iglesia hija en un área bien poblada." Alquilaron un edificio, pintaron las paredes, hicieron bancas y escogieron a un estudiante del instituto bíblico para pastorearla. Así siguieron hasta levantar centros de predicación alrededor y fuera de la capital. Al cabo de pocos meses ministraban a unas 800 personas adicionales en 20 escuelas dominicales y puntos de predicación.

Otro Centro Evangelístico se levantó en La Romana en terreno donado por Rafael Trujillo, Presidente de la República. Con ofrendas de iglesias norteamericanas y dominicanas se construyó un templo hermoso para 800 personas. Para la dedicación H.S. Bush, superintendente del distrito en Florida, predicó, interpretado por Melvin L. Hodges, el nuevo Secretario de Misiones para América Latina. El pastor, Pedro Ortiz, había sido uno de los primeros estudiantes del IBAD.

F. CRECIMIENTO, 1954-60

1. La iglesia avivada

El crecimiento de la obra fue lento por un tiempo, pero entre 1944 y 1953 el número de iglesias se triplicó, y la cantidad de los miembros se duplicó. Desde 1954 el crecimiento se aceleró aun más. Muchos recibían el bautismo en el Espíritu Santo y había conversiones semanalmente en las iglesias. Los pastores ponían énfasis en la oración, el ayuno y cómo ganar almas. Se celebraban cultos al aire libre e iniciaban escuelas dominicales por dondequiera. Los creyentes hacían también mucho evangelismo personal en los hospitales. Los que se convertían testificaban con gozo a sus familiares y aun a los desconocidos.

Había campañas evangelísticas y evangelismo por radio y se distribuía literatura. En 1944 había 11 iglesias asambleístas con un total de 500 miembros. En 1953 había 30 iglesias y 89 puntos de predicación, 53 pastores y obreros laicos y 1.172 miembros. En 1959 había 55 iglesias organizadas, todas con sus anexos o puntos de predicación y 3.000 adherentes.

2. Campañas bendecidas

a. Con evangelistas de afuera

En marzo de 1954 los evangelistas puertorriqueños David García y Jaime Cardona llegaron a la capital para dar campañas de salvación y sanidad divina al aire libre. Varias iglesias evangélicas cooperaron, y el gobierno dio permiso para reuniones en el Parque Julia Molina, un lugar céntrico. Muchos acudieron para oír a Jaime Cardona tocar el acordeón.

III. ORGANIZACION Y AVANCE, 1941-75   205

La curiosidad los detuvo para escuchar el mensaje por David García. Centenares aceptaron a Cristo, y cuando se oró por los enfermos docenas de personas fueron sanadas de ceguera, sordera, asma, tuberculosis, hernias y otros males. Esto atrajo a enfermos de todo el país buscando sanidad.

Ciertos periodistas, médicos, curas y el obispo católico publicaron artículos basados en sus prejuicios, pero los dos diarios capitalinos contaron los sucesos con objetividad.

Juanita de Warner escribió: "Dios manifestó su poder de una manera destacada sanando toda clase de enfermedad. Las multitudes siguieron en aumento hasta que las autoridades prohibieron el uso del parque, quejándose de que se destruían las plantas. Mientras tanto, se dieron los cultos en el nuevo Centro Evangelístico. Una docena de policías ayudaron a mantener el orden, porque la gente empezó a llegar desde mediados de la tarde. Luego un solar extenso se llenó las últimas noches de la cruzada. Centenares se subieron a los techos alrededor."

Un titular del periódico *El Caribe* decía: "Multitud de 30.000 despide a García y Cardona al final de su campaña evangelística." Con tanta publicidad, los evangelistas hallaron mucho entusiasmo al llegar a Barahona del Sur (cerca de la frontera con Haití).

Siguieron las conversiones y sanidades en Barahona y sus alrededores donde no había iglesias. Un joven analfabeto convertido en la campaña salió predicando en los pueblos de esa zona. Ya sabía unos textos bíblicos que el evangelista había citado con frecuencia. Los citaba y oraba por los enfermos, y Dios los sanaba. Después, el pastor de Barahona y Enrique Suárez fundaron varias iglesias en esta región aislada.

Todas las iglesias que cooperaron en las campañas tuvieron aumento de creyentes, y las Asambleas fundó 15 iglesias nuevas.

Después, el evangelista Stanley McPherson predicó una campaña en el nuevo Centro Evangelístico de la capital, y se veían más sanidades y conversiones. Luego pasó, con Roberto Turnbull como intérprete, a San Pedro de Macorís. La prensa publicó artículos y fotos de la muchedumbre, mencionando nombres de algunos que fueron sanados. Lo mismo sucedió en La Romana.

Se le invitó a Luis M. Ortiz a venir desde Santiago de Cuba para una campaña en el Centro Evangelístico en la capital. Dios bendijo no sólo en sanidades y conversiones sino en la enseñanza que Ortiz daba a los nuevos creyentes. Les instó también a buscar el bautismo en el Espíritu Santo.

Poco después de un año llegó el matrimonio Segarra, de Puerto Rico, para proporcionar la chispa de otra fase del avivamiento. Estos hermanos

206 REPUBLICA DOMINICANA

humildes pero llenos de fervor y de fe predicaron la Palabra, y Dios se manifestó bautizando a casi 600 personas en el Espíritu Santo en muchas iglesias.

Empezaron en San Pedro, y dentro de una semana 82 recibieron la "promesa del Padre". Algunos eran de iglesias evangélicas no pentecostales que se asomaron para ver lo que Dios hacía, o por el hambre de recibir más de Dios. En Hato Mayor a la semana siguiente, 28 recibieron esta bendición.

Pasaron a El Seybo, Guaymate y La Romana, donde un total de 115 fueron bautizados en el Espíritu Santo. Luego fueron a La Enea. Allí 30 personas recibieron su Pentecostés. En Baní y en Santo Domingo muchos fueron bautizados en el Espíritu.

b. Con esfuerzos de todos

Mientras tanto, todos los pastores y misioneros cooperaban en las campañas con evangelistas de afuera, seguían predicando en los campos nuevos y celebraron otras campañas para fundar más iglesias y fortalecer las que existían.

En 1958-59 se celebró otro tipo de campaña—la distribución de literatura de casa en casa hasta cubrir toda ciudad, pueblo y comunidad donde las Asambleas tenía obra. Con entusiasmo los pastores organizaron el esfuerzo, y los miembros respondieron al reto formando equipos. En un plano de la ciudad se señaló el área que cada equipo debía cubrir. Con gozo repartieron 500.000 paquetes de evangelios, folletos y revistas— 2.500.000 piezas de literatura. Muchos conocieron el evangelio y se convirtieron. Dios no se limitaba a los evangelistas extranjeros para mostrar su poder. En 1960 se extendió el avivamiento por la predicación de evangelistas dominicanos en parques y estadios deportivos. En algunos lugares se les facilitó gratuitamente tiempo en la radio y buena promoción en el periódico. Muchas personas fueron salvadas y sanadas y se iniciaron tres iglesias.

3. ¡A construir por doquier!

El avivamiento de los creyentes y la salvación de almas dieron a luz nuevas obras de extensión y gran crecimiento. Muchos que habían vivido en el interior antes de venir a las ciudades sintieron una carga de evangelizar a sus familiares y amigos. Hombres, mujeres y jóvenes consagrados abrían nuevas obras. Se desbordaban las casas particulares donde se daban los cultos.

El superintendente llevaba materiales y obreros para construir capillas y templos en diferentes sitios. Pastores, ejecutivos, misioneros y creyentes trabajaban hombro a hombro. En algunos casos las mujeres

III. ORGANIZACIÓN Y AVANCE, 1941-75

Jacinto Pérez, Wayne Turnbull
y Enrique Suárez hacen planes.

Roberto y Arleta Turnbull

rompían piedras para la grava, y los niños cargaban sobre la cabeza latas de agua para preparar el cemento.

Con el aumento de alumnos en el IBAD hacían falta edificios adecuados. Roberto Turnbull se encargó de la construcción. Cuando una nueva carretera atravesó los terrenos del IBAD, se vendió la parte de la propiedad donde estaba la casa. Con el dinero de la venta se construyeron tres edificios. Más tarde Roberto Turnbull y su familia pasaron a Haití para suplir una necesidad urgente.

G. EPOCA DE CAMBIOS, 1961-75

1. Cambios en el liderazgo

Vinieron para dirigir el IBAD de 1959 a 1961 Raimundo DeVito y su esposa Dorotea quienes habían servido en Argentina y Uruguay.

Los sucedieron Einar Peterson y su esposa Raquel en noviembre de 1961. Habían servido por 20 años en Cuba y trabajarían por otros 20 en la República Dominicana.

En 1961 los Warner respondieron al llamado para dirigir el instituto bíblico en Argentina. En 1963 los Grossnickle se jubilaron, y llegaron Larry Cederblom y su esposa Dorotea, quienes pasarían nueve años en este país antes de ir a trabajar por más de 30 en Panamá.

Mientras tanto, Rafael Trujillo, quien había gobernado la nación por 31 años, murió en mayo del 1961. Por cinco años el país pasó tiempos difíciles bajo los hermanos de Trujillo. Había sequía, problemas econó-

La familia Cederblom

Los profesores del IBAD en 1962:
Jacinto Pérez, los Grossnickle,
Dolores de Suárez, los Peterson

micos y hambre. Había restricciones de actividades y terror por el arresto, tortura y muerte de cualquiera sospechado de hablar o actuar en contra del gobierno. Sin embargo, el sufrimiento y la inseguridad de la vida abrieron el corazón de muchos hacia Dios, y las iglesias crecieron en 1963-64.

En abril de 1965 estalló la guerra civil. Muchos murieron, pero ni un miembro entre los evangélicos fue muerto. El instituto tuvo que cerrarse provisionalmente. Wayne y Doris Turnbull fueron a trabajar en Uruguay y otros países. Después de establecerse la paz, los Peterson y los Cederblom abrieron de nuevo el instituto en 1966. Al año siguiente llegaron Norman Lestarjette y su esposa Marta después de servir en Guatemala.

La revolución de 1965 había traído la democracia y la elección de líderes nacionales. Entre otros cambios se restauró a la capital el nombre de Santo Domingo (en vez de Ciudad Trujillo).

Había cambios en el liderazgo nacional de las Asambleas también. En 1968 Enrique Suárez había servido un total de 23 años como superintendente. Luego fueron elegidos: Jimiro Feliciano, superintendente; Jacinto Pérez, vice; Ramón Taveras, secretario; y Heriberto Batista, tesorero. Los Suárez fueron a Nueva York, donde pastorearían por 21 años más antes de jubilarse. Hubo sólo siete superintendentes entre 1942 y 1995.

Lorenzo Perrault 1942
Enrique Suárez 1943-48
Eduardo Vásquez 1948-52
Enrique Suárez 1952-68
Jimiro Feliciano 1968-76

Félix Hernández 1976-82
Manuel de Jesús Cruz 1982-88
Félix Hernández 1988-92
Miguel García F. 1992-

III. ORGANIZACION Y AVANCE, 1941-75   209

En esta época de cambios se reafirmaron los principios básicos de autogobierno, autosostenimiento y autopropagación. Algunas iglesias habían dependido de ofrendas del exterior por 24 años. Ahora se dio énfasis al autosostenimiento. La denominación sostendría al pastor en una obra nueva por seis meses, luego él tendría que depender de los diezmos y ofrendas de los creyentes.

2. Progreso en la enseñanza

a. En el IBAD

En esta época se celebraban seminarios nacionales e internacionales para coordinar los institutos bíblicos y ayudarlos a implementar el plan básico de estudios y principios de enseñanza y administración elaborados en 1960 por el Comité de Institutos Bíblicos para la América Latina. La República Dominicana recibió beneficios de este programa.

Hasta 1966 se había dividido el año lectivo en dos cursos, uno para los varones y otro más corto para las mujeres. Larry Cederblom construyó un dormitorio para las estudiantes, y la escuela se hizo mixta. Así se logró dar más enseñanza a todos en el curso combinado más largo. En 1969 se graduaron 17 estudiantes de ambos sexos.

Los Cederblom alternaron con los Peterson en la dirección del IBAD, y después los Lestarjette ocuparon el cargo. Los sucedieron Eugenio Hunt y su esposa Carolina.

b. Con otros institutos

No todos los que sentían el llamado de Dios a predicar podían asistir al IBAD. El boletín "El Instituto" traía noticias del éxito de escuelas bíblicas nocturnas en otros países y proveyó el plan de estudios para la adaptación del Plan Básico para institutos nocturnos. En cuatro años se daban en clases nocturnas las mismas materias que las escuelas diurnas daban en tres.

En 1966 los Peterson probaron la posibilidad de un instituto bíblico nocturno en el Centro Evangelístico de Santo Domingo y se matricularon 80 estudiantes. Tuvo que suspenderse por un tiempo, pero ya había señalado el camino para otros. Más tarde lo establecieron de nuevo para funcionar a base permanente.

En 1970 el pastor Félix Hernández abrió un instituto bíblico nocturno en Santiago. El pastor Abad Carpio y su iglesia abrieron otro en La Romana, y otras iglesias pidieron algo semejante. Esa "fiebre de aprender" daba gusto, pues años atrás un estudio bíblico en una iglesia no llamaba la atención. Ya se les abrió el apetito para profundizarse más en las Escrituras.

210 REPUBLICA DOMINICANA

c. Con colegios cristianos

En 1955 dos de las iglesias tenían escuelas primarias, una en La Romana con 40 alumnos y la otra con 9. En 1971 había seis. La de la Iglesia Monte Sión llegaría a tener 500 alumnos. La que el pastor Abad Carpio fundó en La Romana se extendió hasta la secundaria. Con el tiempo llegó a tener mil alumnos y sería uno de los mejores colegios de la nación.

3. Progreso en los departamentos

a. La Escuela Dominical

Desde la llegada de los Warner en 1944, la hermana Juanita daba énfasis a la importancia de ganar niños para Cristo a través de la Escuela Dominical. Los varones del Instituto Bíblico creían que eso era asunto de las mujeres, pero llegaron a ver su importancia en el desarrollo de la iglesia.

María Dolores (Dora) de Suárez siguió a Juanita de Warner en la promoción de la Escuela Dominical. Su dinamismo surtió influencia en toda la obra. Siendo la esposa del superintendente, podía viajar con él a las iglesias y conferencias, y también enseñaba la materia de Escuela Dominical en el Instituto Bíblico.

En 1966 Jorge Davis, Coordinador de Escuelas Dominicales para la América Latina, celebró seis convenciones de E.D. que fueron de mucho beneficio a las iglesias en cada ciudad y sus contornos. Los Cederblom también promovían la Escuela Dominical. En 1970 supervisaron siete convenciones regionales con 500 maestros, oficiales y pastores y una asistencia total de 3.000.

b. Concilio Misionero Femenil

En el año 1956 se organizaron las sociedades de damas que ya funcionaban en las iglesias. Dos años después, cambiaron el nombre por Concilio Misionero Femenil. Nombraron sus oficiales nacionales y Juanita de Warner actuaba de consejera. María Santana, la primera presidenta nacional del C.M.F., era obrera humilde y consagrada. Se sacrificaba mucho para la obra de Dios. En junio del 1963 el sueño de las damas se realizó cuando celebraron su primera convención propia. Llegaron 30 presidentas de grupos locales y muchos pastores y delegados. Se trató de la organización, puntos doctrinales y de temas importantes para la mujer y su familia. Hilda Reffke de Román, misionera a Cuba, predicó. Doris de Turnbull, presidenta, pidió que nombraran a una dominicana en su lugar. Salió electa Fidelina de Cabrera.

Después celebraban un retiro anual en el IBAD, donde pasaban varios

III. ORGANIZACION Y AVANCE, 1941-75 211

días en estudios bíblicos, preguntas y respuestas, oración y retos para su salud espiritual. Sus esposos cuidaban a los hijos para permitirlas asistir, pues ellas siempre volvían contentas y más cooperadoras, como nuevas en Cristo Jesús.

Se celebraban mini-retiros en los distintos presbiterios para el provecho de todas las damas. Los esposos Peterson llevaban a cinco oficiales del C.M.F. a distintas ciudades durante el año. Con tres cultos al día las hermanas llegaron a ser buenas predicadoras. Sus mensajes sirvieron de mucha bendición.

Las presidentas nacionales del C.M.F. han sido: Doris de Turnbull, Fidelina de Cabrera, Altagracia de Zapata, María Santana, Ruth de Feliciano, Carmen de Vargas, Francia de Hernández, Rosa Batista y Cándida Quintana.

El C.M.F. obsequiaba camisas blancas a los pastores y contribuía a los jóvenes del Instituto Bíblico cosas que necesitaban. Cooperaba también en la construcción de templos para iglesias nuevas que carecían de finanzas. Empezó con la obra en Azua usando el tema de Nehemías: "Levantémonos y edifiquemos". Las damas de cada iglesia tenían una meta de $70 al año para este fin. A las iglesias grandes se les dobló la cuota. Al terminar dos años se dedicó un templo hermoso en ese lugar.

Con el tiempo las 60 iglesias de la capital iniciaron un retiro mensual. Estos eventos llegaron a ser tan concurridos que se dividió la ciudad en oriente y occidente y se celebraban dos retiros. Las damas se congregaban para orar, testificar y escuchar mensajes prácticos para animarlas a servir a Cristo en sus hogares como en la obra del Señor.

c. Misioneritas

Dorotea de Cederblom inició el programa de Misioneritas para las niñas y señoritas. Luego Carolina de Hunt siguió en su desarrollo y ampliación. Ella trabajaba con damas y señoritas para entrenarlas a llenar cargos en las iglesias. Las Misioneritas celebraban un retiro anual en el Instituto Bíblico durante el verano con una asistencia de más de 500. Esta obra resultaba muy productiva en la vida de las muchachas. Muchas invitadas se convertían, y más tarde sus familiares también.

d. Embajadores de Cristo

La juventud se organizó como Embajadores de Cristo en los primeros años de la obra asambleísta. El primer Congreso de Jóvenes se celebró en San Pedro de Macorís el 1ro de mayo de 1946. Asistieron más de 100 jóvenes. Presidió el congreso Yolanda Martínez, a quien la conferencia de pastores había elegido como presidenta de la nueva organización nacional en 1943. Siguió como presidenta por varios años. Después se eligieron por dos años a otros jóvenes dominicanos llenos del

Espíritu Santo y con cualidades de liderazgo.

Varios jóvenes en la universidad procuraban ganar a sus compañeros para Cristo. Formaban estudios bíblicos, hacían evangelismo personal e invitaban a sus amigos a campañas y cultos. Algunos estudiaban a la vez en el instituto bíblico sabatino con el fin de prepararse para servir mejor al Señor.

Los jóvenes celebraban sus cultos los sábados por la noche con entusiasmo y alegría. Su lema, "Santo Domingo para Cristo", incluía a toda la República. En las convenciones anuales se alegraban al escuchar los testimonios de jóvenes convertidos después de mucha resistencia al evangelio. Recibían inspiración y un gran desafío de permanecer fieles y ganar almas para Cristo.

e. *Exploradores del Rey*

Desde 1966 Jorge Davis, comandante internacional para los Exploradores del Rey en Latinoamérica, y Juan Romero, coordinador de entrenamiento, promovían el trabajo entre jovencitos en convenciones y preparaban materiales de estudio. Haroldo Calkins, en El Salvador, preparaba estudios bíblicos para los muchachos.

Cuando Eugenio Hunt y su esposa Carolina llegaron a la República Dominicana en 1971, él sintió una gran carga por los niños y varones adolescentes. En 1973 se llevó a cabo su primer campamento con la visita de Roberto Turnbull. Se organizó los Exploradores del Rey a nivel nacional con Hunt por comandante. Al cabo de un año había 200 miembros en este programa, y Hunt traducía al español el manual para líderes.

Los Hunt

¡Se goza en los campamentos!

III. ORGANIZACION Y AVANCE, 1941-75   213

Hunt y otros líderes visitaron al Secretario de las Fuerzas Armadas y de la Policía Nacional para explicar el programa y su propósito. Fueron bien recibidos, y se otorgó una carta oficial de reconocimiento a los Exploradores del Rey como servicio benéfico en su trabajo.

Daba gusto ver cómo los muchachos tomaban en serio sus responsabilidades y el respeto que les daba todo el mundo al ver su uniforme y su comportamiento cristiano. Muchos de ellos estaban en otro camino antes de conocer al Señor por medio de este programa. Los campamentos eran oportunidades de nuevas experiencias, el aprendizaje de artes provechosas y una dedicación al Señor.

Para 1995 el número de Exploradores del Rey subiría a miles en la República Dominicana. Cada pastor agradecía la ayuda que prestaban a la obra, como también a los consagrados hombres y jóvenes que funcionaban como comandantes locales y nacionales.

f. Fraternidad de Varones

Los hombres trabajaban con sus pastores en el evangelismo. En la capital pidieron una noche semanal para un culto suyo, igual que las damas. Salían a los barrios a predicar y levantar obras. Supervisaban el programa para los Exploradores del Rey. Asistían a los campamentos y habilitaban a los varones para guardar el orden en campañas evangelísticas. Al principio de la década de los sesenta se formó un grupo llamado "Voluntarios para Cristo" que ayudaba en la construcción de templos y capillas.

4. Evangelismo y extensión

a. Por la literatura

La distribución de literatura seguía como medio eficaz de comunicar el evangelio. Funcionaba una librería de las Asambleas de Dios en un edificio anexo al Centro Evangelístico y la sede nacional en Santo Domingo. Más tarde se abrió una en otra parte de la ciudad. Representantes de la librería colocaban estantes de libros en tiendas y ferias. Con la renovación espiritual en las iglesias católicas, muchos católicos carismáticos compraban los libros. Representantes de la librería asistieron a algunos de los retiros de estos católicos, realizando así buena venta.

b. Por radio, televisión y video

Durante varias de las campañas evangelísticas se habían difundido anuncios y mensajes por radio. En 1967 los Embajadores de Cristo del Centro Evangelístico en la capital tenían un programa radial de una hora cada domingo por la noche.

Las campañas evangelísticas de Pablo Finkenbinder (hijo del pionero

214 REPUBLICA DOMINICANA

Frank Finkenbinder) trajeron nuevas oportunidades para difundir el evangelio por radio y televisión. Desde 1955 los programas radiales de cinco minutos del "Hermano Pablo" habían empezado a difundirse por toda la América Latina. En 1969 él proyectó dos campañas evangelísticas, una en Santo Domingo y la otra en Santiago de los Caballeros. Todas las iglesias evangélicas se regocijaron al anticipar el evento. Banderinas que anunciaban la fecha se levantaron en todas partes.

El Señor bendijo, y esta cruzada abrió una nueva era en la comunicación del evangelio. El evangelista tuvo media hora cada día en una emisora radial. Luego la televisión enseñó vistas del evento. Así alcanzaba a la clase alta de la ciudad. De allí en adelante empezaron a convertirse buen número de profesionales.

Una palabra favorita del Hermano Pablo era "fantástico". Pronto todo el mundo dominicano usaba esa expresión. Entre las dos campañas más de 2.000 personas hicieron profesión de fe. ¡La cruzada de veras resultó fantástica!

En 1969 programas locales de las Asambleas se difundían en seis estaciones, y los del "Hermano Pablo" se escuchaban en ocho. En 1995 todavía se oiría la voz del "Hermano Pablo" por 54 estaciones de radio y cuatro de televisión en la República.

En 1988 muchos niños venían a Cristo en servicios al aire libre donde se mostraban los videos de "El Lugar Secreto".

Al tiempo de grandes campañas se extendía la obra, se abrían nuevas iglesias y se aumentaba el número de creyentes. En 1972 ya se tenía el Departamento de Evangelismo con Demetrio Méndez de presidente. Se dirigió a la República Dominicana un nuevo esfuerzo internacional de evangelismo en 1972. Evangelistas de varios países predicaron en 45 campañas, se distribuyeron 65.000 unidades de literatura y se registraron 3.990 decisiones para Cristo. Sin embargo, no todos los que hacen profesión de fe se integran en las iglesias y siguen fielmente al Señor. Mucho depende del trabajo de seguimiento que las iglesias hacen. En este caso el 10% dio evidencia de una verdadera conversión.

Había tiempos de sequía espiritual y decaimiento, pero otra vez venían las lluvias de bendición y nuevo aumento. De 1960 a 1975 el número de miembros y adherentes se triplicó, de unos 5.000 hasta 15.000. En 1960 había 246 inglesias y anexos; en 1975 había 810. En 1960 había 167 ministros; en 1975 había 173. Se había extendido la obra y funcionaba en 13 regiones administrativos.

IV. ¡SIEMPRE ADELANTE! 1976-95

A. ¡ADELANTE EN LA ENSEÑANZA

1. El ISUM y la Facultad de Teología

Desde 1970 los líderes de las Asambleas participaban en los seminarios regionales ofrecidos por el ISUM, el Instituto de Superación Ministerial. Algunos asistieron al seminario de un mes en Colombia en ese año. En 1987 el ISUM celebró por quinta vez una sesión en la República Dominicana. Fue de mucho provecho para 54 estudiantes: ejecutivos nacionales de varios países, pastores, evangelistas, misioneros, directores y maestros de institutos bíblicos, y personas en ministerios especializados. Ocho dominicanos se graduaron del programa con el título de Licenciado en Teología. En los años siguientes otros se superaron así.

Algunos aprovechaban una preparación adicional en la Facultad de Teología. Funcionaba al estilo del ISUM con un profesorado ambulante y trabajos asignados entre seminarios regionales de cuatro semanas. Este programa dirigido por Samuel Balius llevaba al grado de Maestro en Teología. En 1995 la Facultad celebró por primera vez en suelo dominicano una sesión de estudios.

2. En los institutos bíblicos

En 1977 Jimiro Feliciano fue el primer director dominicano del IBAD. El y su esposa Ruth (presidenta nacional del C.M.F.) desempeñaron este cargo por un año, trabajando abnegadamente. Los esposos Ramón e Isabel Taveras los siguieron por dos años. Hicieron buen trabajo, pero el amor por el pastorado los conquistó y volvieron a la iglesia en San Juan de la Maguana.

Al buscar otro director, el comité ejecutivo escogió a Manuel Bello para el puesto. Como joven campesino de San Juan de la Maguana, Manuel se había presentado un día en el instituto bíblico pidiendo clemencia del director para permitirle estudiar aunque no cumplía los requisitos educacionales. Sintiendo que el joven era llamado de Dios al ministerio, el director lo aceptó a prueba por un mes. Los demás alumnos lo ayudaron al principio. Dentro de poco su hambre de aprender lo impulsó hasta profundizarse en la Palabra de Dios. Pastoreó por unos años mientras estudiaba el bachillerato, luego se casó con Milagros, una graduada del IBAD quien se preparaba en la universidad.

Manuel siguió profundizándose en las Escrituras hasta que los pastores lo llamaban para dar estudios bíblicos en sus iglesias. Le tildaron "El Maestro". Sirvió como director del instituto nocturno en la capital

216 *REPUBLICA DOMINICANA*

antes de ser nombrado director del IBAD, cargo que ocupó por ocho años.

Luego tomó la dirección del IBAD Manuel Rivera hasta que él aceptó el pastorado de La Trinidad. Julio Sánchez le siguió como director en 1993. En el año 1995 fue elegido Darío Mateo, quien hasta entonces era pastor en Cotuí.

Los misioneros y pastores cooperaban en la enseñanza. Entre los maestros estaba Carmen de Vargas, Directora Nacional de Educación de las Asambleas de Dios de la República Dominicana.

En 1977 los Peterson iniciaron el Instituto Bíblico Emanuel en Santo Domingo con clases dos noches a la semana en el Centro Evangelístico. Acudieron jóvenes y padres de familia deseosos de estudiar la Palabra de Dios. Cuatro años más tarde se graduaron los primeros estudiantes. Todos siguieron activos para el Señor a través de los años en sus iglesias o como pastores en otras iglesias que se abrían. Al jubilarse los Peterson, Manuel Bello los sucedió como director. Cuando éste pasó a dirigir el IBAD, Angel Sánchez tomó la dirección del Emanuel.

Félix Hernández, quien había fundado el instituto nocturno en Santiago, ya se había trasladado a la capital. Veía la necesidad de estudios más avanzados para preparar maestros para los institutos bíblicos. Para el beneficio de creyentes en la universidad, abrió el instituto bíblico Filadelfia en 1979. Cada sábado había ocho horas de clase en un plan de cuatro años para graduarse. Tuvo buena acogida y una matrícula inicial de 35.

Se abrieron otros institutos nocturnos o sabatinos. No todos seguían el Plan Básico, pero para el 1995 había 13 que entrenaban a hombres y mujeres para hacer su parte en la viña del Señor.

3. Por correspondencia

Los Peterson iniciaron la oficina nacional del nuevo Instituto Internacional por Correspondencia (IIC) en 1971. Con las lecciones para ser corregidas venían preguntas, testimonios de salvación o de progreso espiritual y los nombres de otros que querían estudiar el curso. Cien estudiantes del seminario católico se matricularon.

Para 1981 cuando los Hunt asumieron la dirección del IIC había una matrícula activa de 2,000 alumnos. Georgina Columna, Secretaria del IIC, trabajaba abnegadamente en este ministerio. Se convertían muchos por estos estudios y por la correspondencia con los que trabajaban en el IIC. La oferta de un curso gratuito a los oyentes de programas radiales y de televisión aumentaba la matrícula. En 1985 se servía a 13.000 alumnos. Algunos que nunca habían asistido a una iglesia evangélica venían al centro de enseñanza en la iglesia más cercana para recibir su diploma en una hermosa ceremonia de graduación.

Se había aumentado también el número de cursos, y más de 80 personas estudiaban los de la serie de Vida Cristiana. Estos eran requeridos para los que querían recibir credenciales, y el Departamento Nacional de Escuela Dominical también los enseñaba para entrenar a maestros en iglesias locales. En 1992 había otros cursos más avanzados y una matrícula de 27.000.

4. En los departamentos

Las convenciones anuales, retiros y campamentos de los departamentos entrenaban y animaban a todos a trabajar para el Señor. Un ejemplo se halla en el joven universitaro William de la Cruz quien asistió al primer campamento de los Exploradores del Rey. Para 1985 cumplió cinco años como comandante nacional del programa. Tenía su propia práctica dental, pastoreaba una iglesia, hacía los anuncios para programas radiales cristianos y enseñaba en un instituto bíblico.

Otros hombres y mujeres, los alumnos de los institutos bíblicos, los Embajadores de Cristo, el Concilio Misionero Femenil y la Fraternidad de Hombres usaban varios métodos para extender el evangelio por todo el país. Las Misioneritas con gozo iban a algún pueblo a repartir literatura de casa en casa. Y había desfiles con pancartas que anunciaban que Jesús salva, sana, bautiza en el Espiritu Santo y viene pronto.

Georgina Columna, quien trabajaba en el IIC, y su hermana Bienvenida aplicaron bien la enseñanza sobre el evangelismo. Al graduarse del instituto bíblico Bienvenida fundó una iglesia en su pueblo natal, Cotuí, por medio de una Escuela Dominical. Después de un año allí tenía una buena congregación, pero dijo: "Esta iglesia ya necesita un hombre como pastor. Siento la carga de ir a otras iglesias para entrenar maestros y abrir su visión para el reto de trabajar con los niños." Cumplió con su deseo. Viajaba por todo el país estimulando la preparación de maestros. Todos los años durante la Semana Santa dirigía una conferencia en la cual se reunían obreros de todas las

Bienvenida Columna.

iglesias para estudios en el arte de la enseñanza, el evangelismo y el discipulado. Llegó a ser la primera misionera al extranjero enviada por las Asambleas de Dios de la República Dominicana para promover el evangelismo infantil y la Escuela Dominical al nivel de la iglesia local.

5. Por buenos colegios

Los colegios cristianos que funcionaban en seis de las iglesias beneficiaban a la comunidad. Ayudaban a muchas familias pobres cuyos niños de otro modo no podrían educarse. Servían como medio de evangelismo para los niños y sus familias inconversas, como también para el desarrollo del carácter cristiano y buena preparación académica para todos los alumnos.

El Colegio Cristiano Esmirna de la Iglesia Trinidad en el distrito Quisqueya de la capital es buen ejemplo. Los Lestarjette iniciaron la congregación en su garaje y después alquilaron una casa. Alcanzaban a personas de la clase profesional y la iglesia crecía.

Cuando los Lestarjette salieron del país en 1978 para trabajar en la Editorial Vida, llegaron Kerry González y su esposa Margarita y se hicieron cargo de la nueva obra. Desde 1948 habían trabajado en Cuba, España y los Estados Unidos. Al cabo de varios años fundaron en la Iglesia Trinidad el Colegio Cristiano Esmirna con 80 alumnos. Para 1990 la escuela contaba con cerca de 1.000 alumnos en kindergarten, primaria y secundaria.

B. CAMPAÑAS Y MAS IGLESIAS

En una campaña interdenominacional con el evangelista Luis Palau, unas mil personas hicieron una profesión de fe en Cristo. Otros miles oyeron la predicación por radio.

La familia Lestarjette

Kerry y Margarita González

IV. ¡SIEMPRE ADELANTE! 1976-95 219

Luego la Comisión de Evangelismo de América Latina coordinó los planes para esfuerzos evangelísticos en varios países en el programa Invasión Evangelística. En marzo de 1979 la República Dominicana era el blanco de las oraciones y la ayuda de muchos países. Veinticinco evangelistas vinieron de varios países y con 16 evangelistas y obreros dominicanos se celebraron 57 campañas. Resultaron en la fundación de muchas nuevas iglesias, 12 de ellas en pueblos donde las Asambleas no tenían obra antes.

Miguel Hines vino de México, y Jerónimo Pérez, de Nicaragua. Sobrevolaban los pueblos y ciudades donde las campañas se celebraban, y desde la avioneta predicaban e invitaban a la gente a los cultos. Abajo en la calle se repartía literatura evangélica. En un pueblo dos paralíticos fueron sanados mientras Miguel oraba desde la avioneta. Corrieron por las calles dando evidencia de lo que Dios había hecho.

La campaña en la capital culminó en un gran desfile con evangélicos de todo el país hasta el Estadio Juan Pablo Duarte donde una multitud escuchó el mensaje que predicó Jerónimo.

Otras campañas se celebraron. En 1981 centenares fueron convertidos y sanados en un estadio deportista en la capital. La ciudad ya tenía 800.000 habitantes y 40 iglesias asambleístas que cooperaban en la campaña. Cada mañana se daban clases en una iglesia local sobre la persona y obra del Espíritu Santo, y se informó que 1.275 recibieron el bautismo pentecostal. En 1983 se celebraron 74 campañas con buenos resultados y crecimiento de las iglesias. Se establecieron siete iglesias nuevas.

Pero no todas las iglesias nacieron de campañas. Muchas empezaron como escuelas dominicales o puntos de predicación. Un anexo de la Iglesia Trinidad nació cuando alquiló un casino ("night club") en Santo Domingo que la policía había condenado a causa de la violencia. Los miembros de la iglesia repararon los daños, y brotó allí una bella obra bajo la dirección de los González. Más tarde creció mucho bajo el pastor Félix Hernández y su esposa Francia. La Iglesia Trinidad ayudó a construir el hermoso Templo Calvario donde el casino había estado.

Desde el principio de la obra pentecostal, hombres y mujeres hacían su parte en la Gran Comisión. Ana Luisa Félix y su hermana Carmen son ejemplos del ministerio fiel de muchos obreros. Se contaban entre los pentecostales en 1937. Desde entonces hasta 1979 cada una había fundado tres iglesias. Ana Luisa (tildada de Abuela) había pastoreado en Boca Chica por 23 años. Luego en 1977 sufrió una hemorragia cerebral; quedó paralizada y desahuciada por el médico. ¡Cuántos oraban por ella,

220 *REPUBLICA DOMINICANA*

sin resultado aparente! Pero una noche en su cama, mientras alababa a Dios en su corazón, le llenó el gozo del Señor. Alzó los brazos en alabanza. ¡Pudo hablar claramente otra vez! Saltó de la cama y, para asombro de la enfermera, caminó por la casa diciendo: "¡Estoy sana!"

Visitó a muchas iglesias dando su testimonio y oraba que Dios le diera la oportunidad de pastorear otra vez. Dios la dirigió a un barrio en la capital donde muchas casas nuevas estaban bajo construcción. Inició cultos a la sombra de un árbol grande. Después celebraba cultos todas las noches en el patio de la casa de apartamentos donde vivía. Dentro de poco 40 personas se entregaron al Señor y hacían planes para construir su templo.

C. RETO DEL SERVICIO SOCIAL

1. Desastre y DESEAD

En 1979 los huracanes David y Federico hicieron grandes estragos en la isla. Perdieron la vida unas 1.400 personas, 4.000 fueron heridas y otros millares quedaron sin hogar debido a la destrucción de casas y las inundaciones de los ríos desbordados. Muchos miembros de las Asambleas perdieron sus casas y posesiones, pero ninguno perdió la vida o su fe. Treinta templos o capillas fueron dañados; 20 perdieron el techo o fueron destruidos por completo. Los edificios del IBAD sufrieron daños. En Nizao el pastor estaba en un cuarto al fondo del templo cuando todo el edificio menos ese cuarto se desplomó. Voluntarios de una iglesia norteamericana vinieron para volver a edificarlo, y mientras tanto un buen número de personas oyeron y aceptaron el evangelio en los cultos al aire libre.

Las iglesias en los Estados Unidos y otras organizaciones ayudaron económicamente en este tiempo. Voluntarios asambleístas vinieron para ayudar a reparar y reconstruir templos. Los pastores y creyentes también ayudaron a sus vecinos. Algunos templos sirvieron de refugios durante el huracán y después para los que habían perdido su casa. Buen número de éstos hallaron la salvación en Cristo.

Las iglesias asambleístas cooperaron con seis organizaciones cristianas de ayuda humanitaria después de los huracanes. En esta época crítica vieron con mayor claridad la responsabilidad de la iglesia hacia la comunidad en el servicio social.

Del cuerpo ejecutivo en 1982, el superintendente Manuel de Jesús Cruz, Pedro Ortiz y Abad Carpio orientaban a las iglesias en su responsabilidad y maneras de mostrar el amor de Cristo por ayuda a su comunidad. En 1985 se organizó el Departamento de Desarrollo y

IV. ¡SIEMPRE ADELANTE! 1976-95 221

Servicio de las Asambleas de Dios, DESEAD, con Ramón Taveras de presidente, tres ministros adicionales y tres miembros laicos en la directiva. Se elaboraron los objetivos siguientes:

1) Dar ayuda sistemática a los más necesitados en las iglesias, y realizar actividades que tienden al autosostenimiento.
2) Entrenar, organizar y equipar a líderes de las iglesias a niveles nacional, regional y local para responder con ayuda en casos de emergencias y desastres naturales.
3) Entrenar líderes de las iglesias en el desarrollo comunitario para practicar un ministerio integral cristiano.
4) Organizar a las iglesias locales para responder a las necesidades de las comunidades donde predican el evangelio en proyectos de alfabetización, salud y nutrición, producción agrícola, cooperativas y otras formas de generar empleos y aumentar el ingreso local.
5) Entrenar a líderes de las iglesias para reconocer recursos nacionales y externos en forma sistemática, para ayudar a ejecutar los proyectos de desarrollo comunitario en los que participan las iglesias locales.

2. El reto aceptado

Las iglesias aceptaron el reto y redoblaron sus esfuerzos para ayudar la comunidad. Los superintendentes Manuel de Jesús Cruz (1982-88), Félix Hernández (1988-92) y Miguel García (1992-) promoverían con entusiasmo tal ministerio.

Dos misioneras jubiladas vinieron para ayudar por un tiempo. Lucila de Clark (antes en América Central) trabajó en el IIC. Trella Hall (quien había servido en Sudamérica) ayudó en el Colegio Esmirna. Pero no sólo los niños necesitaban la enseñanza. De los adultos, 35% eran analfabetos. Para los tales la señorita Trella inició un hermoso programa nocturno de alfabetización.

La visita de un equipo del Ministerio Cuidado de Salud en 1987 demostró las posibilidades de evangelismo por medio de atención médica gratuita. Esta organización asambleísta ministró celebrando una clínica de una semana. Personal médico dominicano y los misioneros ayudaron a los cinco miembros del equipo. Juntamente con el tratamiento médico y dental dieron el evangelio a 700 personas. Aceptaron al Salvador 160 personas.

Al año siguiente la Iglesia La Trinidad, en Santo Domingo, abrió un dispensario médico y clínica dental para los de pocos recursos. Pronto se sembraba el evangelio en miles de pacientes cada año. En 1994 se contaba con cinco Consultorios Médicos.

En el Programa Integral de Educación de las Asambleas de Dios

222 *REPUBLICA DOMINICANA*

(PIEDAD) las iglesias abrían escuelas para alumnos pobres y les proporcionaban libros, uniformes, un almuerzo cada día, y atención médico y dental. Esteban Coad y su esposa Patti (venidos en 1987) trabajaban en este ministerio. En 1994, 27 de las iglesias tenían colegios de PIEDAD con un total de 10.200 alumnos. Además, funcionaban dos escuelas de manualidades.

Cuando Ricardo Johnson y su esposa Ruth llegaron en 1986, sentían la necesidad de evangelizar a los sordos. Un grupo desde la Primera Asamblea de Dios de los Sordos en Spokane, Washington, vino en tres ocasiones para enseñar el idioma de señas e iniciar el ministerio a los sordos. Se convirtieron algunas personas en sus cultos, y buen número de jóvenes entusiastas se prepararon para predicar por señas. En 1991 ya existían iglesias de los sordos en La Romana y San Pedro, y un buen grupo en Higuey. En 1994 había cinco iglesias. El pastor Carlos Reyes servía como director nacional de este ministerio.

Otras obras especiales en 1994 incluían un hogar para ancianos, ministerio con los presos, la rehabilitación de drogadictos en Reto a la Juventud y cinco cooperativas.

La República Dominicana tenía fama internacional por su entusiasmo por el béisbol. Los Johnson reconocían la necesidad espiritual de los deportistas. Abrieron la Capilla de Béisbol, donde varios atletas hallaron a Cristo y eran fortalecidos en su vida espiritual.

En 1990 los Hunt pasaron a Costa Rica, su nueva base para un ministerio internacional a favor de la juventud. En el mismo año llegaron para trabajar en la fundación de nuevas iglesias Marcos y Nancy Grisbee, antes en Venezuela. Los González se jubilaron en 1993, y muchos de los pioneros ya se habían retirado o habían pasado a recibir su galardón, pero jóvenes dominicanos alzaron la antorcha y siguieron adelante con la obra.

V. RETROSPECCION Y PERSPECTIVA

En la historia de las Asambleas de Dios de la República Dominicana se destaca la obra abnegada de hombres y mujeres que perseveraron en la siembra de la Palabra. La cultivaron con paciencia a pesar de las pruebas, y Dios ha dado la cosecha en tiempos de avivamiento. Una parte del éxito se puede atribuir a la oración y a la enseñanza. Por ejemplo, en el Centro Evangelístico de Santo Domingo se reunían buen número en el templo cada día de 5:00 a 7:00 a.m. para orar. El viernes era día de ayuno y oración, y había cultos evangelísticos cada noche. Los nuevos convertidos se reunían los lunes y sábados por la noche para instrucción en la Biblia y la vida cristiana mientras otros creyentes se repartían para dirigir cultos en unos 20 hogares.

V. RETROSPECCION Y PERSPECTIVA 223

Con la mirada hacia el futuro, en 1989 las Asambleas de Dios fijó sus metas para la Década de la Cosecha (1990-2000): fundar 700 iglesias, ganar a 50.000 nuevos creyentes, entrenar a 1.000 obreros cristianos, establecer centros bíblicos en zonas necesitadas, dar mayor énfasis al ministerio para los niños, enfocar ministerio a la región central, y animar a todos los creyentes a ser bautizados en el Espíritu Santo.

El primer director del Programa Nacional de la Década de la Cosecha fue Manuel Rivera. Le sucedió Alejandro Pérez.

La Década de la Cosecha empezó con campañas de fortalecimiento en todas las iglesias asambleístas. Cada grupo sintió el reto de sembrar para cosechar. Todos los departamentos se esforzaron para cumplir con su parte en alcanzar las metas propuestas, y hubo crecimiento geográfico, numérico y espiritual. En un año 13.200 personas fueron bautizadas en el Espíritu Santo.

En 1992 se celebró con gran gozo el aniversario quincuagésimo de la organización de las Asambleas de Dios de la República Dominicana. En esta ocasión Félix Hernández pasó la antorcha de superintendente a Miguel García F.

Los concurrentes miraban atrás y se regocijaban en lo que Dios había hecho. Luego miraban hacia la tarea que tenían por delante. La obra se extendía. Pero todavía quedaban en la región norte 100 pueblos con más de 5.000 habitantes sin iglesia evangélica. Y con la situación política en Haití, millares de refugiados cruzaban la frontera a la República Dominicana. Había algunas iglesias de habla francesa, pero hacían falta más.

En 1993 Ricardo Nicholson (representante misionero de las Asambleas de Dios para el Caribe) y Alejandro Pérez celebraron varias conferencias sobre el Espíritu Santo. Al año siguiente Pérez continuó este ministerio a través del país.

En el mes de noviembre de 1994 se celebraron 165 campañas con 30 evangelistas nacionales y 80 de otros ocho países. Las coordinó Alejandro Pérez, director de la Década de la Cosecha. Muchos fueron sanados, convertidos y bautizados en el Espíritu Santo, y se fundaron 40 iglesias nuevas. Una de las metas era fortalecer las iglesias pequeñas y llevar el evangelio a comunidades aisladas. Un evangelista salvadoreño ministró en un pueblo de sólo 30 viviendas, y 40 personas aceptaron a Cristo.

Muchos jóvenes respondían al llamado de Dios. El IBAD estaba lleno con 45 alumnos y el director Manuel Rivera preparaba facili-

224 REPUBLICA DOMINICANA

dades para otros que querían ingresar. Además, 12 institutos nocturnos o sabatinos y el Instituto Internacional por Correspondencia daban varios niveles de preparación ministerial a centenares de creyentes. Con su dedicación a servir al Señor en cualquier capacidad, la perspectiva era halagüeña para las Asambleas de Dios de la República Dominicana.

ECUADOR

Con Ana María de Wilkie

REPUBLICA DEL ECUADOR, 1994

El país

Area: 283.600 km^2
Habitantes: 11.000.000
Capital: Quito

Las Asambleas de Dios

Ministros/obreros laicos: 169
Iglesias/anexos: 185
Adherentes: 17.500
Instituciones teológicas: 5
　Matrícula: 350

ECUADOR

BOSQUEJO

I. **Fondo histórico**
   A. El país
   B. Penetración evangélica

II. **Principios pentecostales, 1911-1962**
   A. Principio olvidado, 1911-22
   B. Nuevo principio, 1953
   C. Asambleas de Dios, 1960-62
      1. Visitas preliminares
      2. Tiempo de campañas
      3. Llegada de los fundadores

III. **¡Manos a la obra! 1962-76**
   A. Año de bendición, 1962-63
      1. Cooperación en campañas
      2. Iglesias establecidas
   B. Preparación de obreros
   C. Organización
      1. Departamentos internos
      2. Organización nacional
   D. Refuerzos y extensión
      1. Obreros de varios países
      2. Campañas y nuevas obras
      3. En viajes y peligros
   E. Liderazgo nacional
   F. Progreso en varios frentes
      1. En la enseñanza
      2. Con grupos en la iglesia
   G. Cambio de la guardia

IV. **¡Siempre adelante! 1977-95**
   A. Con más obreros
      1. Progreso en la preparación
      2. Más líderes nacionales
   B. Con cooperación internacional
      1. Coordinación regional
      2. Ayuda de varios países
   C. Por todo medio posible
      1. Campañas y crecimiento
      2. Radio y televisión
      3. La literatura
      4. Las escuelas
      5. Células de creyentes
   D. A toda criatura
      1. A todo rango social
      2. A los militares
      3. A los reclusos
      4. A los enfermos
      5. A grupos según la edad
      6. A grupos étnicos
   E. Retrospección y perspectiva

Jóvenes salen con literatura.

José Santiago bautiza a un creyente.

I. FONDO HISTORICO

A. EL PAIS

"¡Mientras Chimborazo dure, no entrará en el Ecuador ese libro!" exclamó el oficial de aduana al ver la caja de Biblias que Francisco Pensotti traía hacia fines del siglo 19. No pudo entrar este renombrado agente pionero de la Sociedad Bíblica. Pero el majestuoso Chimborazo, el más alto de los 22 picachos nevados de los Andes en el país, se elevaba aún sobre los llanos ecuatorianos en 1985 cuando el vicepresidente del Ecuador dio permiso a la Liga Mundial de Biblias para el Hogar para introducir sin impuestos de aduana 2.500.000 Nuevos Testamentos y obsequiarlos a todo niño en las escuelas públicas. En 1995 el Chimborazo no se movía mientras 363.000 evangélicos en Ecuador leían sus Biblias en casa y en iglesias por todo el país. Y la Provincia de Chimborazo era la más evangelizada en todo el país. El Ecuador se divide en cuatro regiones naturales: la sierra interandina, los llanos de la costa, la selva amazónica y la región insular formada por las islas Galápagos.

Desde la conquista española en 1534, el país era parte de la Gran Colombia. Después de ganar su independencia de España en 1822, Ecuador se independizó de la Gran Colombia en 1830. La historia política es turbulenta hasta 1948. En 23 años hubo 22 presidentes. Desde aquel entonces, ha habido mayor estabilidad.

B. PENETRACION EVANGELICA

Ecuador fue uno de los últimos países de America Latina en abrir sus puertas a las misiones evangélicas. Diego Thompson, representante de las Sociedades Bíblicas, entró al Ecuador en 1824 y en un año vendió más de 700 Biblias. Pero no pudo fundar una iglesia. Un concordato del gobierno con el Vaticano en 1862 garantizaba que el catolicismo romano fuera la religión oficial de la nación. Ninguna misión evangélica podía entrar.

Con un cambio de gobierno, se revocó el concordato en 1895. En 1896 entraron tres misioneros de la Unión Misionera Evangélica, la primera organización evangélica para establecerse en el país. Misioneros de la Alianza Cristiana y Misionera llegaron en 1897.

La obra creció despacio y bajo gran persecución. Básicamente consistía en reuniones privadas con unas pocas personas en casas particulares. En 1906 una nueva constitución dio la separación de la iglesia y el estado. Al concluir 1925 había 158 miembros bautizados en las iglesias evangélicas de Ecuador.

En diciembre de 1931, con un transmisor de 200 vatios de potencia

228 *ECUADOR*

en las afueras de Quito, Radio HCJB lanzó el primer programa de La Voz de los Andes. La misión interdenominacional difundía las noticias y programas de valor práctico que atraían a muchos oyentes. Luego escuchaban el evangelio del amor de Dios. Este ministerio tuvo un papel importante en combatir el prejuicio contra el evangelio en Ecuador y en los países vecinos.

El crecimiento de la iglesia fue lento. En 1945, había unos 1.200 evangélicos en el país. Aun en 1980, Ecuador tenía el porcentaje más bajo de protestantes de toda América Latina, el 1,9%. Desde entonces el crecimiento ha sido más rápido.

En la historia de las misiones Ecuador es bien conocido por los cinco misioneros martirizados en 1956 mientras trataban de evangelizar la tribu de los Huaranis, más conocidos como Aucas. Nathanael Saint, Peter Fleming, Edward McCulley, James Elliot y Roger Souderian fueron muertos allí en la selva y sus cuerpos tirados al río. Otros obreros vinieron en su reemplazo. Se convirtieron muchos de los huaranis, entre ellos tres que habían tomado parte en el masacre. Uno de éstos llegó a ser pastor y bautizó en agua a la hija de James y Betty Elliot.

II. PRINCIPIOS PENTECOSTALES, 1911-62

A. PRINCIPIO OLVIDADO, 1911-22

Antes que se organizara el Concilio de las Asambleas de Dios de los Estados Unidos en 1914, personas bautizadas en el Espíritu Santo fueron como misioneros a distintos países. Huberto Cragin y su esposa Clara llegaron al Ecuador en 1911. Abrieron una misión en Quito y trabajaron allí por dos años.

Llegaron los misioneros pentecostales L.B. Sly y su esposa, quienes habían trabajado en Argentina. En 1913 los Cragin dejaron la misión a la Alianza Cristiana y Misionera y fueron a Bolivia.

Los Sly se quedaron en Quito. Consiguieron una pequeña imprenta e imprimían sus propios folletos (las imprentas comerciales se negaban a hacerlo). Visitaban los pueblos cercanos con Biblias y folletos, y varios grupos de creyentes se formaron. En 1915 Sly escribió: "Alabamos a Dios por el progreso que se realiza entre los santos pentecostales y por el esfuerzo para lograr la unidad. Oren por la Casa Pentecostal en Quito." Más tarde Sly escribió acerca del efecto negativo de la altura sobre la salud de su esposa. El campo era duro, no crecía la obra y hacían falta obreros. No tenemos más noticias de esa obra pentecostal.

En agosto de 1917, los Cragin, con su hijita Rebeca nacida en Bolivia, regresaron al Ecuador bajo los auspicios de la Alianza Cristiana y Misio-

II. PRINCIPIOS PENTECOSTALES, 1911-62 229

nera. En mayo de 1918 fueron a Agato (cerca de Otalvo) para establecer la Misión Evangélica Quichua (Quechua en los países vecinos). Construyeron un plantel para la misión donde se abriría una escuela y demostraban el amor cristiano con un consultorio de primeros auxilios. Junto con la extracción de muelas y el tratamiento de heridas, quemaduras y males comunes, oraban por cada persona en español o en lo poco de quichua que iban aprendiendo. Su filosofía misionera era: la evangelización, la fundación de iglesias y el servicio social a los necesitados.

Los líderes religiosos en Agato instigaron levantamientos contra los Cragin en tres ocasiones con el propósito de "matar a los herejes". Pero cada vez Dios los protegió. Cuando una turba llegó a su casa una noche, los Cragin se escaparon por la puerta del fondo. En otra ocasión, un telegrama del gobierno en Quito detuvo a los instigadores de su propósito.

Vino a trabajar con los Cragin el joven Jorge Lefevre, pero después de sólo cuatro meses falleció en una epidemia de fiebre tifoidea en 1921. Fue sepultado al pie de la casa-misión, pues no se permitía el entierro de evangélicos en el cementerio público.

Por poco mueren también con la tifoidea las dos hijitas de los Cragin, Rebeca y Evangelina, pero Dios les preservó la vida.

En setiembre del año 1922 los Cragin salieron de Ecuador. Volvieron al Perú, ya con las Asambleas de Dios, para trabajar allí por el resto de su vida. Allí moriría su hija Rebeca en su juventud, pero Evangelina, nacida en Ecuador, serviría en el Perú por más de medio siglo en el pastorado, el evangelismo, los programas radiales y por su música y sus escritos.

B. NUEVO PRINCIPIO, 1953

En el año 1953, la Iglesia del Evangelio Cuadrangular llegó al Ecuador. El nombre Cuadrangular se refiere a los cuatro puntos cardinales de doctrina: la salvación en Jesucristo, la sanidad divina en respuesta a la oración, el bautismo en el Espíritu Santo y la segunda venida de Cristo. Arturo Gadberry pastoreaba una iglesia en Guayaquil en 1956.

En 1958 llegó la Iglesia Evangélica Bereana. En el mismo año entró la Iglesia Pentecostal Unida de Ecuador, la cual se distingue por su doctrina unitaria de que sólo Jesús es Dios. Esta y la Iglesia Cuadrangular serían las denominaciones pentecostales con el mayor número de adherentes.

Se levantaron dos denominaciones pentecostales independientes en 1958 y 1960. Las Asambleas de Dios no tenía aún obreros en Ecuador, pero iglesias de varias denominaciones utilizaban sus himnarios y su literatura para la Escuela Dominical.

230 *ECUADOR*

C. ASAMBLEAS DE DIOS, 1960-62

1. Visitas preliminares

Fernando Moroco, graduado del Instituto Bíblico de las Asambleas de Dios del Perú en 1956, fue a Bolivia para predicar en campañas y enseñar en el instituto bíblico. En 1960, fue a Guayaquil, Ecuador, puerto importante de 403.000 habitantes. Se alojó por 15 días en casa de la familia Jiménez y predicó en cultos especiales antes de pasar a Colombia.

En ese tiempo, Héctor Chávez Yépez dirigía una iglesia naciente en Guayaquil. Escribió al Departamento de Misiones Foráneas de las Asambleas de Dios de los Estados Unidos, queriendo afiliarse y pidiendo el envío de misioneros.

Como resultado, Henry Hall, misionero al Perú, fue en 1960 para evaluar la situación. Si la Iglesia del Evangelio Cuadrangular podía atender bien la necesidad, las Asambleas la dejaría a cargo de esta denominación hermana. Si no abastecían sus obreros y las misiones podían trabajar en armonía, se enviarían obreros. La Iglesia Cuadrangular, con sólo dos iglesias pequeñas, extendió la bienvenida a las Asambleas. De regreso en el Perú, Hall presentó la necesidad de obreros en Ecuador. Nicolás Monterroso fue y se alojó con los Jiménez mientras levantaba una congregación. Pero no pudo conseguir la extensión de su visa para quedarse, y al cabo de dos meses tuvo que volver al Perú.

2. Tiempo de campañas

Después de 65 años de actividad evangélica en Ecuador, las primeras señales de que los evangélicos iban a experimentar un crecimiento numérico mayor se dieron en 1961-62. Era la época de grandes campañas evangelísticas en muchos países. En 1961 se celebró una campaña interdenominacional con Billy Graham en Quito. Las iglesias en Guayaquil querían hacer un esfuerzo similar en su ciudad, la de mayor población en el país. Aunque Billy Graham no podía venir, se unieron en una campaña en junio de 1962. Los resultados eran muy escasos.

La Iglesia del Evangelio Cuadrangular en Guayaquil tenía sólo 30 miembros, pero éstos se dedicaron a la oración por su ciudad. El misionero Roberto Aguirre propuso a las iglesias que habían cooperado en la primera campaña que celebraran otra. Hizo los arreglos para alquilar el estadio Capwell para la venida de Roberto Espinoza, evangelista de las Asambleas de Dios.

3. Llegada de los fundadores

Mientras tanto, el Departamento de Misiones había comunicado a Lowell Dowdy y su esposa Virla la necesidad en Ecuador. Eran misioneros de 18 años de experiencia en Venezuela y Chile. El había sido superintendente de las Asambleas en Chile. Ellos sintieron que era la voluntad de Dios aceptar la invitación y llegaron a Guayaquil el 13 de septiembre de 1962, seis semanas antes de la fecha anunciada para la campaña con Roberto Espinoza.

III. ¡MANOS A LA OBRA! 1962-76

A. AÑO DE BENDICION, 1962-63

1. Cooperación en campañas

Tan pronto como llegaran los Dowdy buscaron sitios para iniciar iglesias con los frutos anticipados de la campaña. Alquilaron dos locales en dos partes de la ciudad y empezaron a alistarlos.

Justamente antes de la campaña los pastores no pentecostales que iban a ayudar supieron que el evangelista Roberto Espinoza iba a orar por los enfermos. Se retiraron del proyecto, dejándolo a los pentecostales. Por fe se siguió adelante sin saber cómo iban a hacer frente a los gastos.

El día antes de empezar la campaña, el dueño de una potente radiodifusora vino al pastor Aguirre y le brindó tiempo gratis. El había sido sanado en respuesta a la oración de un miembro de su iglesia. De modo que pudieron anunciar la campaña.

Menos de mil personas estuvieron en el primer culto en el estadio, pero aquella noche Dios sanó a cuatro sordos y a doce herniados. Las noticias se regaron, y la segunda noche asistieron más de 10.000. Pronto había 20.000, luego 35.000. Los milagros continuaron por las seis semanas de la campaña.

Se instruía bíblicamente a los que aceptaban al Señor, y 1.500 personas fueron añadidas a las iglesias, en su mayoría a las de la Iglesia del Evangelio Cuadrangular.

En esta campaña asistió un hombre con parálisis en el brazo derecho a quien llamaban "el manco". Cuando el evangelista hizo el llamamiento pidiendo que levantasen la mano derecha por oración, Marco Palomeque, el que tenía el brazo derecho paralizado, ¡lo levantó! ¡Fue sanado! Se entregó a Cristo y con el tiempo llegó a ser el superintendente nacional de las Asambleas de Dios.

También asistió a esta campaña la señora Olga Torres de Macías. Una noche en el culto sintió que el Señor le pedía el hijo que tenía en su vientre. Ella en ese momento lo consagró al servicio del Señor. Posteriormente su hijo llegó a ser el Superintendente Juan Macías.

2. Iglesias establecidas

Los Dowdy habían alquilado un salón en buen sitio residencial y el coliseo de la Liga Deportiva Estudiantil en el centro de la ciudad para un Centro Evangelístico. El coliseo estaba en la planta baja de un edificio de cuatro pisos. Acomodaba a 1.000 personas.

El 16 de diciembre de 1962 se iniciaron los cultos en ambos lugares con 176 en asistencia a la Escuela Dominical. En seguida Fernando Moroco predicó en una campaña de diez días.

Lowell Dowdy dirigía los cultos todas las noches en el Centro Evangelístico, ayudado por su hijo Jonatán, de 13 años, quien se encargó de la música y trabajaba entre la juventud.

La hermana Virla se encargó de los cultos en Alcedo y Esmeraldas. La ayudaba Alejandro Jaime, sargento de la Marina Ecuatoriana, quien había conocido al Señor hacía varios años. Al ser bautizado en el Espíritu Santo sintió un llamado de Dios y se retiró de la Marina para dedicarse de tiempo completo al ministerio. Predicaba en un programa de radio diario de 15 minutos, "La Iglesia del Aire".

Los Dowdy habían escrito al superintendente de las Asambleas de Dios de Chile pidiendo ayuda. El primero de enero de 1963 llegó René Hidalgo quien había sido su hijo en la fe en Chile.

Con camión como plataforma, Jaime y Dowdy predican y reparten literatura.

Cooper, Dowdy y Jaime (sentados) hacen planes para el evangelismo.

III. ¡MANOS A LA OBRA! 1962-76 233

Mientras tanto, había más campañas. Antes de dos semanas con Watson Argue en marzo de 1963, hubo dos semanas de entrenamiento a los nuevos creyentes. Luego éstos distribuyeron de casa en casa Evangelios, la revista Poder y 10.000 anuncios de los cultos en el coliseo de la Liga Deportiva Estudiantil. Cada noche asistían de 500 a 1.300 personas.

En mayo se bautizaron en agua 85 personas; 51 de ellas habían sido bautizadas en el Espíritu Santo. En una campaña con Gladys Pearson, 60 personas más recibieron esta experiencia pentecostal.

El 25 de julio de 1963 se organizaron los dos grupos locales como una iglesia de las Asambleas de Dios.

Otros evangelistas que celebraron campañas incluyeron a José Rico, ex sacerdote de Bolivia, y a Luis Schiliro de Brasil. Se alquiló un tercer local en otra parte de la ciudad donde no había obra evangélica. Otro marinero lleno del Espíritu se retiró de la Marina para pastorear esta obra nueva.

Un pastor y su pequeño grupo de otra denominación en Flavio-Alfaro pidieron que los Dowdy les enseñaran sobre el Espíritu Santo. Recibieron el bautismo pentecostal y empezaron a crecer espiritual y numéricamente. Luego se afiliaron a las Asambleas.

Desde el principio los Dowdy enseñaron a los creyentes su responsabilidad de diezmar y hacer su parte en cumplir con la Gran Comisión. El Centro Evangelístico envió a un obrero a Quito para iniciar una iglesia y lo sostenía económicamente.

Para el primer aniversario de la obra (el 16 de diciembre de 1963) había cinco iglesias con 153 miembros, 60 bajo instrucción para ser bautizados y cinco pastores ecuatorianos. Dos iglesias ya pagaban su alquiler y sostenían a sus pastores. Y René Hidalgo había ido a Quito para iniciar la obra en la capital.

B. PREPARACION DE OBREROS

Los Dowdy comenzaron a preparar obreros en su casa una noche a la semana en 1963. Añadieron otra noche en 1964. En agosto de 1964 Pablo Cooper y su esposa Ileen, quienes habían ministrado en la América Central, vinieron para dirigir la preparación ministerial.

Organizaron el Instituto Bíblico de las Asambleas de Dios (IBAD), con 10 alumnos en clases diurnas y 30 en clases nocturnas. Fernando Moroco era uno de los maestros. Al año siguiente abandonaron el programa residencial por falta de fondos y siguieron con las clases nocturnas. Muchos alumnos trabajaban todo el día, luego cuatro noches a la semana venían al Centro para tres horas de clase en un programa de cuatro años.

234 ECUADOR

Después de alquilar el primer piso de la Arena Deportiva por 23 meses, los Dowdy recibieron noticia que el banco que tenía la hipoteca en su poder iba a rematar el edificio. La misma noche del aviso, Dios les dio una palabra de ciencia avisándoles que El les daría la propiedad. En el día del remate llegó un cheque de $40,000

IBAD 1965. Delante, los Dowdy, los Cooper y Fernando Moroco

para satisfacer las demandas del banco. Cinco minutos antes de cerrar el banco, se compró la propiedad.

El Centro Evangelístico, las oficinas de la conferencia y la librería La Antorcha ocupaban la primera planta de la Arena. Ya con todo el edificio, el segundo piso tendría un apartamento para el pastor y otro para obreros visitantes. Los otros dos pisos se usarían para el instituto bíblico y también para las clases de la Escuela Dominical.

C. ORGANIZACION

1. Departamentos internos

Los Dowdy no demoraron en organizar los departamentos internos de la iglesia. El primero era la Escuela Dominical. En 1964 las escuelas dominicales en Guayaquil tenían una asistencia global de 500. El Concilio Misionero Femenil se reunía cada semana para estudiar la Biblia, orar y coser ropa para obreros necesitados. Los jóvenes Embajadores de Cristo tomaban parte en la obra. En 1964 se celebró una Escuela Bíblica de Vacaciones de dos semanas en cada una de las tres iglesias.

En junio de 1965 visitó a Guayaquil Arturo Lindvall, misionero a Centroamérica, quien promovía la Escuela Dominical en varios países. Exhortó a los creyentes a iniciar escuelas dominicales en sus casas, patios o dondequiera. Como resultado se abrieron escuelas en varios barrios y algunas llegaron a ser puntos de predicación y nuevas iglesias. En poco tiempo 700 personas asistían a las escuelas dominicales en Guayaquil.

2. Organización nacional

En enero de 1965, Melvin Hodges, secretario de misiones de las

Asambleas de Dios de los Estados Unidos para Latinoamérica y el Caribe, ayudó en la organización nacional de la Conferencia Evangélica de las Asambleas de Dios del Ecuador. Consistía en cuatro iglesias y cinco puntos de predicación con 10 ministros, 206 miembros bautizados, 143 otros creyentes y una matrícula de 487 en las escuelas dominicales.

Para organizar una iglesia se requería 12 adultos bautizados en agua y cuando menos tres bautizados en el Espíritu Santo para servir como diáconos. A fines de 1964 no había aún suficientes miembros para organizar la iglesia en Quito, pero 25 personas asistían a la Escuela Dominical dirigida por René Hidalgo.

Para conseguir la personería jurídica, el líder de cualquier organización tenía que ser ecuatoriano. Lowell Dowdy funcionaba de superintendente en el desarrollo de la obra, pero en cuanto a los trámites legales el jefe de la organización ante el gobierno por un tiempo era un abogado bautista, Guillermo Bossano.

D. REFUERZOS Y EXTENSION

1. Obreros de varios países

Ya trabajaban con los Dowdy obreros del Perú y de Chile. Vendrían evangelistas de varios países y algunos pastores cubanos para trabajar por un tiempo. En 1965 llegaron de los Estados Unidos Eugenio Willis y su esposa Joyce. Trabajaron en Guayaquil en el instituto y en las iglesias

Ofelia Yesse reparte diplomas en el instituto bíblico.

Judy de Santiago enseña en una escuela dominical de barrio.

236 ECUADOR

con escuelas bíblicas de vacaciones y clubes de Misioneritas.

José Miguel Santiago, nacido en Puerto Rico, y su esposa Judy vinieron de los Estados Unidos en 1967. Estuvieron 10 años en Ecuador antes de pasar a Panamá.

Ofelia Yesse, de una familia rusa evangélica en Argentina fue a Uruguay a la edad de 14 años. Allí Dios la llamó a su obra y le dió un amplio ministerio. Al oír el llamamiento por ayuda para Ecuador, Ofelia respondió. Trabajó en el evangelismo, en el instituto y en la librería.

2. Campañas y nuevas obras

René Hidalgo fue a Quito en 1963. Pero Quito, con 66 templos católicos y varias escuelas y monasterios, se conocía como "la pequeña Roma de Sudamérica." El campo era duro, y crecía muy poco el grupo de creyentes. En 1965 Lowell Dowdy inició gestiones para un esfuerzo que resultaría en una iglesia fuerte en Quito.

Los Dowdy y los Willis fueron a Quito en junio de 1966 dejando a los Cooper en Guayaquil. Alquilaron para templo lo que había sido una panadería. En una campaña con José Miguel Santiago, Dios confirmó su Palabra con milagros y varias personas hallaron a Cristo el Pan de Vida. Fue de ayuda el programa del "Hermano Pablo" Finkenbinder difundido tres veces al día por Radio Quito.

Los Willis quedaron como pastores con Alberto Castillo, un joven pastor asociado quien era líder comunista antes de su conversión. En 1966 René Hidalgo inició una iglesia en Ambato, ciudad de 80.000, y la pastoreó por un año antes de ir a pastorear el Centro Evangelístico en Guayaquil y enseñar en el IBAD. Lo siguieron en Ambato Lawrence Mora, y luego Antonio Espinoza.

La obra se extendió. En julio de 1967 el pastor Leon Gilmore y su esposa vinieron para una campaña en Portoviejo, ciudad de 43.000 y capital de la provincia de Manabí. Con José M. Santiago de intérprete, Gilmore predicó casi todas las noches por tres meses y habló por radio cada día para fundar una iglesia.

Dios obró de manera maravillosa. De Portoviejo y de los pueblos cercanos venían enfermos y fueron sanados en respuesta a la oración. Los Santiago siguieron en campaña y en la iglesia que se levantó. Ellos y los pastores siguientes continuaron la predicación por radio para alcanzar a toda esa zona. Al cabo de año y medio había 300 miembros y adherentes en la iglesia y 180 en cinco puntos de predicación pastoreados por obreros laicos.

Para el Año de Evangelismo Total en 1969 se imprimieron 200.000 folletos. Hubo cuatro meses de campañas con evangelistas de Chile, Perú

III. ¡MANOS A LA OBRA! 1962-76 237

y los Estados Unidos. Su meta era abrir un centro evangelístico en cada provincia principal y evangelizar las Islas Galápagos. No alcanzaron la meta, pero había progreso hacia ella.

Un viernes de septiembre de 1969, 70 creyentes de varios pueblos llenaron dos autobuses y fueron a Cuenca, ciudad de 100.000 habitantes. Distribuyeron 70.000 unidades de literatura en dos días, testificaron por las casas y en las plazas e invitaron a la gente a la campaña en el Teatro España.

Una iglesia norteamericana en Hutchinson, Kansas, había enviado a su pastor, J.L. McIntosh, para predicar en la campaña. Los miembros lo respaldaron con una cadena de oración por 40 días en la cual alguien estaba orando continuamente por la campaña y la obra en Ecuador. ¡No es de maravillarse que en 23 días de campaña una buena iglesia nació en Cuenca! Durante este tiempo también se construyó un templo. El pastor Lopera ayudó en la campaña y en el seguimiento. Ofelia Yesse vino para pastorear la obra. Los Dowdy fueron a Cuenca para ayudar por un tiempo en la obra allí y con el propósito de establecer un Centro Evangelístico Quichua.

A fines del 1969 las Asambleas de Dios de Ecuador tenía 1.645 miembros y adherentes en 8 iglesias y 22 puntos de predicación. Los pastoreaban 24 ministros ecuatorianos y algunos misioneros. En 1970 varias denominaciones cooperaron en las campañas de Evangelismo a Fondo. Fernando Vangioni fue el evangelista para una gran campaña en Guayaquil. Pablo Finkenbinder fue usado de Dios en Quito y Cuenca. Para fines del año Luis Matute dirigía una congregación nueva de 40 creyentes en Riobamba. Chone, Palisadas, Piedrero, Buena Vista, La Bramadora y Santo Domingo tenían sus lugares de prédica con obreros como Aníbal Jarrín, Marco Palomeque, Antonio Espinoza y Arcadio Morán, quienes hicieron muchos sacrificios para traer las buenas nuevas.

Sin embargo, hubo problemas en Quito y la iglesia se dividió. Hacían falta más ministros de experiencia para ayudar a conservar el fruto de las campañas, entrenar a más obreros y ayudarlos en la extensión del evangelio.

Para esto cinco matrimonios misioneros y dos señoritas llegaron entre 1971 y 1975. Habían servido en Surinam Juan y Donna Verbarendse (1971-74 en Ecuador) y Juan y Ruth Wagner (1975-86). Los Wagner habían trabajado en Bolivia también. Byron y Anita Niles servirían aquí de 1971 a 1979. Byron tenía experiencia en Nicaragua y Venezuela como hijo de los misioneros veteranos Elmer y Berniece Niles. Ramón y Mirna Carpenter (1973-82) y las señoritas Flora Shafer (1974-75) y Perla Estep (1974-80) habían trabajado en Bolivia. Benjamín y Florinda LaFon (1974-93) estaban antes en Honduras.

Los Wagner

Los LaFon

Los Niles

Un Departamento de Evangelismo dirigido por Juan Verbarendse coordinó 12 campañas en 1972. El pueblo de Milagro vio muchos milagros en una semana de cultos con José Miguel Santiago. Se anunciaba por las calles con portavoces y en pancartas: Cristo salva, sana y bautiza. Varios fueron sanados instantáneamente de la ceguera, de piernas o brazos lisiados y de problemas con los nervios. Juan Verbarendse predicó por una segunda semana y Antonio Espinoza quedó de pastor de la nueva iglesia.

Una campaña en 1972 con Juan Wilkie (hijo de los misioneros Earl y Ruby Wilkie) y Rodrigo Valencia inició una iglesia en el sur de Quito. Wilkie volvió en 1973 con su esposa Ana María para pastorearla y seguir trabajando en Ecuador por más de 20 años.

Una campaña con Ricardo Jeffery en Quito sirvió para avivar la Iglesia Central. Entre muchos milagros en respuesta a la oración, una niña ciega recibió la vista y un niño sordomudo pudo oír y hablar. Muchos se convencieron del poder de Dios y de la verdad del evangelio.

III. ¡MANOS A LA OBRA! 1962-76   239

Los Verbarendse   Los Wilkie   Los Carpenter

Al final de diez años, en noviembre de 1972, las Asambleas de Dios había penetrado en 9 de las 18 provincias de Ecuador. Había 25 ministros, 38 congregaciones y 2.269 miembros y adherentes, 573 de los cuales habían sido bautizados en el Espíritu Santo.

En 1974 una campaña unida en Guayaquil con el evangelista puertorriqueño Yiye Avila trajo crecimiento. De los convertidos en esta campaña, 16 entrarían en el ministerio. Uno de ellos, Medardo Gonzales sería pastor en Cuenca, fundaría la iglesia en Monte Cristo, y serviría de superintendente nacional.

A pesar del crecimiento, en 1975 había iglesias asambleístas en sólo cuatro provincias. La falta de permanencia de muchas de las obras se debía a la escasez de obreros capacitados. No se podía atender una expansión tan rápida. En los primeros nueve años del Instituto Bíblico, había 34 graduados; pero sólo 16 trabajaban con las Asambleas de Dios.

El año de 1975 se designó como Año de Evangelismo Total para las Asambleas de Dios en toda la América Latina. Se celebraron muchas campañas en Ecuador con la meta de duplicar el número de iglesias. Perla Estep y Flora Shafer, pioneras de la obra en Bolivia, vinieron para enseñar en el instituto bíblico. Flora padecía de cáncer pero siguió enseñando por cuatro meses hasta no poder más. Fue a recibir su galardón celestial en noviembre de 1975. Perla después ayudó en el nuevo instituto en Quito hasta su jubilación en 1980. Juan Wagner y su esposa Ruth ayudarían aquí hasta volver a Surinam en 1980.

Benjamín LaFon y su esposa Florinda trabajarían por cuatro años en

240 ECUADOR

Cuenca y esa región. Fundaron una iglesia en Sigsig antes de pasar a Quito, donde iniciaron la iglesia Bethesda.

3. En viajes y peligros

Todos los misioneros y pastores nacionales trabajaban para fundar y fortalecer las nuevas iglesias. Un hombre en la aldea remota de La Chontilla se convirtió por el ministerio radial del pastor Freddy Marcel desde Portoviejo. Por el testimonio del nuevo creyente y los mensajes diarios por radio, muchos de sus familiares y vecinos aceptaron a Cristo. El pastor Marcel y sus diáconos iniciaron visitas semanales a La Chontilla. Pronto casi 100 creyentes construían su templo y servían con gozo al Señor.

Ramón Carpenter y su hijo viajaron con el pastor Freddy Marcel de Portoviejo seis horas en camión, dos horas en canoa y dos más a lomo de mula para llegar a La Chontilla. Carpenter no pudo menos que llorar al dar la vuelta a una montaña y ver la escena precisa que Dios le había mostrado en una visión hacía 20 años al llamarlo a Sudamérica. ¡Qué confirmación de la voluntad de Dios! La visita de dos días incluía evangelismo, enseñanza doctrinal, casamientos, presentación de niños y planes para fundar otra iglesia más allá de la próxima montaña.

En Guayaquil, Carpenter mostró una película sobre la vida de Cristo en la iglesia pastoreada por Marco Palomeque. La pequeña capilla se desbordaba de gente. Carpenter se estacionó con la proyectora sobre una mesa en la puerta y empezó la presentación.

A los pocos minutos, en la semioscuridad, el salón se llenó de gritos. La gente intentaba en vano salir mientras seis miembros de una pandilla rodeaban al misionero, bloqueando así la puerta. Habían venido para atacar a uno de los diáconos y quizá matarlo.

¿Qué hacer? Carpenter optó por seguir con la película, y la gente se calmó. Al fin de la proyección se prendió la luz, y los hombres de la pandilla pasaron adelante buscando al diácono, aun debajo de las bancas, pero no lo hallaron. A pesar de la tensión, se hizo un llamado a los que querían aceptar a Cristo. Tres personas pasaron al altar y se entregaron al Señor.

Después del culto, Ramón notó que el gángster que guardaba la puerta tenía lágrimas en los ojos. Lo invitó a aceptar a Cristo, pero él respondió: "Soy tan malo que Cristo no me salvaría." Mostró el revólver que traía debajo de la camisa y añadió: "Cristo no podría salvarme con esto, ¿verdad?" Se le aseguró que Cristo no se fijaba en el arma. Luego de rodillas él halló al Señor, y fue transformada su vida.

III. ¡MANOS A LA OBRA! 1962-76 **241**

E. LIDERAZGO NACIONAL

La quinta convención nacional se llevó a cabo en Guayaquil en enero de 1970. Fueron elegidos: José Santiago, superintendente; Lowell Dowdy, vice; Florencio Medina, secretario-tesorero; y Alberto Castillo, presbítero.

En 1972 Víctor Soriano llegó a ser el primer superintendente nacional ecuatoriano. Angel Pilco fue superintendente en 1973-74, pero después dejó a las Asambleas y tuvo su propia iglesia. Gonzalo Carrasco sirvió de superintendente de 1975 a 1980.

Con la extensión de la obra, se organizaron el Distrito de la Sierra y el de la Costa, con sus oficiales. Esto facilitó la asistencia a convenciones y otras actividades a nivel distrital.

F. PROGRESO EN VARIOS FRENTES

1. En la enseñanza

a. Cursos por correspondencia

Por algunos años los Dowdy habían ofrecido por correspondencia las 11 materias del Curso Bíblico Elemental publicado por Editorial Vida. En enero de 1971 se añadió el nuevo programa del Instituto Internacional por Correspondencia (IIC) con el curso evangelístico "Los Grandes Interrogantes de la Vida". Se estableció la oficina nacional del IIC en Guayaquil bajo la dirección de Ramón Carpenter. Hilda Espinoza de Taco servía eficazmente como secretaria. A fines del año había 3.712 estudiantes activos. A la medida que nuevos cursos eran disponibles, se aprovechaban para la orientación de los creyentes en la vida cristiana y en su preparación para la obra del Señor.

b. Cooperación en el IBAD

Todos sabían que el futuro de la obra dependía de la preparación debida de obreros nacionales. Casi todos los misioneros tomaron parte en la enseñanza y muchos en la dirección del Instituto Bíblico de las Asambleas de Dios (IBAD). Henry Hall y su esposa Edith (misioneros al Perú) vinieron para enseñar por tres meses en 1967. En 1968 se tuvo la primera promoción. Varios de los graduados servirían por muchos años en el cuerpo ejecutivo. Entre 1965 y 1976 sirvieron de director Fernando Moroco, José Miguel Santiago, Ofelia Yesse, Calvin White, Byron Niles y Ramón Carpenter. Otros maestros eran Perla Estep, Mirna de Carpenter, Benjamín LaFon, Juan Wagner y Gonzalo Carrasco, el superintendente nacional.

c. ¡La práctica enseña!

¡No era fácil trabajar todo el día, luego ir directamente al templo para

242 ECUADOR

tres horas de clase cuatro noches a la semana antes de poder cenar! Pero hombres y mujeres respondían al llamado de Dios y así se preparaban para su obra. Y por la práctica aprendían la abnegación, la persistencia y a depender del Señor. Dios llamaba a obreros de distintos fondos y temperamentos y los usaba para su gloria. Veamos tres ejemplos.

1) ¡A perseverar! Mientras algunas iglesias nacieron de campañas, otras se desarrollaron de escuelas dominicales y puntos de predicación. Petita Freire fue convertida como niña en la campaña de Roberto Espinoza en Guayaquil. Se graduó del Instituto Bíblico en 1969 y comenzó una iglesia en un área marginada de Guayaquil sin electricidad o agua potable. Desde el último paradero del ómnibus, tenía que caminar de tres a cuatro kilómetros por terreno pantanoso, mucho de esta distancia en puentes de caña. La casa de caña donde se daban los cultos estaba en una loma, y cuando la marea entraba, la gente llegaba en canoa a los cultos. La iglesia comenzó con dos mujeres y un hombre.

Muchas veces Petita regresaba a casa llorando por el agua, el lodo y el desánimo, pero perseveró y al cabo de un año tenía 25 niños y 15 adultos en los cultos. Después de tres años llegó la electriciad al barrio. En 1976 comenzó a construir un templo de bloque. En 1980 compró más terreno y edificó un templo nuevo. En 1993 construía por cuarta vez, pues la iglesia ya tenía una asistencia de más de 300. Había agua, luz y una calle principal. También la iglesia había iniciado tres iglesias más y varios de sus miembros habían entrado al ministerio.

2) ¡A vencer la timidez! La mayoría de los 35 estudiantes del instituto bíblico habían terminado la escuela secundaria. Algunos eran universitarios. Pero Segundo Orellana no había terminado la escuela primaria. En las clases se hallaba muy tímido. Al fin del curso fue a Roncador, una aldea en la selva. Una señora creyente le brindó una hamaca y comida con tal que se quedara para predicar. A pesar de su timidez, Segundo buscó la ayuda del Señor y de casa en casa testificó de Cristo. Lo oyeron con gusto. Alguien donó terreno y se levantó una capilla de bambú.

Segundo volvió al instituto para el nuevo curso. En los meses de lluvias el camino a Roncador era impasable a no ser a pie. Cada fin de semana Segundo caminaba de seis a ocho horas, hundiéndose a veces hasta las rodillas en el lodo, para atender la nueva iglesia. Pero casi toda la gente cruzó el río para radicarse en el pueblo de Guale. De modo que Segundo y la iglesia pasaron a Guale y edificaron un buen templo. Con el tiempo varios ministros vinieron de la iglesia en Guale animados por el ejemplo de su pastor quien había vencido la timidez.

3) ¡A desempeñar su ministerio! Desde sus estudios de segunda

III. ¡MANOS A LA OBRA! 1962-76

enseñanza, Luis Yépez aspiraba a ser maestro, pero se amargó al no hallar empleo en esa vocación. Un día pasaba por el Centro Evangelístico y entró atraído por la música. Ese día se entregó a Cristo, y a las pocas semanas fue bautizado en el Espíritu Santo. Para conocer mejor la Palabra de Dios, se matriculó en el Instituto Bíblico. Dentro de poco se le pidió que enseñara la clase de jóvenes en la Escuela Dominical. ¡Ya era maestro! Pero pronto se desanimó; no se sentía capacitado para tal trabajo.

Luis Yépez y ayudante salen para predicar.

Lowell Dowdy, procurando animarlo, le relató la historia de Balaam y su asno.

"Luis," le dijo, si Dios pudo hacer hablar a un burro, ¡cuánto más puede usarte a ti si sólo te rindes del todo a El!"

Animado por esas palabras, Luis se dedicó a estudiar con mayor diligencia y enseñaba la clase en la Escuela Dominical.

Además de graduarse del IBAD y de un seminario local, Luis cursó los estudios del Instituto de Superación Ministerial (ISUM). En 1975 era maestro en el IBAD y luego el decano. Más tarde sería vicesuperintendente de la obra nacional, director del instituto bíblico y profesor en el ISUM. Dijo: "Ya comprendo por qué Dios no me permitió ser maestro de cosas terrenales. Me guardaba para algo especial—¡ser maestro de su Palabra eterna!"

2. Con grupos en la iglesia

Dios usó a José Miguel Santiago con los Embajadores de Cristo. Al mismo tiempo su esposa Judy fue la primera presidenta nacional del Concilio Misionero Femenil. Anita de Niles dirigió por un tiempo este departamento. Después Silvia de Medina lo hacía. Paulina de Stewart y Vicki de Brown lo promoverían en el Distrito de la Sierra, y Anita de Wilkie lo haría en el de la Costa.

Byron Niles organizó el departamento nacional de los Embajadores de Cristo en 1973 y fue su primer presidente. Tenían una convención

244 *ECUADOR*

anual. Los obreros veteranos cuentan de campañas, esgrimas bíblicas y mucha actividad en esa época. Francisco Alvarado era el presidente nacional en 1980.

El Departamento de Escuela Dominical, con Axa de Palacios como la primera directora nacional, fue muy activo con cursos especiales y talleres. Los primeros campamentos para niños y jóvenes se llevaron a cabo en 1976. Sin embargo muchas de las iglesias no tenían Escuela Dominical.

G. CAMBIO DE LA GUARDIA

Los Dowdy continuaron trabajando en Ecuador por un total de 14 años hasta su jubilación. Al salir en mayo de 1976 podían alabar a Dios por su bendición. En diez años (1966-76) la obra había crecido de 225 miembros a 1.128, con una comunidad total de 3.526 personas a fines del 1976. José Miguel Santiago, en resumen de la obra hasta entonces, nombró tres factores que contribuían al crecimiento: 1) El entrenamiento de obreros, 2) El énfasis en la obra del Espíritu Santo, y 3) El espíritu de evangelización que prevalecía a través de los años. En cuanto al cuidado del Señor añadió: "En medio de brotes de revolución y cambios drásticos de gobierno seguidos por motines y tumultos, la mano del Señor ha protegido a sus siervos."

IV. ¡SIEMPRE ADELANTE!, 1977-95

A. CON MAS OBREROS

1. Progreso en la preparación

a. Nuevos institutos bíblicos

Con las conversiones en las campañas, Dios llamaba a más hombres, mujeres y jóvenes a su obra. Aunque había un instituto bíblico ya en Guayaquil, pocos de la sierra iban a la costa para prepararse. Y hacía falta preparar obreros para la sierra. De modo que Byron Niles y su esposa Anita iniciaron en enero de 1976 el Instituto de la Sierra en el sótano frío de la Iglesia Central en Quito. Por un año dieron cursos para obreros locales en clases nocturnas a 28 estudiantes. Luego en 1977 emprendieron el plan básico de estudios para institutos bíblicos, con un curso de 10 meses, tal como en Guayaquil.

Los Niles dirigieron el instituto en Quito hasta 1979 cuando fueron llamados a trabajar en el ISUM para preparar líderes en toda la América Latina. Juan Wagner lo dirigió por un año antes de pasar a Surinam, y Benjamín LaFon lo sucedió. Se realizó la primera graduación de tres

IV. ¡SIEMPRE ADELANTE!, 1977-95   245

estudiantes en 1981. Luis Yépez asumió su dirección en 1985. Ambos institutos ya se llamaban Seminario Bíblico de las Asambleas de Dios (SEBAD).

La compra de terreno y la edificación de un plantel para 250 alumnos fue parte del Impacto Quito que empezó en 1984. Varios equipos vinieron para trabajar por dos o tres semanas cada uno en la construcción. Roberto Combs, Supervisor de Construcción de las Asambleas de Dios para Latinoamérica, y Ken Hofner vinieron a Quito para tres años. Dirigieron la construcción de templos para once iglesias y un nuevo plantel para el instituto bíblico.   ¡Cómo se alegraron los estudiantes al dejar el sótano con la dedicación del nuevo plantel en 1988! En ese año había 52 estudiantes en las clases nocturnas y 110 en las sabatinas.

En 1979 se abrió un instituto bíblico en Ambato, pero para 1986 se había cerrado. Volvió a funcionar como extensión del SEBAD bajo la dirección de Onésimo Espinoza y su esposa.

b. Progreso en Guayaquil

Había progreso también en el instituto en Guayaquil. En 1977 vinieron para dirigirlo Henry Hall y su esposa Edith. Habían trabajado por 37 años en el Perú, la mayor parte de ellos en el instituto bíblico. Luis Yépez era maestro y decano, y también enseñaban: Edith de Hall, Axa de Palacios, Perla Estep, Juan Wilkie, Arturo Medina, Benjamín LaFon y Byron Niles. Juan Wilkie fue nombrado director en 1982 y siguió mejorando el programa. Hilda de Taco trabajó como administradora por más de 18 años.

Se consiguió un edificio nuevo y se ofrecían cuatro años de estudio en tres programas: 1) diurno para la licenciatura, 2) nocturno con el Plan Básico para institutos y 3) los sábados con los primeros dos años del Plan Básico.

c. Estudios por extensión

Además de su enseñanza local, el SEBAD en Guayaquil tenía varias extensiones por toda la costa dirigidas por los pastores bajo las normas del Plan Básico.

También había estudios por correspondencia del IIC. Empezaban con los cursos evangelísticos y sobre la vida cristiana, pero ya había otros para preparar obreros. En 1984 Benjamín LaFon fue nombrado director del IIC, e Hilda de Taco subdirectora. Se aumentó la matrícula en los años siguientes bajo la dirección de su sucesor, Brad Morris. En 1987 se ofrecían 41 materias y se matricularon 14.512 estudiantes nuevos.

d. Instituto Bíblico Quichua en Riobamba

El pastor Luis Flores del Centro Evangelístico Vida Abundante en Quito

246 *ECUADOR*

y un diácono quichua de su iglesia, Angel Chango, iniciaron la preparación de obreros en Riobamba. En 1992 Alán Martin y su esposa Joanna fueron a Riobamba y fundaron un instituto bíblico para los quichuas. Los estudiantes hablaban español y quichua de Chimborazo (el mayor de los 16 dialectos de quichua). Pero toda su instrucción en la escuela pública había sido en español. ¡De modo que las primeras clases eran para aprender a leer la Biblia en quichua!

El próximo nivel era el estudio de los cursos del IIC. Luego se daban cursos intensivos como extensión del SEBAD en Quito. En 1993 se inició el programa completo del SEBAD y se reconoció como Instituto Bíblico. En 1994 había 35 estudiantes en tres centros de discipulado, y de 18 a 20 asistían a las clases los sábados. Colaboraban varios pastores en la enseñanza, entre ellos Luis Flores y Jaime Cabrera de Quito y René Fiallos, pastor en Riobamba y secretario tesorero del Departamento Indígena.

e. Nueva visión misionera

En los institutos bíblicos los estudiantes obtuvieron una visión misionera para las personas no evangelizadas en su propia tierra y en otros países. Mientras estaban en el instituto colaboraban en la fundación y el pastorado de iglesias. En un programa estudiantil de misiones, los alumnos iniciaron siete iglesias alrededor de Guayaquil. Algunos fueron durante las vacaciones para trabajar en la selva.

En 1979 el instituto en Guayaquil celebró su primera convención misionera con la participación entusiasta de las iglesias. Con las ofrendas respaldaron a dos proyectos locales y enviaron ayuda económica a misiones en el Africa, India y China. Los pastores pidieron que fuera un evento anual la convención misionera.

f. Coordinación nacional

En 1994 Juan Wilkie fue nombrado coordinador nacional de educación cristiana. Ayudó en la supervisión y desarrollo de los institutos y programas de extensión.

2. Más líderes nacionales

Para 1977-78 la dirección nacional de las Asambleas consistía mayormente de ministros ecuatorianos. El superintendente era Gonzalo Carrasco; el vice-superintendente, Víctor Soriano; secretario, Byron Niles; tesorero, Marco Palomeque; vocal, Ramón Carpenter; presbítero en la costa, Arturo Medina; y presbítero en la sierra, Jaime Cabrera. En 1980 Medardo Gonzales fue electo superintendente.

Le sucedió Marco Palomeque de 1982 a 1991. Durante estos años

IV. ¡SIEMPRE ADELANTE!, 1977-95 247

cuando él dedicaba su tiempo completo a la superintendencia, su esposa Anita pastoreó la iglesia que habían fundado en Guayaquil.

En 1992 se pasó la antorcha a la nueva generación. Juan Pablo Macías asumió el cargo de la superintendencia. Lo sucedió José Luis Vera en 1995.

En 1994 se añadió el Departamento Indígena. Abarcaba la obra entre los shuares, los quichuas y los colorados. Alán Martin era el director y Timoteo Anderson el secretario. Henry Chávez y su esposa Evangelina trabajaban entre los colorados.

B. CON COOPERACION INTERNACIONAL

1. Coordinación regional

Para ayudar en la cooperación entre los varios países fueron nombrados representantes regionales de la División de Misiones Foráneas de las Asambleas de Dios de los Estados Unidos.

En 1978 Pablo Hutsell vino como representante para esta área andina. El y su esposa Drita habían trabajado en Latinoamérica por 22 años. Con su base en Quito ayudaban en la coordinación de proyectos nacionales e internacionales en Ecuador, Perú, Bolivia, Colombia y Venezuela. Trabajaron aquí hasta 1990, cuando pasaron a semejante ministerio para el área del Caribe. Los siguieron en este cargo Norman Campbell y su esposa Ana María (antes en Colombia y Argentina). El servía también de Coordinador de la Década de la Cosecha para América Latina y el Caribe.

2. Ayuda de varios países

Desde el inicio de las Asambleas en Ecuador, se había visto la cooperación de obreros del Perú, de Chile y de los Estados Unidos. Luego vinieron varios de Cuba, Centroamérica y otros países. Equipos norteamericanos venían para la construcción de templos y la celebración de seminarios y clínicas. Ministros de varios países ayudaron en las campañas para plantar iglesias.

En Quito el Centro Cristiano de Vida Abundante nació en 1982 con Verlin Stewart y su esposa Paulina como pastores. Habían trabajado siete años en Cuba y 20 en Colombia. Una trombosis en 1977 casi le cuesta la vida a Verlin y lo dejó con problemas físicos, pero siguieron trabajando en Colombia. En 1979 respondieron al llamado a ayudar en Ecuador. Estarían aquí hasta que la salud quebrantada de Paulina obligaría su salida en 1987. Ella murió en 1990.

Efraím Valladares de Nicaragua, Onésimo Espinoza y Rafael Gómez de Costa Rica y Gregorio Campos de Panamá, con sus esposas, serían

248 *ECUADOR*

misioneros a largo plazo en Ecuador.

Onésimo Espinoza y su esposa Isabel fueron enviados a Ecuador por las Asambleas de Dios de Costa Rica. Tomaron parte en una campaña bajo carpa donde Jerry Brown y su esposa Vicki (1978-90) se esforzaban por iniciar una iglesia en Cotocollao. Este barrio de Quito tenía sólo una iglesia evangélica entre casi 150.000 residentes, mayormente de la clase profesional. A pesar de muchas pruebas, después de un año pastoreaban una nueva congregación de 300 personas. Para 1987 ya contaba con más de 800 y tenía reuniones de estudio bíblico y oración en 30 hogares para alcanzar a los vecinos para Cristo.

Los pastores-evangelistas Efraím Valladares y su esposa Míriam fueron enviados como misioneros de las Asambleas de Dios de Nicaragua para ayudar a fundar nuevas iglesias en Ecuador. Por dos años Jerry Brown, co-director del Impacto Quito, y los Valladares intentaban conseguir un buen lote para una campaña y luego un templo en El Camal. Este barrio quiteño tenía un número desproporcionado de alcohólicos, drogadictos, prostitutas y ladrones. Por fin se firmó un contrato por un terreno, pero, bajo presión de los enemigos del evangelio, el dueño rompió el contrato. En esto se hizo oración ferviente a Dios. ¡Y El proveyó un terreno en sitio mejor, al lado de la plaza de mercado donde pasaban unas 130.000 personas cada día!

Allí se celebró una campaña con Antonio Giordano y su esposa Rita, misioneros veteranos a Uruguay y a las Islas Canarias. Dios sanó a ciegos, sordomudos, herniados, y personas con cáncer, epilepsia y otros males. Con los convertidos se fundó una iglesia pastoreada por los Valladares.

Gregorio Campos pastoreaba la iglesia asambleísta más grande en Panamá cuando Dios lo llamó a una nueva dedicación, a dejar su congregación de 3.000 y su puesto en el ejecutivo para ir al Ecuador. En 1985 ayudó en el Impacto Quito y ministró por radio. El y su esposa Doris eran los primeros obreros que las Asambleas de Dios de Panamá enviaron al Ecuador.

En 1989 trabajaban en Ecuador 13 familias misioneras de Costa Rica, Panamá, El Salvador, Nicaragua y Cuba. La mayor parte de ellas eran sostenidas por las Asambleas de su patria. Otros matrimonios habían venido de Norteamérica: Jerry y Janice Smith (1984-), Timoteo y Déborah Anderson (1987-), Ricardo y Laurel Ellis (1988-93), Guillermo y Connie McDonald (1988-) y Bradley y Cherryl Morris (1981-93).

C. POR TODO MEDIO POSIBLE

1. Campañas y crecimiento

a. En la capital

Las campañas continuaban como medio de evangelismo. En 1977 las tres iglesias en Quito crecieron como resultado de 10 días de campaña en el estadio deportivo con Juan Romero, evangelista internacional. Un equipo de jóvenes norteamericanos (Embajadores en Misión) ayudaron de varias maneras. Fueron por las casas en grupos de tres: dos norteamericanos con un joven local. En dos semanas llegaron a 474 casas con anuncios de la campaña y la presentación del evangelio por audiocassette. Oraron con 123 personas que querían aceptar al Señor. Dieron conciertos musicales con testimonios y predicación en las plazas, parques, esquinas principales y aun en el jardín del Palacio Presidencial. Cada noche en la campaña unas 50 personas pasaron adelante para entregarse a Cristo. Como resultado, se formaron varios grupos para estudiar la Biblia en distintas partes de la ciudad.

Sin embargo, no todos los que hacían profesión de fe seguían al Señor. Problemas impidieron el progreso de otros. Después de casi 20 años, las Asambleas de Dios en Quito contaba con sólo tres iglesias y una feligresía de 261 personas en 1982.

Como esfuerzo internacional, las Asambleas de varios países enviaron evangelistas a Quito para cinco campañas en 1984. Jerry Brown era el coordinador del proyecto. Tenía por meta continuar con campañas para fundar en varias partes de la ciudad 10 iglesias madres que establecerían iglesias filiales. Vinieron equipos para construir templos y ayudar en las campañas.

Doyle Jones fue el evangelista en una campaña con Benjamín LaFon en el barrio de Carcelen donde querían fundar una iglesia. En los primeros cultos tenían una asistencia promedio de 35. LaFon decidió mostrar la película "La cruz y el puñal". Pasaron por las calles anunciándolo. Distribuyeron 10.000 anuncios con un cupón por un ejemplar gratis del libro "La cruz y el puñal" para los que asistían al culto. Tenían que esperar hasta finalizar el culto para recibir el libro. Desde entonces se aumentó la asistencia. Durante los dos meses siguientes 800 personas vinieron, oyeron el evangelio y reclamaron el libro.

Siguieron las campañas por más de cinco años. En 1989 había nueve iglesias madres con templos construidos, cada una con filiales y una asistencia total de 6.000 personas. El Instituto Bíblico contaba con nuevas instalaciones de cuatro pisos, y una iglesia funcionaba en su capilla. Había dos nuevos templos en Quito para iglesias existentes y dos

250 *ECUADOR*

nuevas iglesias afuera de Quito ya con su propio edificio.

En 1989 los Anderson iniciaron una iglesia bajo una carpa en el barrio El Inca de Quito. A los pocos años tenía una asistencia de 300 personas en un nuevo templo. Un pastor ecuatoriano la atendía y los Anderson se dedicaban a la obra en el Distrito Indígena.

Jaime Cabrera y su esposa María, pastores de la Iglesia Central en Quito, oraban por avivamiento, y en 1990 el avivamiento vino. Crecía la iglesia, y los Morris vinieron para colaborar con ellos. Se compró un teatro con asientos para 2.000 personas para templo y un edificio contiguo de cinco pisos. Allí funcionarían una escuela de K-7 grados con 300 alumnos, una farmacia, una clínica con cinco médicos y una cocina popular.

Fue de grande bendición espiritual la conferencia regional de "Pentecostés Actualizado" en 1990. Concurrieron 2.250 personas de Ecuador, Colombia y Venezuela. Había muchas sandidades y muchos fueron bautizados en el Espíritu Santo.

Omar Ollier vino en 1994 de Mar del Plata, Argentina, con 35 jóvenes de su iglesia para ayudar a repartir literatura por la ciudad. Celebraron una campaña bendecida en la Iglesia Central. Más de 3.000 personas llenaron el templo y la calle.

b. En otros pueblos

Semejantes campañas en otros pueblos fortificaron las iglesias. En noviembre de 1977 Jerry Brown y su esposa Vicki (1977-90) comenzaron una campaña en Ambato, ciudad de 100.000, donde René Hidalgo había iniciado la iglesia en 1966. La campaña continuó cada noche por un año. David Godwin predicó el primer mes. Luis Yépez ayudó. El y su esposa Doriza pastorearían la iglesia que al cabo de cinco años contaba con 480 miembros, 15 iglesias filiales y un instituto bíblico que tenía 40 alumnos.

En 1981 se celebraron 40 Cruzadas de Buenas Nuevas en el mes de agosto. Muchos de los evangelistas eran de otros países. En este esfuerzo se fundaron iglesias en dos provincias nuevas.

Al cabo de 20 años las Asambleas de Dios de Ecuador a fines del 1982 contaba con 87 ministros (23 ordenandos, 39 licenciados y 25 obreros), 66 iglesias (41 organizadas y 25 puntos de predicación) con 1.559 miembros bautizados, 1.142 otros oyentes y 565 bautizados en el Espíritu Santo.

En 1986 Jerry Smith, quien con su esposa Janice había trabajado en El Salvador antes de venir a Ecuador en 1984, fue elegido pastor del Centro Cristiano en Guayaquil. Bajo su dirección, la iglesia se duplicó varias veces. En menos de diez años se bautizaron más de mil nuevos creyentes.

IV. ¡SIEMPRE ADELANTE!, 1977-95 251

Entre 1988 y 1994 hubo un cambio casi completo del personal misionero norteamericano. De los que llegaron antes de 1988 quedaban los Wilkie, LaFon, Brown y Smith. Vinieron 16 otros matrimonios, 8 de los cuales trabajarían aquí en 1994.

Este aumento de obreros ayudaría a sembrar campos nuevos con el evangelio. En 1988 había aún 35 ciudades de 25.000 a 100.000 habitantes donde no había iglesia evangélica.

El 1989 era año de avance; se iniciaron 36 iglesias. La iglesia en Cuenca celebró su vigésimo aniversario, pero no crecía. La obra era difícil en toda la provincia. Juan Angel Castro y su familia, de El Salvador, sembraban la Palabra en las aldeas. Llegaron los misioneros Guillermo y Connie McDonald, y Dios mandó las lluvias de su Espíritu. Muchos se entregaron al Señor y la obra seguía con mucha vida.

En este mismo año, la provincia de Loja fue abierta para las Asambleas de Dios con la ayuda de los esposos Ricardo y Laurel Ellis, ambos hijos de misioneros. La iglesia se estableció bajo persecución pero siguió adelante con un pastor ecuatoriano.

En 1990 el pueblo de El Triunfo fue alcanzado con la ayuda de Henry Chávez y su esposa Evangelina. Christian Michilena siguió de pastor. En 1991 Doug Baldwin y su esposa Carol fundaron la obra en Machala y la dejaron a cargo de un pastor ecuatoriano.

2. Radio y televisión

Desde el inicio de las Asambleas de Dios en Ecuador la predicación por radio era medio importante de alcanzar a millares con el evangelio. Después, los programas televisados de Jim Bakker, Jimmy Swaggart y Pat Robertson abrieron muchos corazones al evangelio. En 1982 el programa asambleísta televisado para niños, "El lugar secreto", tenía buena acogida. Más tarde se dio tiempo gratuitamente a las Asambleas en Quito y en Guayaquil para un programa semanal de 15 minutos en televisión.

El programa diario de cinco minutos por el "Hermano Pablo" Finkenbinder era muy popular entre los televidentes en Cuenca. Después de un tiempo el Hermano Pablo vino para seis noches. Cada noche en el programa "El Hermano Pablo Contesta" él contestaba las preguntas que los televidentes le hacían por teléfono. Resultaron 3.000 profesiones de fe en esta ciudad donde había hasta entonces sólo 60 creyentes en la iglesia.

En 1986 Gregorio Campos dirigía el ministerio por radio de las Asambleas en la nación.

252 ECUADOR

3. La literatura

La literatura era parte vital del evangelismo y del desarrollo espiritual. Se vendían Biblias y porciones. Se abrió una librería en Quito. Y en 1980 la obra tenía su propia imprenta.

En los programas de radio y televisión se ofrecía obsequiar un curso por correspondencia a los que lo pidieran. De esta manera millares de personas estudiaron un curso evangelístico del IIC y fueron ayudadas a aceptar y seguir a Cristo.

En 1991 Editorial Vida proveyó el Libro de Vida (una armonía de los Evangelios) para distribución gratuita a los niños en las escuelas públicas.

4. Las escuelas

Ya hemos visto cómo Dios usaba escuelas dominicales de barrio para evangelizar e iniciar iglesias filiales.

Con la maduración de la obra, los pastores empezaron a fijarse más en las necesidades sociales alrededor de sus iglesias. Cuando Segundo Jesús Mejía Orellana comenzó a predicar en Guale en 1973, veía pocos resultados de su ministerio. Sentía en el alma la necesidad de los niños. La escuela pública no tenía las facilidades para atenderlos como era debido. Después de graduarse del instituto bíblico en Guayaquil, consiguió la autorización para tener una escuela primaria. La inició bajo una enramada. Llegó a tener de 80 a 150 alumnos en esta área rural. A través de los años esta escuela ha sido de gran beneficio a la comunidad y muchas familias de los alumnos han respondido al evangelio.

En 1981 un equipo norteamericano ayudó a construir al lado de templos o capillas edificios para escuelas cristianas. Como parte del Programa Integral de Educación de las Asambleas de Dios (PIEDAD), los niños pobres recibían gratis su uniforme, libros, almuerzo y cuidado médico y dental. La primera de estas escuelas se abrió en 1982 con 136 alumnos felices.

En 1982 el pastor Rodrigo Valencia comenzó una escuela con 136 alumnos en el Guasmo, un área marginada de Guayaquil.

En 1987 el Centro Cristiano de Guayaquil, con el pastor Jerry Smith y el director José Jiménez, abrió el Liceo Cristiano y sus filiales. En el primer año se enseñaba a más de 800 alumnos.

Para acomodar a tantos, se enseñaban a más de 500 por la mañana y a 300 por la tarde. Otras iglesias abrieron escuelas en sus barrios. Para 1992 había 2.800 alumnos en las escuelas de las Asambleas en Guayaquil.

Cuatro escuelas en otros lugares tenían un total de 5.000 alumnos. Jerry Smith y su esposa coordinaban el programa.

Alumnos celebran la dedicación del Centro Cristiano y de su escuela en Guayaquil.

5. Células de creyentes

¿Cómo evangelizar a cada barrio de una ciudad creciente? ¿Y cómo proveer el cuidado personal para el desarrollo espiritual de los nuevos convertidos? El formar células vecindarias en casa de los miembros daba una solución parcial del problema en Guayaquil. En vez de venir al templo todas las noches, se reunían una vez entre semana los creyentes vecinos e invitaban a otros vecinos a su casa para un estudio bíblico, oración y confraternidad.

A fines del año 1994 funcionaban 270 tales grupos del Centro Evangelístico en Guayaquil. En enero del 1995, asistieron 353 personas a un congreso coordinado por Jerry Smith y su esposa para preparar líderes para nuevas células. Se formaron 27 grupos nuevos en ese mes y había planes para 60 adicionales en febrero.

D. A TODA CRIATURA

1. A todo rango social

Por lo general, como en el tiempo de Jesús, los pobres recibían la Palabra con más rapidez que los ricos. Pero por el uso de varios medios se procuraba alcanzar a los de todo rango social.

En 1982 el doctor Franklin Palacios, profesor en la Universidad de Guayaquil, y su esposa Axa habían tomado parte por casi 20 años en el evangelismo entre los estudiantes. Ayudaron a los Wilkie a fundar una iglesia en el barrio Urdessa de Guayaquil para alcanzar a sus residentes de alto rango social. Dios obró en muchos por los programas televisados

254 ECUADOR

y los cursos evangelísticos del IIC. Dentro de un año la iglesia tenía una asistencia de 150.

Franklin Palacios era abogado y juez en la corte superior y su esposa era doctora de farmacología. De noche ambos enseñaban en el instituto bíblico. Ella también era directora nacional del Departamento de Escuela Dominical. Dirigía a sus estudiantes de Educación Cristiana en obra práctica en el evangelismo infantil.

Bradley Morris y su esposa Cherryl iniciaron dos iglesias más en la clase media y alta en otras áreas de Guayaquil.

Por 22 años el doctor Luis Flores, profesor en la Universidad en Quito había intentado destruir la fe en Dios de sus alumnos y colegas. Había promovido la revolución y actos subversivos. Después de su conversión en 1983, se lanzó a ganar a otros a la fe que antes combatía, y siguió un camino mejor que la revolución para el bienestar de su pueblo. Testificaba a sus alumnos y colegas y ganó a varios para Cristo. El y su esposa, Gloria, ayudaban a los Stewart en sus esfuerzos para llevar el evangelio a la clase profesional. Respondió al llamado de Dios para renunciar su puesto prestigioso en la Universidad para dedicarse al ministerio. Llegó a ser el pastor de El Centro Cristiano Vida Abundante en Quito que tenía una asistencia de 500 a 600.

2. A los militares

El General Bolívar Jarrín Cagueñas había servido de Ministro de Gobierno antes de su conversión. Después de entregarse al Señor se hizo miembro de El Centro Cristiano Vida Abundante en Quito, ayudó a fundar la Sociedad de Militares Cristianos de Ecuador y servía de su presidente. El propósito del grupo era testificar de Cristo a los que servían en las fuerzas armadas.

3. A los reclusos

Un aspecto de la obra era el ministerio a los encarcelados. En 1970 pastores y miembros de su congregación celebraban dos cultos semanales en la penitenciaría en Guayaquil con una asistencia de unos 100 hombres. Usaban también los cursos por correspondencia para el evangelismo y la enseñanza de los que se convertían.

Para 1983 ya había una buena obra en la Prisión Provincial de Guayaquil. Criminales convertidos testificaban a otros de la nueva vida que habían encontrado en Cristo. Más tarde Dios usaba a Timoteo Anderson como capellán de prisiones en Quito.

IV. ¡SIEMPRE ADELANTE!, 1977-95   255

4. A los enfermos

La oración por los enfermos era una parte del evangelismo, y se ministraba a los enfermos de otras maneras. Se daban seis cultos a la semana en el Sanatorio para Tuberculosis en Guayaquil.

Con el crecimiento rápido de las ciudades, se acentuaban la pobreza, la desnutrición y el sufrimiento en los barrios bajos. En 1984 las Asambleas de Dios de los Estados Unidos inauguró su programa misionero de Ministerio Cuidado de la Salud. Equipos de personal médico y sus ayudantes (muchos de ellos voluntarios que brindaban sus servicios por unas semanas) iban a varios países. Se unían allí con otros profesionales, ministros y ayudantes para una clínica que brindaba tratamiento médico y dental gratis a los que venían. Oraban por cada uno y les hablaban del Señor. Entre centenares que aceptaron a Cristo en una clínica en Quito en 1986 estaban un médico y un dentista locales que estaban ayudando.

En 1988, 73 hombres del Evangel Temple en Columbus, Georgia, ayudaron en el Impacto Quito en Chillogallo. Mientras 53 trabajaban en la construcción de un templo, los otros llevaron a cabo una clínica médica y dental. Tenían cultos por la noche.

Llegó a la carpa donde trabajaban una madre con su hijo de 11 años en los brazos. Había nacido con las piernas torcidas y paralizadas. Nunca había caminado. Al examinarlo, el pediatra vio que no podía ayudarlo. Pero llamó a todo el equipo y sus intérpretes para orar por él. Al hacerlo, las piernas paralizadas empezaron a moverse y a enderezarse. La madre lo bajó al suelo, y con el médico llevándolo por la mano, el niño empezó a caminar. ¡Luego andaba solo! ¡Qué regocijo! Muchos fueron atraídos a los cultos bajo la carpa y 200 personas hallaron al Salvador.

De 1986 a 1993 el Ministerio Cuidado de Salud celebró siete clínicas en Ecuador, trató a 11.546 pacientes, 3.690 aceptaron a Cristo, y se fundó una nueva iglesia en San Juan.

5. A grupos según la edad

Además de tener Escuela Dominical y los departamentos para cada edad en el templo, se alcanzaba a otros niños, jóvenes y adultos por escuelas filiales, campamentos, Escuelas Bíblicas de Verano y cultos especiales. Luis Alfredo Pazmiño, pastor de la Casa de Oración en Quito, se esforzaba en evangelizar a los niños. En 1991 un equipo de 20 maestros de su iglesia, dirigido por Verónica Domínguez, enseñó a 170 niños en una EBDV. En la iglesia filial en el barrio de Velasco, 80 niños asistieron a la EBDV.

256 *ECUADOR*

6. A grupos étnicos

El joven coreano Kyong Kwan recibió el llamado de Dios al Ecuador mientras asistía al instituto bíblico en Paraguay. Más tarde inició una iglesia coreana en Guayaquil con el respaldo de la iglesia pastoreada por Paul Yonggi Cho en Seúl, Corea.

En cuanto a grupos étnicos nativos, muchos miembros de varias tribus trabajaban en las ciudades. Algunos de los que se convertían volvían a las comunidades de donde habían venido para compartir las buenas nuevas con sus familiares. En 1981, diez miembros de la tribu Cayapas se convirtieron.

El IIC ayudó en el esfuerzo misionero. Unos nuevos creyentes de la tribu Shuar se matricularon en cursos del IIC para prepararse en la obra y para evangelizar a su tribu en la selva.

En 1989 Timoteo Anderson fue a su pueblo, Kasutka, donde había 10 creyentes. El y su esposa Débora empezaron a trabajar entre los shuares a base sistemática en 1990. Timoteo iba cada mes a Kasutka para tener cultos y enseñar a los creyentes, y con ellos iba a las aldeas vecinas. Hasta 1995, diez personas habían completado los primeros 18 cursos del IIC en la serie para la vida cristiana, casi todos en Kasutka se habían entregado al Señor, el evangelio se predicaba en 12 otras aldeas y centenares de personas se habían convertido.

Los quichuas constituían el 40% de la población de Ecuador. Por muchos años la Unión Misionera trabajó entre ellos. En 1964 la Sociedad Wyclif de Traductores de la Biblia (también llamado el Instituto Lingüístico de Verano) tenía la Biblia en quichua.

Ya hemos visto cómo el Centro Cristiano Vida Abundante en Quito envió a Angel Chango a Riobamba, capital de Chimborazo, en 1989. Los esposos Martin colaboraban con él. El testimonio pentecostal había entrado a esta región por medio de quichuas en las ciudades que habían asistido a las campañas de sanidad divina. La Unión Misionera trajo el evangelio a esta provincia en 1902, pero su obra había sufrido oposición implacable.

Angel Chango también enfrentó persecución, pero fue fiel a su llamado, visitando varios pueblos. Cooperaron 23 iglesias para una campaña en Punin, donde había un solo creyente. Todo permiso dado para el esfuerzo fue retrocedido bajo presión. Por fin, el creyente cortó su maíz antes de la cosecha para limpiar un sitio para la campaña. Hubo cuatro noches de campaña con una asistencia de más de 2.000 personas, pero sólo cinco personas de Punin se entregaron al Señor. La persecución para ellas fue tan intensa que el gobernador por fin tomó carta en la situación.

IV. ¡SIEMPRE ADELANTE!, 1977-95   257

En la comunidad de Chimborazo, fue todo lo opuesto. Todos eran salvos menos cinco personas. El cura católico por fin entregó las escrituras del templo con capacidad de 800 a la comunidad, y la comunidad dio el templo a las Asambleas de Dios.

En 1994 había 19 iglesias quichuas asambleístas, y varios quichuas estudiaban para el ministerio. Los vientos del Espíritu soplaban sobre el pueblo y se esperaban grandes cosas del Señor.

E. RETROSPECCION Y PERSPECTIVA

Durante los 33 años entre 1962 y 1995 el esfuerzo evangelístico de las Asambleas de Dios en Ecuador era admirable. Sin embargo, en 1994 unos 300 pueblos con una población total de 2.000.000 no tenían aún una iglesia evangélica. Pero las Asambleas demostraba una visión clara de la necesidad y de su responsabilidad. La preparación de obreros era cada día mejor. Los pastores daban instrucción para lograr familias fuertes en el Señor, y se esperaba tener pronto muchos obreros en la cosecha.

Misioneros de muchos países contribuyeron a la fundación y crecimiento de las Asambleas de Dios de Ecuador. Y en 1995 jóvenes ecuatorianos con visión misionera se preparaban para salir a dondequiera el Señor los enviara en su obra.

EN RESUMEN

Al visitar los países de Latinoamérica y el Caribe hacia fines del siglo veinte uno se maravillaba de las iglesias robustas de las Asambleas de Dios. En Brasil se quedaba asombrado al ver los templos enormes con millares en la congregación. Era casi increíble el crecimiento de la iglesia como resultado de la labor infatigable de obreros fieles y la bendición de Dios a través de casi un siglo.

En Venezuela y Colombia uno se regocijaba del poder de la vida inherente en la Palabra sembrada. Había penetrado, brotado y producido fruto para vida eterna en lugares donde se oponía por años a la siembra.

En la República Dominicana y en el Ecuador se miraba con admiración los esfuerzos para preparar a los niños de hoy para ser los sembradores y cultivadores de mañana.

En cada país se podía apreciar la confraternidad y cooperacíon nacional e internacional para recoger la cosecha que Dios daba de su Palabra.

¿Y qué diremos de Cuba? Lo que puede aplicarse a todos los campos donde Dios tiene sus obreros en esta parte del mundo.

Puede ser que algunos no vean aún el fruto de la Palabra que han sembrado. Otros, como Rolando Hechavarría en Cuba, ven que su trabajo no ha sido en vano. El había enseñado a los niños en una escuelita dominical. Después vino el adoctrinamiento ateo de todos los niños y jóvenes, y sólo podía orar por ellos. Pasaron los años. Un día en la Habana pasaba por unos soldados cuando varios empezaron a gritar: "¡Maestro, maestro!" Se detuvo, y le dijeron: "¡No hemos olvidado lo que usted nos enseñó!"

La Palabra sigue llevando su fruto, Cristo sigue edificando su iglesia y ¿quién lo puede detener?

BIBLIOGRAFIA

Assemblies of God Heritage, revista trimestral, Gospel Publishing House (GPH), Springfield, MO, EUA

Avance, revista trimestral. Ministerio de Recursos y Desarrollo para América Latina y el Caribe, P.O. Box 4789, Springfield, MO

Balius, Samuel, Lyle Thomson, Floyd Woodworth redactores. *Conozca: Voz del Servicio de Educación Cristiana en América Latina*, revista (desde 1992 sección de *Avance*), 1971-1995.

Barrett, David B., redactor. *World Christian Encyclopedia*, Oxford University Press, New York, 1982

Blumhofer, Edith Waldvogel. *The Assemblies of God: A Popular History*. GPH, 1985

Brenda, Albert W. *I Heard From Heaven: A Biography of J.P. Kolenda*. 2125 Mira Flores Drive, Turlock, California 95380.

Burgess, McGee y Alexander. *Dictionary of Pentecostal and Charismatic Movements*. Zondervan, Grand Rapids, MI, 1988

Burke, Bob. *Push Back the Darkness: The Story of Don Stamps and the Full Life Study Bible*. Lumina Press, Springfield, MO, 1995

Cantanhede, Ruth, María Lúcia Fonseca, Nilson Rocha y otros. *História da Assembléia de Deus en Belém do Pará*, 1978.

Comissão de Publicação do Anuario, *Ebenézer, 1967*. Instituto Bíblico Betel, São Caetano do Sul, Brasil

De Almeida, Abraão, redactor, *História das Assembléias de Deus no Brasil*. Caixa Postal 31, 20001, Río de Janeiro, RJ, Brasil: Casa Publicadora das Assembléias de Deus (CPAD), 1982.

De Araujo, Isael. *Pequena História da Educação Teológica nas Assembléias de Deus no Brasil*, papel inédito, 1988

Deiros, Pablo. *Historia del cristianismo: América Latina*. Casa Bautista de Publicaciones (CBP), El Paso, TX, 1981

Division of Foreign Missions. Serie de boletines: *Brasil, Colombia, Cuba, Dominican Republic, Ecuador, Venezuela*. 1445 Boonville, Springfield, MO 65802, 1956-1963

Division of Foreign Missions. *Mountain Movers*, revista mensual.

Domínguez, Roberto. *Pioneros de Pentecostés (Tomos I y III)*. P.O. Box 8337, Ft. Lauderdale, FL 33310: CLIE, 1989

Elliot, Elisabeth. *Portales de Esplendor*. Editorial Portavoz,1959

Feliciano Amparo, Jimiro. *El Cincuentenario del Concilio Asambleas de Dios en la República Dominicana*. Editora Educativa Dominicana, 1995

260 BIBLIOGRAFIA

Frodsham, Stanley. *With Signs Following*, GPH, 1946

Hodges, Serena M. *Look on the Fields*, GPH, 1956

Hoover, María y Reginaldo. *Brazil: 25 Years with the Hoovers*, publicado por los autores, 1983.

Hurlbut y Narro. *Historia de la Iglesia Cristiana*. Editorial Vida, Deerfield, Florida, Impresión 1986

ICI Datelines, revista trimestral. ICI University, 6300 N. Beltline Road, Irving, TX 75063

Johnstone, Patrick. *Operación mundo*. Centro de Literatura Cristiana, Apartado 2974, Santafé de Bogotá, Colombia, 1988

Kane, J. Herbert. *A Concise History of Christian World Mission*. Grand Rapids, Michigan: Baker Book House. 1985

Macalão, Zélia Brito. *Traços da vida de Paulo Leivas Macalão*. CPAD, 1986

McGee, Gary B. *This Gospel Shall Be Preached*. GPH, 1986

Neil, Stephen. *A History of Christian Missions*. Viking Penguin Inc., 40 West 23rd Street, New York, N.Y., 1987

Ordoñez, Francisco. *Historia del cristianismo evangélico en Colombia*. La Alianza Cristiana y Misionera Tipografía Unión, Medellín, Colombia, 1956.

Read, Monterroso y Johnson. *Crecimiento de la Iglesia en Latinoamérica*, CBP

Roberts, W. Dayton. *El hermano Pablo: Su vida y su mensaje*, Vida, 1995

Stewart, Carlos. *Violence and Revolution in Colombia*, papel inédito, 1982

The Christian Evangel, Agosto 22, 1914

The Pentecostal Evangel, revista semanal, 1923-95. GPH

The Weekly Evangel, 1916-17

Tucker, Ruth A. *Hasta lo último de la tierra*. Vida: 1988

Vingren, Ivar, *O Diario do Pionero Gunnar Vingren*, CPAD, 1983

Vingren, Ivar. *Despertamento Apostólico no Brasil*. CPAD, 1987

Wagner, Peter C. *Avance del pentecostalismo en Latinoamérica*, Vida, 1987

Walker, Luisa Jeter de. *El Instituto*, boletín 1961-1967

Wegner, Adah. *Think! What About South America?* Chicago: Word and Witness Publishing Co. 1941

Wegner, Adah and Edward. *Triumphs of Faith: Extracts from Letters of Edward and Adah Wegner*. 1938.

INDICE DE PERSONAS

BRASIL

Aenis, Paul 36-37
Albuquerque, Celina de 29
Albuquerque, Henrique 29
Anderson, Augusta 36
Anderson, Judite de 51,55,57
Anderson, Norman 51,55-57,69
Andersson, Ester 39
Aparecida, María 54
Aristóteles, Plácido 33
Augusto 48
Barros Ferreira, Tulio 52,68
Berg, Daniel 26,28-33,37,49-50
Berg, Sara de 37
Bergstrom, Alicia Davidson de 39,41,43, 45,53
Bergstrom, Gustavo 39,43,45,51,53
Bernardino, André 43
Boyer, Ethel de 40,43-47
Boyer, Orlando 40,43-47,52,62-63
Braithwaite, Bruce 57-58,61
Braithwaite, Karen de 57-58,61
Brito, Sylvio 41
Bueno Aza, Clímaco 33
Bueno Aza, Julia de 33
Cabral, Oscar 57-58
Calvino, Juan 27
Camara, Samuel 59,61,64
Camara, Rebecca de 59
Cantelli, José María 59
Carlson, Joel 33,36,39-40,44
Carlson, Signe de 33,36,39,44,65
Chartier, Guillaume 27
Chaves Cohen, Armando 63
Coehlo, Francisco 46
Combs, Roberto 58
Conde, Emilio 46,62-63
Corréa, João Alves 52
Da Anunciação Gouveia, Firmino 68
Da Costa, Jonás 56-57
Da Costa, José Plácido 31,48
Da Silva, Alipio 52
Da Silva, José Amaro 52
Da Silva, Sostenes 61
Davis, Jorge 52
De Almeida, Abraão 62
De Campos, Josué 56,58
De Carvalho, Eliel 56
De Lery, Juan 27
De Lima, Cícero Canuto 52
De Lima, Josino Galvão 33
De Macedo, Joaquim Batista 33
De Matos, José 31-32,48
De Melo, Crispiano 31,33
De Oliveira Rodrigues, Abrão 69
De Oliveira, João 43,53,55
De Oliveira, Raimundo N. 56,58
De Souza Brito, Eduardo 37
Do Vallee, Jorge 58
De Villegagnon, Durand 27
Dos Santos, Claudio Rogerio 59
Dos Santos, Elza 56
Dos Santos, Paulo 69
Dos Santos, Petronilo 52
Dos Santos, Rachel de 59
Egami, Hatao 68
Englund, Nina 35-36
Erickson, Clifton 51
Farias, João 54
Feitosa de Alencar, José 68
Feitosa de Alencar, Nelsonita de 68
Ferreira, Manoel 52,56
Flessing, Lillian 41
Fontes, Luiz 69
Fontes, Luiz Carlos 69
Fontes, Sylvia de 69
Francesconi, Luis 28
Freffurt, William 43
Fullerton, Ruth de 40
Fullerton, Vernon 40
Garvin, W.F. 47
Gaspar, Francisco 35
Gibbs, Carlos 56,58
Gibbs, Tereza de 56
Gilberto, Antonio 43,52,54,58
Gonzaga, Francisco 39,52
Hargrave, Andrés 46
Hargrave, Doris de 46
Harrison, Charine de 56
Harrison, David 55-57
Hedlund, Samuel 35-36,38
Hedlund, Tora de 36
Hodges, Melvin 45
Hogan, Philip 65-66
Hoover, Meire de 56,58
Hoover, Ricardo 54,56,58-59
Hoover, Sharon de 54,56,58
Hoover, T. Reginaldo 54-59

262 INDICE DE PERSONAS

Hultgren, Carlos 47,55,59-60
Hultgren, Geraldina de 47,55
Isidoro, Filho 31
Jansson, Viktor 36
Johansson, Elisabet 36
Johnson, Antonette de 45,47
Johnson, Bernhard 45,47
Johnson, Bernhard hijo 26,45,47,56,
    58-60,62,64,67,69
Johnson, Doris Puckett de 45
Johnson, Elizabeth 59
Johnson, Lily 36,65
Johnson, Terrance 59
Kalley, Roberto 27
Kastberg, Nils 36
Kolenda, João Pedro 41-44,46,53,55
Kolenda, Ludwig 41
Kolenda, Margarita Westmark de 42-44
Lampeão 44-45
Lemos, Alberto 46
Lemos, Dorris de 45,53
Lemos, Helba de 59
Lemos, Isaac 46
Lemos, João Kolenda 45-46,53,59
Lemos, Marcos 59
Lemos, Marta Kolenda de 42-43,46
Lemos, Rodrigo 42
Lourdes, María 65
Lundgren, Simão 36
Macalão, Paulo 35,37-38,51-52,63
Macalão, Zelia de 38,63
Malafaia, Gilberto 54
Malmin, Eduardo 51
Malmin, Julia de 51
Marques, Otavio 69
Marques, Sueli de 69
Menezes, Heráclito 37
Menezes, José 52
Miller, Erma 39-41
Moraes Barreto, Octavio 66
Moraes, José 35
Moreira hijo, Galdino 67
Moura, Kleiber 63
Nascimento, João 37
Nascimento, Jordelino 56
Nazaré, María de 29,31
Nelli, Andrew 66
Nelson, Adina de 31-32,36,40
Nelson, Nels 33,35,37,39,43,49-50,52
Nelson, Otto 31-32,36,38-40,52
Nobre, Adriano 29,31-33,37
Nordlund, Elisabet de 38
Nordlund, Gustavo 38,42-43,52

Nordlund, Herberto 38
Nunes Gómez, Geziel 63
Nyström, Lina de 32,37,40
Nyström, Samuel 32-33,35,37-40,42,49,52
Olimpio, Marlene 49
Olson, Alicia Olson de 41,44-45,47,54
Olson, Bertha de 45,47,56
Olson, Carolina 46-47,59
Olson, Ingre 41
Olson, Julius 45,47,52,55-56
Olson, Larry 47
Olson, Lorenzo 41-47,53-55,63
Pereira de Andrade e Silva, João 43,63
Pereira do Nascimento, Francisco 52
Pereira Reis, Aníbal 64
Perkin, Noel 40,42
Pethrus, Lewi 39
Petterson, Carolina Olson de 46
Petterson, Erik Aldor 39,46
Petterson, Herberto 39,46
Petterson, Leonardo 40
Piano, Abasalão 31
Pimentel de Carvalho, José 50,52
Pitts, Fountain E. 27
Porta, Pablo 58
Porta, Ruth de 58
Pugh, Neva de 54
Pugh, Pablo 54
Renick, Glen 36
Richer, Pierre 27
Rodrigues da Silva, Sebastião 52
Rodrigues, Lidia 37
Rodrigues, Philemón 69
Romero, Juan 52
Royer, Gloria Jeanne de 56,58
Royer, Lutero 56,58
Schalch, Julius 41
Sequeira, Ormidio 43
Skolimowski, Bruno 33,35,49,52
Skolimowski, María de 35
Smith, Ramona de 40,44,47,51
Smith, Virgilio 40,42,44-45,47,49,51
Sobrinho, Almeida 33
Sörheim, John 41
Souza, Clara de 65
Souza, Juan 65
Souza, Pedro 69
Souza, Raquel de 69
Spaulding, Justin 27
Stalter, Frank 40
Stalter, Luisa de 40
Stamps, Don 63
Stamps, Linda de 63

INDICE DE PERSONAS 263

Stohr, Teodoro 40,43
Stohr, Tima de 40
Strahl, Elsie 45,53,55
Strangford, Lord 27
Sumrall, Lester 51
Svenson, Algot 38
Svenson, Rosa de 38
Teixeira Martins, Belarmino 48
Teixeira Rego, José 52
Trajano, Pedro 31,33,35
Trigueiro, João 33,35
Vasconcelos, Alcebíades P. 50,62,68
Vingren, Frida Strandberg de 32
Vingren, Gunnar 26,28-33,35,37-39,41,49
Vingren, Ivar 49
Walker, Alva 55
Walker, Claudia de 58
Walker, Luisa de 55
Walker, Randall 58
Wellington Bezerra da Costa, José 50,
    52,65-66
Wilkerson, David 67
Xavier, Arturo 66

CAMPOS SEMBRADOS

Balius, Samuel 19-20
Ball, Henry C. 15,17
Ball, Sunshine de 17
Bejarano, Ramón 13,16
Berg, Daniel 11
Blattner, Elsa Feary de 18
Blount, Evelina de 22
Blount, Rolando 22
Brooke, Bill 18
Brooke, Hope de 18
Bueno, Juan 15-16,21
Bueno, Lois de 21
Calkins, Haroldo 18
Combs, Beverly de 23
Combs, Roberto 23
Davis, Jorge 18
Epler, Pablo 14
Finkenbinder, Linda de 22
Finkenbinder, Pablo 22
Flattery, George 20
Flores, Gabriela 12
Flores, Luis 12
Flower, Adela 18
Fuentes, Guillermo 16
Grams, David 16,19
Herrera, Ramón 16
Hodges, Melvin 15-16,18-19
Hogan, Philip 16

Hoskins, Bob 17
Hunt, Eugenio 20
Hutsell, Pablo 16
Malz, Carl 20
Martínez, Freddy 14
McClure, Jerry 20
McNeil, Larry 20
Niles, Anita de 18
Pérez, Jerónimo 22
Redman, Dolores 18
Register, José 22
Register, Margarita de 22
Rivera, Denis 20
Romero, Juan 18
Triplett, Lorenzo 15
Van Dolsen, C.W. 20
Vingren, Gunnar 11-12
Vingren, Ivar 12
Walker, Alva 18-19
Walker, Luisa Jeter de 18-20
Ward, Everett 20
Warner, Verne 18-19
Williams, Rafael 18
Woodworth, Floyd 18-19

COLOMBIA

Albarracín 119
Albarracín, Guma 119-120
Albarracín, Hilda 119
Alfonzo R., Luis 124
Alvarez, Carlos 138
Alvarez, Domingo 130
Allan, Alejandro 111
Amaya, Vicente 119
Angulo, Buenaventura 111
Argue, Watson 122-123
Arroyave, Héctor 133
Arrubla, Roberto 120
Avendaño, Avelino 124,131-133,135,138
Avendaño, Gineth de 132
Avila, Yiye 138
Balius, Samuel 137
Ball, H.C. 114
Barón, Efraín 146
Bartel, Enrique 117-121,123,132
Bartel, Esteban 118,137
Bartel, Linda 118
Bartel, Judy (vea de Graner) 118-119,136
Bartel, Marta de 117-119,121
Barreto, Pedro 126
Bedoya, Carmen de 145
Bedoya, Jorge 145
Benavides, Miguel 136

264 INDICE DE PERSONAS

Bernal, Luis 137
Blattner, Adolfo 114
Blattner, Elsa Feary de 114
Bolívar, Simón 128
Bossa, Ernesto 131
Brannan, Betty de 129
Brannan, Pablo 122,129-130
Brauchler, David 126,129,131
Brauchler, María de 129,131
Brown, Duane 136,142-143
Brown, Ethel de 136,142
Bueno, Juan 146
Buitrago, Víctor Manuel 133
Burns, Doris de 139-140
Burns, Franklin 139-140
Bustos, William 141
Byrd, Rafael 130-131
Cadena, Estela de 118
Cadena, Jorge 118
Caicedo, Emilia de 118
Caicedo, Flor Alba 118
Campbell, Ana María de 120-122
Campbell, Norman 120-122,124
Cannon, Arturo 142
Cannon, Shirley de 142
Cañas, Eduardo 132,141-142,145
Cañas, Fulvia de 145
Castro, Isabel de 117-118
Chaux, Gregorio 144
Coffey, Howard 112,115
Coffey, Ruth Feuerstein de 112,115
Colón, Alfredo 116
Colorado, Esteban 138
Cossey, Leroy 112
Cruz, Rafael 127
Cunningham, Helena de 121
Cunningham, Pablo 120-121,126
Das Chagas, Decervelo 133
Daza, Bonifacio 124
Daza, Isidoro 139
Devine, Everett 129-130,135,138,142
Devine, Jean de 129,138,142
Devine, Marcos 129,137-138,142
Devine, Margarita de 129,133,135,138,142
Dos Santos, José Satirio 133,136,139,142
Durán, Leonora de 122
Epler, Fe de 115
Epler, Pablo 115-116
Espinoza, Leonidas 140
Fields, Raimundo 138,140
Finkenbinder, Hermano Pablo 129,141
Forero, Leonor de 121-122
García, Carlos 136,139

Garzón, Isaac 118
Garzón, Isidro 137
Garzón, Noemí 118
Gómez, Juliana de 139
Gómez, Rafael 139
González, Félix 133,140
Graham, Billy 123
Grams, David 137
Graner, Esteban 139,141-142
Graner, Judy Bartel de 108,136-137, 139-142
Hall, Trella 114-115,119-120
Herman, Harold 122
Herrera, Manuel 140
Hines, Mike (Miguel) 143
Hodges, Melvin 120-121
Hurston, Juan 130-131
Ibáñez, Gregorio 125
Izquierdo, Idier 138
Jeffery, Ricardo 123
Jiménez, Carlos 137,143
Jiménez, Eugenio 122-123,125
Jiménez, Raimundo 123,125,131
Juan XXIII 123
Kramar, Glen 129,132,138,145
Kramar, Marilyn de 129,132,138,145
Krist, Eleanor de 129
Krist, Roberto 129-131
Lawrence, Miguel 144
Lee, David 136,138
Lindao, Cecilia 134
Lindvall, Arturo 127-128,136,141
Lindvall, Juanita de 141
Lowe, Rolando 120,139
Luna Palacios, Carlos 142
Madsen, Minnie 112,115
Mahecha, Eduardo 133,138
Malaver, Diego 128
Mancera, Antonio 133
Matteson, Beulah 112
Maurd, Esther 114
Medina, Marcos 131
Méndez, Feliciana de 133
Méndez, Héctor 132-133,137,139
Molina, Luis Felipe 127
Montessi, Alberto 143
Moreno, José M. 112
Moreno, Octavio 112,115,119-123,126,145
Moreno, Ricardo 113
Muñoz, Lucas 137
Murphy, Jaime 139,142
Murphy, Jenny de 139,142
Niles, Anita de 144

INDICE DE PERSONAS 265

Nowowiejski, Lanier de 115-116,119
Nowowiejski, Warren Odell 115-116,119
Oliveira, Moisés 138
Ortiz, Raúl 134
Palau, Luis 128,144
Panche, Cecilia de 140
Panche, Hernando 140
Parada, Julio 126
Pearson, Gladys 123
Perea, Raúl 119
Pereira, Reginaldo 138
Pérez, Jerónimo 128,132,142-143,145
Pérez, Virginia de 142
Placeres, Bertha de 120,142
Placeres, Pedro 120,133,142
Pratt, Henry B. 110
Quintero, Alfonso 139
Quintero, Gonzalo 130-132,145
Quintero, Lilia de 130,145
Quiroga, Gustavo 122-123,126,132-133,145
Ramírez, Nancy 146
Ramírez, Pedro 126
Ramos, Agustín 140
Raschke, Jorge 138
Redman, Dolores 112
Register, José 141
Register, Margarita de 141
Rexroat, Stephen 137
Rico, José María 123
Rincón, Saúl 122
Ríos, Eduardo 123
Rivero, Eulogio 120,138
Rodríguez, Luciano 120,128,135
Roush, Aldana de 136,138,142
Roush, Miguel 133,136,138,142
Ruibal, Julio César 140
Ruiz, Adelmo 133
Ruiz, Edelmira de 133
Ruiz, Jorge 134
Samaniego, Luis 122,124
Sánchez Buitrago, Eduardo 136
Segura, Maritza 141-142
Segura, Sara 141-142
Serna, Alvaro 134
Serna, Germán 134,136
Serna, Marta de 134
Sinisterra, Efraín 130,133
Smith, Alicia de 117
Smith, Oscar P. 112-114,117
Spurgeon, Charles 111
Staats, Ted 143
Stewart, Carlos 120,141
Stewart, Linda de 120,141

Stewart, Paulina de 120-121,124,130-131
Stewart, Verlin 120-121,124,127,130-132
Stone, Elías 129
Stuckless, Donald 136,141
Suggs, Barbara de 136
Talley, Ramón 135,138,142-143
Talley, Wanda de 135,138,142
Tamayo, Julio 127
Tapia, Carlota Ayllón de 120
Tapia, Juan 120-121,126
Téllez, Griceldo 130
Thomson, Lyle 137
Thompson, Diego 110
Tolosa, Leticia 119,121
Tovar, Oscar 130
Unda, Pedro 138
Vangioni, Fernando 129
Vega, Benito 112
Vélez, Pedro Pablo 133,136
Villalba, Saúl 131,133,137
Warner, Verne 137
Washburn, Ira 114
Wegner, Adah Winger de 109,111-114
Wegner, Eduardo 109,111-114
Wilkins, Myrna 136,142
Williams, David 129,131-132,135,138,145
Williams, Joya de 129
Williams, Marilyn de 129,132,138
Williams, Rafael 129
Womack, Bárbara de 121-122
Womack, David 121-122,124-125,127
Woodworth, Floyd 120,122,132,135,137
Woodworth, Mildred (Millie) de 120, 122,135
Young, Charles 130

CUBA

Abreu, René 169-170
Acosta, Efraín 185-186
Aguilera, Israel 182
Allen, Bill 160
Allen, Mildred de 160
Alvarez, Ezequiel 159,168,176
Alvarez, Haydée de 159,165
Alvarez, José R. 185
Amor, Bernardo 154,178,180,185
Anderson, Carlos 160,180
Anderson, Ed 169-170,175
Anderson, Esteban 160
Anderson, Mabila de 169-170,174-175
Ashmore, Lula (vea Baird) 161-162
Ausherman, Amy 151-155
Ausherman, Margarita 152

266 INDICE DE PERSONAS

Baird, Lula Ashmore de 162
Baird, Vallance 162
Ball, H.C. 150-151
Ball, Sunshine de 150
Bardanca, Josefa 189
Basulto, Balbino 185
Basulto, Lucía 183
Belknap, Karlín 170,178-179
Beltrán, Manuel 152,159
Brito, José 182
"Brujo" 170
Bueno, Catalina de 151
Bueno, Teodoro 151
Caballero, Eolayo (Olallo) 152-153,160,
    180,185-186
Caballero, Milagros de 153,160
Calvo, René 187
Caride, Gabriel 152,154,157,172,179-180
Caride, Micaela de 152
Carpenter, Virginia 162,166,175-176
Castillo, Virgilio 158
Chue, señora de 162
Coffey, Howard 148,167,172,182
Coffey, Ruth de 167,172
Couselo, Andrés 175
Cuellar, Leovigildo 177,184
Dalton, Roy 160,163,165
De la Teja, Angel 159
De la Teja, Carmen de 159,175
De la Teja, Heriberto 159,166,175-176,182
Delbeau, Paulette 175
Díaz, Antonio 176-177
Doan, Ernestina Jeter de 160
Doan, Juan 160
Donato, Melitón 153,161
Donato, Ruth de 153,161
Echevarría, Eduardo 182
Era, Antonio 159
Era, Rafael 159
Esler, Ellen 159
Fajardo, José 162
Flower, Adela 165
Fox, Loren 167
Fuentes, Guillermo 188
Fundora Bellí, Olga 186
Gillock, Mary 169
García, Alvio 183,185
García, Lesdia de 174
García, Víctor 174,180
Gómez, Alfredo 185
Góngora, Héctor 185
González, Armando 159
González, Belkis de 182

González, Eduardo 188
González, Joel 189
González, Kerry 171,176,179-181
González, Manuel 185
González, Margarita de 179,181
González, Onelio 182
González Terry, Avelino 157,162,165,176
Graham, W.S. 154
Grams, David 188
Grossnickle, Irene de 155,158-159
Grossnickle, Luis 155,158-159
Guerra, señora de 168
Guillén, Luis 181,186
Guillén, María de 182,186
Hall, A. Walker 161-162
Hall, Nell de 161-162
Handy, Beth 173
Hatchett, Evelyn 161-162
Hernández, Abraham 188
Hernández, Celso 182
Hidalgo, Reynesio 185
Hidalgo, Roberto 159-160
Hodges, Loida de 167
Hodges, Melvin 167,178
Hunter, Héctor 185
Jackson, Juan 157,159,166
Jeffery, Elva de 170
Jeffery, Ricardo 170
Jeter, Gertrudis de 154,163
Jeter, Hugo 153-155,163,166,168,171,182
Kelty, Harriet de 150
Kelty, May 150-152,154-155
Lamas, Josefa de 163
Lamas, Manuel 163
Long, Kathryn 159
López, Sixto 156
Lowe, Rolando 181
Llanes, Alba 187
Llanes, Daniel 187
Llanes, Luis 182-183,185,187-188
Llanes, Melba de 187
Llanes, Olga 187
Llanes, Pablo 187
Machado, Daniel 175,182
Martín, Santiago 158
Martínez, Estrella 186
Martínez, Jacobo 182
Martínez Sabo, Humberto 185-186
Martínez Sabo, María de 185
Maser, Raquel (vea Nieto) 165,173,177
McAlister, Harvey 156
McClendon, Margarita (vea González)
    165,170-171

INDICE DE PERSONAS 267

McIntyre, Kenneth 163,166,173
McIntyre, Martha de 163,166,173
Melching, Ruth 157,161
Mendoza, Rafael 184
Miranda, Luis 182
Mock, Henry 155,160,166
Mock, Rosalina de 155,160,166
Monzón, Mercedes 157
Mora, Exilda 186
Nicholson, Eunice de 167
Nicholson, Jaime 167-168,171
Nicholson, Ricardo 167,185
Nicodemus, Catalina de 172,176,179
Nicodemus, Waldo 172,176-177,179
Nieto, Fernando 166,177-179
Nieto, Raquel Maser de 177-179
Nieves, Belén 159
Nieves, Lucy de 154,158,181
Nieves, Ramón 154,158-159,176,179,181
Nylin, Doris de 179
Nylin, Roy 179
Oliva, Martín 175
Olivares, Lesbia 164
Oropesa, Raimundo 185
Ortiz, Luis 161,168,176
Ortiz, Rebeca de 161
Osborn, T.L. 167-169
Patricio 176-177
Pearlman, Myer 183
Pedraza, Alipio 174,185,189
Pedraza, Olga de 174
Peña, Ricardo 182
Pereira, Héctor 183,185
Pérez, Félix 185,189
Pérez, Jerónimo 182
Pérez, Rolando 160
Perkin, Noel 153-154
Pernas, Diego 185
Perrault, Jessie de 151-154,169
Perrault, Lorenzo 151-154,169,171
Perruc, Carmen de 163
Perruc, Román 163
Peterson, Einar 155,159-160,164-165,
171,179
Peterson, Raquel de 155,160-161,164-165,
171,179
Placeres, Pedro 154,177
Porcel, Pepita 163
Pupo, Herminio 185
Quintero, Francisco 185
Redman, Dolores 157,163-164
Reffke, Hilda (vea Román) 154-155,157,
161,164-165,170

Reyes, Florinda de 151
Reyes Hidalgo, Hugo 183,185
Reyes, Roberto 151,153
Richardson, Maxine 157,160,165-166,
173-176,179
Richey, Raymond T. 156
Rivero, Eulogio 181
Rodríguez, Abelardo 151
Rodríguez, Adis 151
Rodríguez, Carmelina de 158-159
Rodríguez, Carmen (vea De la Teja)159
Rodríguez, Elba 178,186
Rodríguez, Enrique 151-153,155,167,172
Rodríguez, Esther de 151-152
Rodríguez, Francisca (Panchita) 152,154
Rodríguez, Francisco (Panchito) 151-153
Rodríguez, Jaime 185
Rodríguez, Juan Bautista 158
Rodríguez, Luciano 181
Rodríguez, Nelly 159
Román, Andrés 165,178,182
Román, Hilda Reffke de 165
Romero, el doctor 171
Rosell, Ozías 185
Sabó, Humberto (vea Martinez) 185,189
Sanders, Ana de 150-151
Sanders, LeRoy 156
Santiago, Luis 160
Savage, Kenzy 151
Schott, Victoria 157
Soto, Hermes Cruz de 186
Soto, José Luis 182
Stewart, Paulina de 170,179
Stewart, Verlin 170,179
Stokes, Lillian de 154-155,158,161,164
Stokes, Luis 154-155,158,161,164
Stone, Elías 173
Torres, Pedro 159,176
Torres, Piedad de 159
Triplett, Lorenzo 184
Trujillo, Armando 187-188
Ugarte, Guillermina 159
Valdez, Dennis 168
Vidal, Eliana de 182,187
Vidal, Hugo 182,185,187
Vila, Noemí de 186
Vila, Orson 184-186
Villar, Eliseo 186
Walker, Alva 164-166,173,175-176,179
Walker, Luisa Jeter de 163-166,173-176,
178-179
Walker, Orlando 172
Weitkamp, Rosita 161-163,165-166

268 INDICE DE PERSONAS

Williams, Joya de 172
Williams, Rafael 172
Wood, Alicia 150
Woodworth, Floyd 148,173,175-176,
179-181
Woodworth, Mildred (Millie) de 175-176,
179,181
Yee, Pedro 162
Yee, Warren 162
Yeung, K.C. 162

ECUADOR

Aguirre, Roberto 230-231
Alvarado, Francisco 244
Anderson, Déborah de 248,250,254,256
Anderson, Timoteo 247-248,250,254,256
Argue, Watson 233
Avila, Yiye 239
Bakker, Jim 251
Baldwin, Carol de 251
Baldwin, Doug 251
Bossano, Guillermo 235
Brown, Jerry 248-251
Brown, Vicki de 243,248,250-251
Cabrera, Jaime 246,250
Cabrera, María de 250
Campbell, Ana María de 247
Campbell, Norman 247
Campos, Doris de 247-248
Campos, Gregorio 247-248,251
Carpenter, Mirna de 237,239,241
Carpenter, Ramón 237,239-241,246
Carrasco, Gonzalo 241,246
Castillo, Alberto 236,241
Chango, Angel 246,256
Castro, Juan Angel 251
Chávez, Evangelina de 247,251
Chávez, Henry 247,251
Chávez Yépez, Héctor 230
Combs, Roberto 245
Cooper, Ileen de 233-234,236
Cooper, Pablo 232-234,236
Cragin, Clara de 228-229
Cragin, Evangelina 229
Cragin, Huberto 228-229
Cragin, Rebeca 228-229
Domínguez, Verónica 255
Dowdy, Jonatán 232
Dowdy, Lowell 231-237,241,243-244
Dowdy, Virla de 231-237,241,244
Elliot, Betty de 228
Elliot, James 228
Ellis, Laurel de 248,251

Ellis, Ricardo 248,251
Espinoza, Antonio 236-238
Espinoza, Isabel de 245,247-248
Espinoza, Onésimo 245,247-248
Espinoza, Roberto 230-231,242
Estep, Perla 237,239,241,245
Fiallos, René 246
Finkenbinder, Hermano Pablo 236-237,251
Fleming, Peter 228
Flores, Gloria de 254
Flores, Luis 245-246,254
Freire, Petita 242
Gadberry, Arturo 229
Gilmore, Leon 236
Giordano, Antonio 248
Giordano, Rita de 248
Godwin, David 250
Gómez, Rafael 247
Gonzales, Medardo 239,246
Graham, Billy 230
Hall, Edith de 241,245
Hall, Henry 230,241,245
Hechavarría, Rolando 258
Hidalgo, René 232-233,235-236,250
Hodges, Melvin 234
Hofner, Ken 245
Hutsell, Drita de 247
Hutsell, Pablo 247
Jaime, Alejandro 232
Jarrín, Aníbal 237
Jarrín Caguenas, General Bolívar 254
Jeffery, Ricardo 238
Jiménez 230
Jiménez, José 252
Jones, Doyle 249
Kwan, Kyong 256
LaFon, Benjamín 237-239,241,244-245,
249,251
LaFon, Florinda de 237-239,251
Lefevre, Jorge 229
Lindvall, Arturo 234
Lopera 237
Macías, Juan Pablo 232,247
Macías, Olga Torres de 231
Marcel, Freddy 240
Martin, Alán 246-247,256
Martin, Joanna de 246,256
Matute, Luis 237
McCulley, Edward 228
McDonald, Connie de 248,251
McDonald, Guillermo 248,251
McIntosh, J.L. 237
Medina, Arturo 245-246

INDICE DE PERSONAS 269

Medina, Florencio 241
Medina, Silvia de 243
Michilena, Christian 251
Monterroso, Nicolás 230
Mora, Lawrence 236
Morán, Arcadio 237
Moroco, Fernando 230,232-234,241
Morris, Bradley (Brad) 245,248,250,254
Morris, Cherryl de 248,250,254
Niles, Anita de 237-238,243-244
Niles, Berniece de 237
Niles, Byron 237-238,241,243-246
Niles, Elmer 237
Ollier, Omar 250
Orellana, Segundo Jesús María 242,252
Palacios, Axa de 244-245,253-254
Palacios, Franklin 253-254
Palomeque, Anita de 247
Palomeque, Marco 231,237,240,246
Pazmiño, Luis Alfredo 255
Pearson, Gladys 233
Pensotti, Francisco 227
Pilco, Angel 241
Rico, José 233
Robertson, Pat 251
Romero, Juan 249
Saint, Nathanael 228
Santiago, José Miguel 226,236,238,241, 243-244
Santiago, Judy de 235-236,243
Schiliro, Luis 233
Shafer, Flora 237,239
Sly, L.B. 228
Smith, Janice de 248,250-253
Smith, Jerry 248,250-253
Soriano, Víctor 241,246
Souderian, Roger 228
Stewart, Paulina de 243,247,254
Stewart, Verlin 247,254
Swaggart, Jimmy 251
Taco, Hilda Espinoza de 241,245
Thompson, Diego 227
Valencia, Rodrigo 238,252
Valladares, Efraím 247-248
Valladares, Míriam de 247-248
Vangioni, Fernando 237
Vera, José Luis 247
Verbarendse, Donna de 237-239
Verbarendse, Juan 237-239
Wagner, Juan 237-239,241,244
Wagner, Ruth de 237-239
White, Calvin 241
Wilkie, Ana María de 225,238-239,243, 251,253
Wilkie, Earl 238,253
Wilkie, Juan 238-239,245-246,251,253
Wilkie, Ruby de 238
Willis, Eugenio 235-236
Willis, Joyce de 235-236
Yépez, Doriza de 250
Yépez, Luis 243,245,250
Yesse, Ofelia 235-237,241
Yonggi Cho, Paul 256

REPUBLICA DOMINICANA

Balius, Samuel 215
Ball, Henry C. 200,202-203
Batista, Heriberto 208
Batista, Rosa 211
Bello, Manuel 215-216
Betancourt, Angel 196-197
Bush, Howard S. 203-204
Cabrera, Fidelina de 192,210-211
Cabrera, Pedro (Pepe) 195-197
Calkins, Haroldo 212
Cardona, Jaime 204-205
Carpio, Abad 209-210,220
Carpio, Víctor 202-203
Cederblom, Dorotea de 207-211
Cederblom, Larry 207-210
Clark, Lucila de 221
Coad, Esteban 222
Coad, Patti de 222
Colón, Bartolomé 193
Colón, Cristóbal 193
Columna, Bienvenida 217
Columna, Georgina 216-217
Cruz, Manuel de Jesús 208,220-221
Davis, Jorge 210,212
De Castro Hernández, Francisco 197,199
De la Cruz, William 217
DeVito, Dorotea de 207
DeVito, Raimundo 207
Evans, Tomás Burt 198
Feliciano, Dionisia de 194-195
Feliciano, Jimiro 208,215
Feliciano, José 194
Feliciano, Ruth de 211,215
Feliciano, Salomón 194-195
Félix, Ana Luisa 219
Félix, Carmen 219
Figueroa, Clemente 195
Figueroa, Domingo 196-197,199
Figueroa, María Santana de 197
Finkenbinder, Frank 195-199,214
Finkenbinder, Hermano Pablo 213-214

270 INDICE DE PERSONAS

Fuertes, Juan 198
García, David 204-205
García F., Miguel 208,221,223
González, Kerry 218-219,222
González, Margarita de 218-219,222
Grisbee, Marcos 222
Grisbee, Nancy de 222
Grossnickle, Irene de 203,207-208
Grossnickle, Luis 203,207-208
Hall, Trella 221
Hernández, Félix 208-209,216,219,221,223
Hernández, Francia de 211,219
Hernández González, Francisco 195-197, 199
Hernández González, Victoria de 195
Hernández, Rebeca 195
Herrera, Milito 197
Hines, Miguel 219
Hodges, Melvin L. 204
Hoey, Elwood C. 199
Hunt, Carolina de 209,211-213,216,222
Hunt, Eugenio 209,212-213,216,222
Johnson, Ricardo 222
Johnson, Ruth de 222
Lestarjette, Marta de 208-209,218
Lestarjette, Norman 208-209,218
Lizardo, 203
López, Ernesto 202
Lugo, Juan L. 194-195,197
Luna, Niña 192
Mariano, Pablo 197
Martín, Roberto 196
Martínez, Yolanda 211
Mateo, Darío 216
McPherson, Stanley 205
Méndez, Demetrio 214
Mills, Samuel E. 193
Mock, Henry 200-201
Mock, Rosalina de 200-201
Montgomery, Jorge 194
Nicholson, Ricardo 223
Oller, Barón 197
Ortiz, Francisco 194
Ortiz, Luis M. 199,205
Ortiz, Pedro 204,220
Ortiz, Rebeca Hernández de 199
Palau, Luis 218
Pérez, Alejandro 223
Pérez, Jerónimo 219
Pérez, José Jacinto 197-198,203, 207-208,219
Perrault, Jessie de 198-199
Perrault, Lorenzo 198-199,208

Peterson, Einar 207-209,211,216
Peterson, Raquel de 191,207-209,211,216
Pugh, Neva de 200
Pugh, Pablo 200
Quintana, Cándida 211
Radley, Clarence 195
Radley, Dorotea de 195
Reyes, Carlos 222
Rivera, Juan Críspulo 199
Rivera, Manuel 216,223
Román, Hilda Reffke de 210
Romero, Juan 212
Rosario, Andrea 196
Ruth, Jay Vernon 203
Ruth, Paulina de 203
Sánchez, Angel 216
Sánchez, Julio 216
Sánchez, Pedro 199
Santana, María 197,199,210-211
Schott, Victoria 201-203
Segarra, los 205
Silva, José Vicente 199
Silva, Marcela de 199
Suárez, Angela Calderón de 196,201
Suárez, Enrique 192,195-201,203,205, 207-208
Suárez, María Dolores Cueto de 192, 201,208,210
Taveras, Isabel de 192,215
Taveras, Ramón 208,215,220
Trujillo, Rafael 204,207
Turnbull, Arleta de 203,207
Turnbull, Doris de 192,203,208,210-211
Turnbull, Roberto 203,205,207,212
Turnbull, Wayne 203,207-208
Vargas, Carmen de 211,216
Vásquez, Eduardo 195-199,201,208
Vélez Faccio, René 196
Warner, Juanita de 200-201,205,207,210
Warner, Verne 200-202,207,210
Weitkamp, Rosita 201,203
Zapata, Altagracia de 192,211
Zapata, Lucas 197

VENEZUELA

Aguirre, Rubén 97
Alfaro, Juan Bautista 71,84,86-89,94,97-98
Alfaro, Rosa de 84,87-88,94-95,97
Alseco, Agustín 88,99
Alvarado, Rafael 87
Alvarado Tovar, Inez de 76
Alvarado Tovar, Rafael 76
Amaro, Pedro 88,97

INDICE DE PERSONAS 271

Andrade, Juana 76,82,85,88,91,95,98-99
Andrade, Narciso 81
Andrade, Rosa de 81
Angulo, Buenaventura 89
Askew, John 99
Avila, Eduvigis 83
Bailly, Carrie de 72-75,83,87
Bailly, Florentino 73
Bailly, Gerardo 72-75,83,87
Bailly, Horacio 73
Ball, H.C. 79
Bartel, Martha de 97
Bejarano, Abraham 105
Bejarano, Beatriz de 106
Bejarano, Germán 106
Bejarano, Ramón 86,97,101-102
Bender, Cristina de 71,74-77,79,85
Bender, Federico 73
Bender, Godofredo (Gottfried) 71,73-79,
  83,85
Bender, William 73
Blattner, Adolfo 71,76-77,79,82-83,85,88
Blattner, Elsa Feary de 71,79,82-83,85,
  88,91
Bolding, Jaime 104-105
Bolding, Susana de 104-105
Bombay, Daniel 104-105
Bombay, Esther de 105
Briceño, Freddy 87
Bueno, Elmer 81,107
Bueno, Juan 81,100,107
Bueno, Kathryn de 71,79-81,107
Bueno, Teodoro 71,79-81,107
Bullen, Federico 73-74
Cabrera, José 107
Calles, Adela de 82
Calles, Adolfo 82
Camacho, Heberto 106
Campbell, Ana María de 105
Campbell, Daniel 105
Campbell, Janell de 105
Campbell, Norman 105,107
Cardoze, Federico 76
Cardoze, Trina de 76
Carvajal 75
Castillo Mora, José 78,90,95
Chirinos, Henry 106
Chirinos, Martín 87
Christiansen, Juan 78
Cobos, Sacramento 86-87,91
Coffey, Howard 83,85-86,88
Coffey, Ruth Feuerstein de 83,85
Cruz, Nicky 100

Da Silva, Ilidio 86,94-95,97-98,101-102
Dávila, Fredy 106
DeMerchant, señora 89
Donnell, Cordelia 100
Dowdy, Lowell 83,88
Dowdy, Viala de 83
Eddings, Van V. 74-75
Feary, Elsa (vea Blattner) 75,77,79
Feuerstein, Jacobo 76-77,79,85
Feuerstein, Viola de 76-77,79,85
Finkenbinder, Hermano Pablo 100
Finstron, David 73
Flower, Adela 91
Freeman, Neal 94-95
Freeman, Ruby de 94-95
Fuentes, Manolo 106
Galdona, Oscar 90
García, David 93,104
García, Pedro 106
Giese, Vaud 99,103
Gil, Arturo 86,90,97-98,101-103
Gil, Segundo 87
González, Juanita de 91,94
González, Roberto 90-91,94,107
Goulburn, Gertrudis 76
Graviana, Alfonso 83
Griest, Carrie de 74
Griest, Ellis 74
Grisbee, Marcus Gayle 104-105
Grisbee, Nancy de 104-105
Hall, Minna 76-77
Hance, Abraham 97
Heiny, Gary 105
Heiny, Patricia de 105
Hernández, Angel 101
Holler, Mildred 100
Hutsell, Pablo 104
Jiménez, Carlos 86
Jiménez, Eugenio 93
Jiménez, Raimundo 93
Jordan 87
Leal, Roque 91,107
León, Eladio 88,98-99
León, Mireya de 106
Lindvall, Arturo 95
Madsen, Minnie 77,85
Maser, Betty de 99-100,103
Maser, Daniel 99-100,103
McAlister, Harvey 89
Medina, Ismael 86-87
Mejías, Antonio 98
Meyrick, Hilda 79,85,88,95,97-98,103
Mock, Bryan 92-93,95,98-99

272 INDICE DE PERSONAS

Mock, Cecilia de 92-93,95,98-99
Mora, Eliodoro 86,88,93-96,98,100,102
Mora, Ezequiel 107
Mora, Flor de 93
Morales, Agapito 88,98,101,107
Morris, Ruby de 92,94-95,97,103
Morris, Wilfredo 92,94-95,97,99,101,103
Muñoz, Lucas 100
Niles, Berniece de 91-93,97-98
Niles, Elmer 71,88,91-93,95,97-98
Nylin, Doris de 95,98
Nylin, Roy 95,98
Ojeda, Alonso 72
Olmeda, Raimundo 100
Olson, Ingve 83-84,86,89,91-92,96,98
Olson, Lorenzo 83
Olson, Ruth de 83,91-92,96
Olson, Samuel 91-92
Ollson, Clarence 83,87,89
Ollson, Hazel de 83
Ortiz, Luis M. 90
Ortiz, Noemí de 105
Ortiz, Raúl 105
Ortiz, Rebecca de 90
Osborn, T.L. 89-90
Pachas, Teresa 92,97
Padilla, Pedro 95
Pérez, Fredy 106
Pérez, Jesús 103
Pérez, Luis 106
Pérez, Rafael 106
Pino, Raúl 101,106
Ramírez, Pedro 90
Reeves, Evalie de 103
Reeves, Guillermo 103
Rivas, Marcos 82
Rivero, Caleb 97
Rivero, Lucidio 71,86,94-95,97,101
Rodríguez, Alexis 106
Rodríguez, Beda 106
Rodríguez, Luis 107
Rodríguez, Prisciliano 87
Rodríguez, Tito 101
Rojas, Evangelista 81
Romero, Juan 100
Rosario Rodríguez, José 95
Rosillón, Robinson 95,101
Roth, Erma 77
Ruth, Jay Vernon 88,91
Ruth, Paulina de 88,91

Sáez, Luis 95
Sánchez, Odelicia 106
Santiago, José Miguel 104
Santiago, Judy de 99,104-105
Santos, Ana de 105
Santos, Marco 105
Sardis, Angel 97
Sims, Herberto 88
Sims, Norma de 88
Sosa Luján, Exeario 86-87
Stepp, Guillermo 71,86-88,90,94,97-98,103
Stepp, Joyce de 87,90,97-98,103
Stewart, Paulina de 97
Stewart, Verlin 97
Sundberg, Noemí de 94,98,103
Sundberg, Stig 88,91,94,97-98,103
Susa, Jaime 104-105
Susa, Jill de 104
Terán, Miguel 106
Thomson, Dorene de 98
Thomson, Lyle 88,98
Todd, Betty de 105
Todd, Melvin 105
Tovar, Juan 106
Tovar, Víctor 107
Triplett, Lorenzo 97,104
Uche, Maribel de 104
Uche, Uvaldo 104
Uribe, David 106
Vale Navarro, Valentín 97,102
Valero, Asunción 106
Van Dyke, Fannie 75,79
Vásquez, Felipe 76-77,79
Vázquez, Isidoro 106
Véliz, Juan 98
Walker, Alva 97
Walker, Luisa Jeter de 97
Wegner, Adah Winger de 84-85
Wegner, Eduardo 84-85
Wilkins, Myrna 98,103
Williams, Joya de 92,95,98
Williams, Rafael 86,88,92,94-95,98
Winger, Adah (vea Wegner) 74-77,79
Wolverton, Bob 105
Wolverton, Mary de 105
Womack, David 97
Woodberry, Jorge 96
Zárraga, Marta 98